Nueva Colección De Documentos Para La Historia De México: Códice Mendieta: Documentos Franciscanos, Siglos Xvi Y Xvii. 1892. 2 V... - Primary Source Edition

Joaquín García Icazbalceta

NUEVA COLECCIÓN

DE

DOCUMENTOS PARA LA HISTORIA DE MÉXICO

PUBLICADA POR JOAQUÍN GARCÍA ICAZBALCETA.

———

V

CÓDICE MENDIETA

SIGLOS XVI Y XVII

II

Se han impreso 200 ejemplares.

CÓDICE MENDIETA

DOCUMENTOS FRANCISCANOS

SIGLOS XVI y XVII

TOMO SEGUNDO

MÉXICO

IMPRENTA DE FRANCISCO DIAZ DE LEON

Avenida Oriente 6, Nº 163.

1892

473327

ERRATAS.

Pág.	Línea.	Dice	Léase
16	21	*mano*	*manu*
30	24	entrarémos	entraremos
40	1	sera	sería
46	última	jurisdiección	jurisdicción
48	29	Pio	Pío
64	5	qne	que
91	2	alguna spersonas	algunas personas
96	5 *sub.*	dc	de
104	6	amparo	ampare
112	23	somos	somos,
,,	,,	pobre,	pobre
123	4	V. S.	V. R.
132	4 y 5	repetentes	repetentes,
138	6 *sub.*	filüs	filiis
139	7 *sub.*	Reprehensibilis	Reprehensibilis,
143	28 y 29	beneficio de	beneficio, de
148	21	scit 2	scit, 2,
153	19	*susceptionem qua*	*susceptionem, qua*
,,	27	*pollicemimi*	*pollicemini*
155	2	*monere*	*in onere*
,,	32	al Rey	el Rey
159	10	*provintialibus*	*provincialibus*
160	26	nu. 9;,	nu. 9;
,,	7 *sub.*	*confimatio*	*confirmatio*
162	1	cons. 62.,;	cons. 62;
,,	,,	cons. 327.;	cons. 327;
,,	15	*especialiter*	*specialiter*
171	27	*manuduci*	*manu duci*
192	17	son las que los	son los que los
202	24	lcguas	leguas
206	3	tuvieran,	tuvieran
218	penúlt.	*Reformalione*	*Reformatione*
219	21	*principis*	*principiis*
222	24	*æprtextu*	*prætextu*
224	4	diceu	dicen
225	29	uo	no
228	17	*quatemus*	*quatenus*
233	13	*quorundam*	*quorumdam*
236	23	*promisimus*	*promissimus*
,,	28	*eandem*	*eamdem*
241	15	algun	algún

LX

Carta para D. Pedro Moya de Contreras, Arzobispo de México y Gobernador de esta Nueva España, por los de Huexotzinco.

Ilustrísimo é Reverendísimo Señor: El clamor y dolor de los pobres injustamente afligidos no puede dejar de atravesar el corazón humano, por duro que sea, ni podría yo huir el castigo de la justicia divina, si no representase á V. S. I., de cuya mano el gobierno depende, lo que siento ser gravísima ofensa de Nuestro Señor Dios, presupuesto haber oído V. S. de hombres de mejor entendimiento y espíritu y de más letras que yo, ser el repartimiento que en esta tierra se usa de indios para servicio de los españoles injusto, inicuo y contra toda ley cristiana y caridad de prójimos, y no dudo del cristiano pecho de V. S. sino que tendrá escrito en esta flota á S. M. sobre ello su piadoso sentimiento; pero vengo á lo particular de esta ciudad y provincia de Huexotzinco que tiene hecha probanza, vista por mis ojos, con muchos de los primeros conquistadores, de como recibió pacíficamente sin alguna contradicción á D. Fernando Cortés y á su compañía, y les dieron siempre todo el sustento y servicio necesario, y les ayudaron en la conquista de México y de las demás provincias, ni más ni menos que los de Tlaxcala, sino que no han tenido quien con fidelidad les favoreciese ante S. M. y su Real Consejo. Y esto digo, porque puesto caso que otros pueblos pudieran ser compelidos á dar el servicio personal, éste conforme á toda razón y drecho debiera ser en este caso reservado, y no es sino de los más opresos y vejados, porque prometo á V. S. que

·á los alcaldes, regidores y principales se les va casi todo el
tiempo en buscar modos y maneras para cumplir el número de gente que les pide el juez del repartimiento del valle
de Atlixco, y no bastan ni pueden con ello: y con ser sólo
este su cuidado y continua ocupación, los lleva por momentos presos á los alcaldes y regidores como si fuesen sus
esclavos comprados; y con tener Provisión de la Real Audiencia que no los aprisione fuera de sus términos y jurisdicción, trujo esta cuaresma preso al alcalde que había
de hacer algún bien en el pueblo, llevándolo consigo por
Cuauhtinchán hasta Tuchimilco y otros pueblos, muerto de
hambre, por espacio de veinte días, sin redempción de quererlo soltar; y la Semana Santa y semana de Pascua les
hizo ir á trabajar mal que les pesó, escandalizando á estos
pobres nuevos en la fe, y dándoles ocasión para que no hagan caso de la observancia de las fiestas y tiempos santos
que la Iglesia tiene dedicados para entender los cristianos
en las cosas de Dios. Y á la verdad no me maravilla que
los repartidores de indios hagan esto y mucho más, porque
como la codicia del español codicioso es sin término, y estos
viven de los cuartillos y medios tomines que les dan por
cada indio que entregan como para esclavo, claro está que
han de procurar de vender cuantos indios pudieren, y de
haberlos por fas ó por nefas y en todo tiempo, sin respecto
de fiesta ni Pascua. A V. S. I. suplico por la sangre de Jesucristo Nuestro Señor, que se compadezca de estos miserables y sea servido de ir á la mano y poner freno á los se-
dientos carniceros que no se hartan de beber y derramar
la de esta gente desnuda y sin defensa ni resistencia alguna, ni amparo de quien acá vuelva por ellos. Nuestro Señor
la Illma. y Rma. persona..... [*sic.*] De Huexotzinco, 16 de
Mayo de 1585 años.

LXI

Carta para el Padre Fray Gaspar de Ricarte, que fué á España, contra el repartimiento de los indios.

Muy Reverendo, y mi delectísimo Padre: *Dominus sit illuminatio nostra.* Sobremanera he deseado saber de V. R. después que partió de esta tierra, y no he sabido que en toda ella se haya recibido carta suya, porque si para alguno hubiera de venir era para el Padre Fr. Hernando de Torquemada, y él ha estado los años pasados con el mesmo cuidado que yo: no sé si después que no nos vimos habrá recibido alguna, que ahora está en la Custodia de Zacatecas, y después que allá fué no he recibido carta suya. Cuando vino esta flota que ahora vuelve á España nos trujo nueva de V. R. el Padre Fr. Alonso Ximénez, de como quedaba en Madrid, y había tenido audiencia á su contento con esos señores del Consejo de Indias, y por medio suyo se debió de proveer la Cédula que entonces vino que se pagase un real de jornal por cada día á los indios que se alquilan, y ella publicóse, y mal supo á algunos españoles, pero no sé si se guardará, según lo poco que á los que gobiernan se les da por el favor de los indios, y lo mucho que procuran ayudarse unos á otros los españoles en sus temporales aprovechamientos, por estar colgados y depender unos de otros, desde el mayor hasta el menor, ni más ni menos que los ramales de las cerezas, porque del Virrey y Oidores y de los demás poderosos cuelgan sus deudos y criados y amigos y encomendados, y de aquellos, otros, y de estos, otros, y así va procediendo el ligamento *a maximo usque ad minimum;* y á esta causa nunca las Cédulas proveídas en favor de los indios habrían de venir remitidas al parecer de los de acá, ni con mandato simple, sino tan expreso y absoluto, que no lo pudiesen prolongar. Esta Cédula que vino, buena es y necesaria, porque remedia uno de los agravios que se hacen á los indios del repartimiento en darles tan poca paga, que aun no basta para mantenerse, aunque no lo remedia del todo, porque puesto caso que generalmente se mande dar un real por cada día, sabemos que los indios son aptísimos para engañarlos y hacer burla de ellos, y que hay muchos españoles tan faltos de conciencia, que les levantan mil rabias, para servirse de ellos de balde y no les pagar; ó les hacen tales obras, que ellos mismos huelgan de huírseles sin paga, y aun sin ropilla, que les tienen tomada como por prenda de que no se huyan. El verdadero y único remedio es quitar de todo punto los repartimientos que ahora hay de indios de servicio de por fuerza, pues están instituidos con falso título de necesidad de república para cultivar los panes; y sabemos que más abundaría el pan y las demás vituallas, si la mitad de la diligencia que en estos repartimientos forzosos se pone pusiesen en hacer sembrar á los indios en sus proprios pueblos trigo y las demás cosas que según la calidad de las tierras se pudiesen hacer. Y sabemos que á los españoles que tratan bien á los indios nunca les faltan obreros voluntarios para sus sementeras. Cuánto más que pues los españoles están esparcidos por toda la tierra en pueblos de indios, con mandar que en cada pueblo hubiese repartimiento de cierto número de indios, conforme á la vecindad que tiene, para que sirvan en el mesmo pueblo á los españoles que allí hubiere, y á los indios principales y viudas y huérfanos, no podía haber falta de servicio, y el tal repartimiento era piadoso y útil á la república, y no perjudicial á los indios que se alquilasen, pues no salían de su pueblo. Para los que envían forzosos á minas (que es aun para entre infieles crueldad inhumana) se debría poner con más cuidado el remedio, porque casi todos van muy lejos de sus casas y en partes por tierras de enemigos, adonde los matan, y aunque escapen de allí mueren muchos en las minas ó volviendo á sus tierras; y pues hay tantos negros y chichimecos captivos, yo no sé por qué no se daría orden como estos cultivasen las minas, y no los indios libres que sustentan la república y dan su tributo al Rey, despoblando los pueblos de sus moradores.

Demás de este artículo que es uno de los principales, ó el que más ESTÁ en necesidad de remedio en esta región, hay otros muchos de que convernía ser informado el Rey, nuestro Señor, para que como Príncipe tan católico y celoso de la honra de Dios y bien de sus vasallos hiciera alguna reformación de los innumerables excesos y abusos de esta tierra, y el Espíritu me dictaba que escribiese sobre ello á S. M., mas por otra parte me he acobardado y lo dejo, considerando lo mucho que en años atrás tengo escrito á S. M. y á su Consejo en nombre de los Prelados de esta Provincia, y parte en mi nombre, y lo mucho que de mi mano á la suya dí al Lic. Ovando cuando fué Visitador del Consejo de Indias, como lo sabe bien el Secretario Juan de Ledesma, y lo poco que todo ello aprovechó, y sé que ninguna cosa aprovechará cuanto se dijere, hasta que los señores del Consejo de Indias estén muy persuadidos que Nuestro Señor Dios no descubrió este Nuevo Mundo de las Indias ni lo puso en las manos de nuestros Reyes de Castilla para llevar oro y plata de aquí á España, sino para cultivar y granjear las minas de tantas ánimas como se han perdido y pierden por no se hacer caso de esta espiritual granjería que el mismo Dios vino á ejercitar en el mundo, y con este fundamento y presupuesto trabajen de derrocar el ídolo Mammón, que como supremo Dios está levantado y adorado de los cristianos que tratan y comunican en Indias, en deshonor y desacato de Jesucristo Nuestro Señor, cuya ley evangélica por causa de este maldito ídolo no se ejercita en estas partes ni se guarda sino por una manera de cumplimiento. Y á esta causa, desde que comenzó á levantarse este ídolo, que fué cuando vino el Visitador Valderrama á aumentar los tributos reales; y viendo después por mis ojos que cada día iba más subiendo en alto esta perversa estatua, y oí por mis proprios oídos á un Virrey que cuando le despidieron de Consejo de Indias no le encomendaron otra cosa sino *dinero, dinero, moneda, moneda*, siempre he temido que nuestro justísimo Dios había de enviar algún gran castigo á España por respecto de estas Indias, y he visto que como Padre piadosísimo nos va corrigiendo y avisando con misericordia sobre este caso, despertando primero el Jebuseo de los chichimecos en el paso de las minas, adonde más se cursa la adoración del dinero, para retraer á sus fie-

les de este género de idolatría; y como esto no aprovecha-
se, enviando el cosario inglés para que tomase en la mar lo
que escapaba en tierra de las manos de los chichimecos; y
pues no permitió que se apoderase de la tierra, como fácilmente con sola su permisión lo pudiera hacer, tengámoslo
á grandísima misericordia; y plega á Su Majestad Divina
abra nuestros ojos del alma para que entendamos lo que es
su voluntad y lo obremos, y busquemos lo que es su honra
y gloria y su sancto servicio, porque no sólo no cayamos en
su indignación, mas aún merezcamos nos haga las mercedes que esperamos en la reducción de los herejes á su Iglesia, y conversión de los infieles á su sancta fe católica; y
que tanto bien como este se estorbe por la poca confianza
que tenemos en Dios y mucha en el dinero, siéntolo en el
alma, que si la honra de Dios y bien de las almas principalmente se hubiera buscado en esta nueva tierra, por cosa
cierta creo que ya hubiera el Señor dado la puerta abierta
á los cristianos en los reinos de la China y de otras partes de
infieles, entre los cuales es blasfemado por nuestra causa
el nombre de Cristo y de cristianos, diciendo que con este título vamos á robar y destruir y asolar los reinos y señoríos,
y así nos tienen por gente enemiga del género humano, y
indigna de ser creída en lo que predicamos. De esta materia suplico á V. R. procure de tratar con el Rey, nuestro
Señor, que bien satisfecho estoy que si á S. M. se lo diesen
á entender así como le tratan de cosa de intereses, que to-
maría muy á pechos este negocio de Dios, y pondría en Él
solo toda su confianza para traer en su solo favor y ayuda
todas las gentes del mundo á la obediencia y gremio de su
Iglesia; y si yo entendiera que mi escritura había de venir
á manos de S. M., y quedar en ellas y no remitirse con las muchas ocupaciones á quien la echará al rincón, no dejara de en-
viarle algunos memoriales de cosas bien importantes al descargo de su real conciencia; pero por más acertado he tenido
enviar á V. R. ese memorial que con esta va, para que por
las vías que pudiere procure venga á noticia de S. M. lo que
en él se contiene, juntamente con las consideraciones que yo
acá dí á V. R. y llevó consigo, que hacen al propósito.

LXII

MEMORIAL DE ALGUNAS COSAS QUE CONVIENE REPRESENTAR AL REY D. FELIPE, NUESTRO SEÑOR, PARA DESCARGO DE SU REAL CONCIENCIA.

Primeramente, la obligación que S. M. tiene para con los indios.

Que S. M. tiene obligación de mirar por el bien así espiritual como temporal de los indios con más cuidado, advertencia y vigilancia que por los otros sus vasallos.

Lo primero, por estar particularmente los indios para este fin encomendados de la Silla Apostólica á S. M. y á los demás Reyes de Castilla en la concesión que se les hizo de estos reinos. Lo segundo, porque los Reyes Católicos en su nombre y en el de todos sus sucesores se profirieron y obligaron á este cuidado cuando pidieron la dicha concesión á la Silla Apostólica, según que en la Bula de ella se contiene. Lo tercero, por ley natural y divina, que obliga al que rige y gobierna á mirar más por el pobre que por el rico, por el débil y flaco que por el poderoso, por el ignorante que por el que sabe, por el descuidado que por el cuidadoso; y que estos indios sean la gente más pobre, más débil y flaca, más ignorante y más descuidada que ninguna otra nación, nadie lo puede ignorar, pues aun no tienen siquiera aviso, ni acuerdo, ni modo para comunicar y representar á su Rey las necesidades de su república indiana, sino que es menester que otros hablen por ellos y se lo acuerden.

Que S. M. tiene obligación para con los indios, no sólo de rey para con sus vasallos, sino también de tutor para con sus pupilos, y de maestro para con sus discípulos, y de padre para con sus hijos. La razón es porque S. M., así como los demás Reyes de Castilla, los tomaron á su cargo y debajo de su amparo para regirlos y gobernarlos conforme á su capacidad y necesidad; y su capacidad, como adelante se declara, es tan flaca y su necesidad tan extrema, que han menester que el que los rige y gobierna les sea padre para amarlos y compadecerse de ellos, y tutor para defenderlos, y maestro para enseñarlos y guiarlos, demás de ser rey para con imperio mandarles lo que les cumple.

Que S. M. está obligado para con los indios á tener especial y principalmente cuidado de dos cosas; la una que no sean agraviados ni maltratados, sino antes favorecidos y sobrellevados en lo temporal; la otra que tengan los ministros y aparejo que conforme á su talento y capacidad han menester para enseñarse en la doctrina y vida cristiana; y la calidad de estos ministros, así de la justicia como de la Iglesia, pues han de descargar la conciencia y obligación de S. M., es que les sean padres y tutores y maestros, como está dicho, de tal suerte que entiendan de su tratamiento y gobierno, que principalmente se pretende su salvación, política y aprovechamiento de ellos aun en lo temporal, y no el interese de los que los gobiernan y administran; y este aparejo y ayuda han menester para pegárseles de veras la cristiandad, porque por haber entendido lo contrario de esto, no solo no arriban ni van adelante, mas aun han vuelto atrás de la cristiandad que á los principios recibieron y mostraban.

Cerca de la calidad y capacidad de los indios, para conocerlos.

Que el talento y capacidad de los indios comunmente es como de mozuelos de hasta diez ó doce años. De donde se sigue que no se les ha de pedir más caudal ni hacer de ellos más confianza que de niños para dejarlos á su albedrío. De aquí es también la facilidad que en ellos hay para ser engañados de burladores, y para ser molestados y opresos de tiranos, y para ser mandados y domeñados de todo otro linaje de hombres. Y de aquí también se conoce la necesidad que tienen de que los que los rigen y guían, así en lo espiritual como en lo temporal, les sean padres para desearles y procurarles su bien y cuidarles su mal como á hijos, y tutores para ampararlos como á menores, y maestros para enseñarlos como á párvulos. Y si me dicen que adónde se hallarán tales hombres, ni seglares ni eclesiásticos, que comunmente hagan esto; respondo que si se entendiese que los tales eran buscados con el posible cuidado, y que á ellos y no á otros se encomendaban los cargos, y que á los que en estas condiciones eran aviesos se los quitaban, y finalmente, que había premio y agradecimiento para los buenos, y castigo para los no tales, luego se descubrirían los buenos hombres que de su natural cosecha tienen pecho cristiano, y de los que no lo tienen muchos se harían fuerza y se irían á la mano en sus siniestras inclinaciones. De lo arriba propuesto también se sigue la facilidad en que pudieran ser cristiana y fructuosamente gobernados los indios, á mucha honra y gloria de Dios, y edificación y aplauso de su Iglesia Católica, si otros temporales y excesivos intereses de ellos no se pretendieran, pues pudieran ser regidos y guiados con la mesma facilidad que los niños de la escuela debajo de la mano de buenos y fieles maestros, como al principio de su conversión lo fueron algunos años. Y de aquí se colige el error y engaño de los que sienten por cosa dura que el clérigo ó fraile haga azotar á los indios que tienen á su cargo, cuando es necesario para su bien y provecho. Y esto es falta de conocimiento de la calidad de los indios, porque les es tanto menester el azote como el pan de la boca, y tan natural, que entre sí no se hallan ni pueden vivir sin ello, y ellos mesmos lo confiesan, que en faltándoles el azote como niños son perdidos, porque si el indio se emborracha ó está amancebado; si aporrea y da mala vida á su mujer sin culpa, si ella se huye de su marido, si no quieren venir á misa ó á la doctrina cuando no la saben, si atestiguó con mentira en el matrimonio, ó hizo cosas semejantes que conviene remediar y no disimular, con una docena de azotes se remedia y escarmientan; y si esto falta, no sólo no lleva remedio, mas aun vanse atreviendo para cometer mayores males. De aquí también se entiende el error que tienen los que no conociendo á los indios los comparan, para el efecto de su gobierno, á los labradores pobres de España, ó á otras maneras de gente de poca suerte, porque á ninguna manera de gentes antes de ellos conocidas se pueden equiparar ó igualar, sino á solos los mozuelos que aun no han llegado

2*

á perfecta edad; y así no habría de hacer otra cuenta el que los gobierna, sino que gobierna una república de muchachos libres, hijos por adopción del Rey Celestial, para encaminárselos á su reino y gloria perdurable.

Cuanto á sus inclinaciones y costumbres malas (fuera de las que son comunes á todo género de hombres, poco más ó menos), tienen dos principales que les son perniciosas, é la una cuchillo que los degüella, y por el consiguiente quien los tiene á su cargo obligación de quitárselas con especial cuidado; y es la una y más dañosa el vicio de beber hasta caer, en que los más de ellos ó casi todos emplean todo lo que á las manos pueden haber, y se venden y captivan por el vino; y lo que resulta de su embriaguez son homicidios, adulterios y incestos, y otros males que cometen y bienes que pierden, y no poder ser por esta causa buenos cristianos, ni aun hombres de razón. Cerca de este artículo tienen bien encargada la conciencia de S. M. sus ministros de justicia, porque en lugar de quitarles la ocasión de este vicio á los indios, no hay pueblo de ellos donde no se gaste por año mucha cantidad de vino de Castilla, no habiendo casi españoles que lo beban, sino sólo los indios; y alegan que no puede ser menos sino que se venda todo el vino que viene de Castilla, por la alcabala que S. M. interesa, y ser esta la principal mercadería que de España se trae; á lo menos tengo yo por muy cierto que es una de las que lleva más número de españoles y indios al infierno. La otra mala propiedad que tienen los más de los indios es natural flojedad y pereza, por ser tan flemáticos, que si los dejan se dejarán y olvidarán á sí mesmos, por lo cual tienen necesidad de quien los compela á lo mismo que á ellos les conviene; y esto teníanlo en tiempo de su infidelidad, que los mandones eran bien solícitos en traerlos ocupados, y en la era de ahora no falta, antes sobra diligencia en este caso, salvo que no es para provecho de los indios ni de sus repúblicas, sino para destruición de ellos y de ellas, porque el servicio forzoso que hacen á los españoles, como muchas veces se ha dicho y avisado, los lleva de corrida á su acabamiento y consumación; y lo que peor es, con descontento y queja de lo que con ellos se usa en la ley que se les publica de cristianos.

Cuanto á buenas calidades y propriedades, tienen algunas los indios con que se hacen querer, así como por las dos malas que he dicho se hacen de algunos aborrecer. Son mansos, domésticos y pacíficos, tanto que los animales irracionables se les allegan y acompañan más que á otra nación de hombres, y entre sí apenas saben reñir, si no es cuando están tomados del vino, que comunmente los vuelve furiosos. Son humildes, despreciados de sí mesmos, obedientes y de increible paciencia. Son liberales de lo poco que tienen y nada codiciosos, y así no curan de atesorar ni hacer casas suntuosas, ni dejar mayorazgos, ni del dote que han de dar á sus hijas, contentándose con su día y victo: propriedad aptísima para la vida cristiana y apostólica. Son ceremoniáticos, ó de su natural ó por ser antiquísimo uso de sus pasados, inclinados á cosas de religión y culto divino, y así es cosa cierta que si esto se pretendiera, y no su servicio de ellos en lo temporal, no hubiera en la Iglesia de Dios cosa de más edificación ni que más contento diera á pechos cristianos, porque sus pueblos y repúblicas pudieran andar tan ordenadas en servicio de Dios como monesterios concertados de Religiosos. Esto experimentamos en los primeros tiempos de su conversión, que los hallamos como una cera blanda, aptos para imprimir en ellos cualquiera buena doctrina; pero ya la codicia de servirse de ellos, y los malos ejemplos que ven en los cristianos viejos, y la licencia de beber desregladamente, tienen totalmente desbaratado el hilo de este concierto, juntamente con haberlos sacado de la mano de su maestro y dádoles libertad para que vivan á sus vicios, porque ellos son buenos para siempre novicios, y en ninguna manera para dejarlos como ya profesos.

De las dichas calidades se colige cuánto se engañan los que á estos indios comparan con los moriscos, que ni son domésticos, ni pacíficos, ni despegados de lo temporal, antes muy codiciosos, ni aplicados al culto de la Iglesia. Verdad es que para esto quieren ser guiados los indios de quien los anime con celo y doctrina, porque en dejándolos á su libre albedrío, en todo serían peores que ninguna otra nación de gentes; y esta es la conclusión, que siendo ayudados y guiados conforme á lo que su capacidad y talento requiere, harían de ellos cera y pabilo; pero requieren en los que los han de guiar las condiciones que arriba se tocaron. Todo lo aquí tratado se entiende de los indios de la Nueva España que están ya baptizados y cristianos, y no de los chichimecos y otros bárbaros, que son de diferente condición.

Cerca de la Cédula Real que trata de los ministros de los indios quisiera advertir á S. M. las verdades siguientes:

Que á los Religiosos, para su quietud y recogimiento y perfecta observancia de su frailía, mucho les importa dejar el ministerio de los indios, porque para las cosas sobredichas les es harto impedimento.

Que si los frailes dejasen de golpe el ministerio que tienen de los indios, y clérigos lo tomasen á su cargo, no habría que hacer más cuenta de la cristiandad de los indios, porque de golpe caería sin remedio.

Que determinándose S. M. en que la doctrina y ministerio de los indios venga á manos de los clérigos, conviene que esto se haga muy poco á poco, entrando los clérigos como á sordas en aquello que los frailes no alcanzan á ministrar buenamente, para que los indios poco á poco se vayan haciendo á ellos.

Que el pedir que los Religiosos se obliguen de su justicia, como meros Curas, al ministerio que tienen á su cargo de los indios, es impertinente al descargo de la conciencia de S. M., y muy dañoso para el mesmo ministerio de los indios. Lo primero de ser impertinente esta obligación está manifiesto, porque hasta que los indios estén todos juntos en poblaciones ordenadas, de suerte que puedan ser contados y requeridos de sus Curas ó pastores, y hasta que haya bastantes ministros para que á cada uno se pueda encomendar la gente que buenamente pueda ministrar y darles recado, ningún ministro de los indios, fraile ni clérigo, ni los mesmos Obispos, pueden con buena conciencia obligarse en rigor á dar cuenta de los indios que tienen á su cargo, más de que harán lo que buenamente pudieren con ellos; y á esto, así como así, están obligados y lo hacen los Religiosos. Lo segundo, que queriéndolos hacer obligar á esto pierda el ministerio y doctrina de los indios, no hay duda, porque los buenos y observantes frailes se saldrán afuera y no querrán entender en este ministerio, porque saben que el encargarse como Curas por vía de precisa obligación repugna á su profesión y frailía, y así quedarían en el dicho ministerio solos los relajados que teniendo poco temor en la conciencia se arrojarían á obligarse, mas no cumplirían por obra lo que ofreciesen de palabra, antes por ventura serían dañosos al ministerio; porque esto seguramente se puede afirmar, que para este negocio son de menos confianza los que sin temor se obligaren á él, que los que lo rehusaren y huyeren de los aceptar con obligación.

Que subjetar los Religiosos á la visita de los Obispos, de suerte que tengan mano para quitar ó poner ó mudar á los que de ellos fueren ministros, es un medio para destruirse las Religiones.

Advertencia de otras diversas cosas.

Que el Virrey que se proveyere para esta Nueva España, si fuere seglar, en ninguna manera conviene que venga casado, quiero decir, que traya consigo á su mujer, porque acá las mujeres son las que mandan, y los maridos los que obedecen.

Que por ventura se serviría más Dios y el Rey, y esta república ganaría más si fuere gobernada por persona eclesiástica, que por seglar, porque como menos ocasionado á engrandecer su estado, y como más obligado por su profesión, tendría más cuenta con lo que fuese servicio de Dios y salvación de ánimas y buen gobierno de república y dar de sí buena cuenta, que con sus temporales aprovechamientos.

Que por ventura sería acertado que los Oidores del Consejo Real de Indias siempre fuesen proveídos de los que en las Audiencias Reales de las mesmas Indias fueren cursados y dieren buena cuenta de sus oficios, porque los que no tienen por vista de ojos experiencia de las cosas y negocios de Indias es imposible que de raíz las entiendan, sino que han de andar en ellas á tiento y como á ciegas.

Que por la mesma razón parece convenir mucho que los Obispos de Indias fuesen de los mesmos ministros experimentados y aprovechados en la mesma tierra, y que supiesen la lengua más general de los indios de la provincia para donde son proveídos, porque sus ovejas oyesen su voz, y él los entendiese y tratase, y no por lengua ajena que le puede mentir y engañar, como acaece muchas veces.

Después, compelido por el dictamen del Espíritu, hube de escribir esta carta al Rey D. Felipe, nuestro Señor:

Señor: Como sea verdad y cosa muy cierta que el corazón de cada uno de los hombres y el movimiento de todas las criaturas esté en la mano y poder y voluntad de Dios, no sin misterio dijo el sapientísimo Rey, que el corazón del Rey está en la mano del Señor para inclinarlo á aquello que quisiere y fuere servido. Y pues nuestro clementísimo Dios y Señor inclinó el corazón de V. M. á reformar los vanos cumplimientos y desordenadas cortesías de palabras que en el modo de escribir unos á otros se había introducido en vuestros reinos (que solamente ofendían las orejas de los hombres cuerdos), de creer es que mucho más lo tiene inclinado á reformar el abuso de vicios y malas costumbres y perversas obras que resultan en gravísima ofensa de la Majestad Divina, por donde caemos en su ira, y no sólo perdemos las muchas mercedes que por su inmensa bondad nos haría, mas aun incurrimos en continuos daños y males, así particulares como comunes, que justa y piadosamente para nuestra corrección nos envía ó permite. Acuérdome haber escrito á V. M. habrá veinte años, poco más ó menos, una carta de veinticuatro artículos[1] cerca de cosas que según Dios me parecía tener obligación de remediar ó estar muy advertido en el gobierno de las Indias, y el primero era una verdad ó presupuesto en que siempre me afirmo, como en lo demás que en aquella carta escribí. Y es el presupuesto, que S. M. no tiene cosa en esta vida en que pueda más encargarse vuestra real conciencia, descuidándose de ella, ni en que más pueda merecer delante de Dios, teniendo especial cuidado y solicitud de ella, que es el gobierno de las Indias. Y bien cierto estoy que así en el gobierno de estos reinos de Indias como en los demás que están á cargo de V. M. es su solicitud y cuidado tan intenso cuanto se puede desear; pero por ser tantos y tan extendidos por el orbe estos señoríos, no podría V. M. acudir á las necesidades de cada uno de ellos, sin descuidarse con los Gobernadores, Audiencias y Consejos que para su buen gobierno tiene diputados. Y si los que han ejercitado estos oficios en nombre de V. M. en tiempo de su reinado han hecho el deber ó no en descargar la real conciencia de V. M. como eran obligados, ó cuáles han sido los defectuosos, yo no lo sabría decir; mas sé una cosa, como testigo de vista en treinta y tres años que sirvo á V. M. de ministro en esta nueva Iglesia, que después acá ha ido siempre de caída la cristiandad de los indios, y se han ido aumentando los males y ofensas de Dios y del prójimo, de tal suerte que ya es necesario convertirse V. M. en persona sobre todos sus cuidados á poner el hombro principalmente en este de que se entienda muy de veras en la cristiandad de los indios, y en que los españoles que viven en estas partes no los perviertan con sus malos ejemplos, porque no vengamos á caer en la indignación ejecutiva de nuestro justísimo Dios, cuyo riguroso castigo yo pecador ando temiendo de muchos años atrás, por ver que se posponen las cosas de su honra y acepto servicio, á los intereses viles de la tierra. Tengo por averiguado, Señor y Rey nuestro cristianísimo, que si los que

---

1 Es la que está impresa en las "Cartas de Religiosos" (tom. I de esta *Nueva Colección*), nº II, pág. 35.

han gobernado por V. M. estas regiones de Indias hubieran clamado, siquiera tanto y aun algo menos, por almas que conocieran y sirvieran á su Criador, como por dinero, ya hubiera ese mesmo Dios y Señor allanado por mano de V. M. todas las herejías que han estado levantando contra su Iglesia, y convertido á su fe católica á los chinos y á otros muchos infieles para la reformación y renovación que esperamos del universo, porque sin duda escogió Dios en el fin en que estamos de los siglos para esta su obra á nuestros Reyes de España, como por su culpa y desconocimiento no lo pierdan. Y pues todavía queda tiempo, aguarde V. M. este glorioso premio que por impedimentos se ha dilatado, sobre el de su propia salvación, por el nuevo cuidado que tomare de la buena cristiandad de los indios. Acuérdese V. M. de las palabras que la famosa Judith, hablando con Dios en su oración, cuando quiso emprender la hazaña que después obró, dijo: *Non enim in multitudine est virtus tua, Domine, neque in equorum viribus voluntas tua est;* y las que el esforzado Judas Macabeo dijo á sus soldados, que por ser muy pocos temían aguardar el grande ejército de sus enemigos: *Facile est concludi multos in mano paucorum: et non est differentia in conspectu Dei cœli liberare in multis, et in paucis: quoniam non in multitudine exercitus victoria belli, sed de cœlo fortitudo est.* Tenga V. M. contento á Dios, que no le harán falta los tesoros de las Indias; mas si Él no estuviere de nuestra parte, poco aprovechará aunque tenga en su poder el oro y plata que está en las entrañas de la tierra. Si V. M. fuere servido de ver algunos otros apuntamientos que por ventura serían de provecho cerca de esta materia, que por no ser molesto con prolijidad no van drechamente dirigidos á V. M., darlos ha un Religioso de esta Orden llamado Fr. Gaspar de Ricarte, que por ser escogido siervo de Jesucristo y tener su espíritu y celo de su honra, y inteligencia de las cosas de esta tierra, se los envío: creo se hallará en el convento de Sanct Francisco de Madrid, y en su absencia habrán ido á manos del Comisario General de Indias de esta misma Orden que reside en esa Corte. Y guarde Dios á V. M., pues así manda que lo usemos. De esta Nueva España y del convento de S. Francisco de la Ciudad de los Ángeles, 15 de Abril de 1587 años. —Fray Hierónimo de Mendieta.

Esta carta supe que la recibió y leyó el Rey, nuestro Señor, porque el Padre Fr. Gaspar de Ricarte me escribió de Salamanca, que por mandado de S. M. le habían ido á pedir estos apuntamientos; y el Padre Fr. Pedro Calderón, siendo Vicario del convento en Madrid, me escribió que los había dado á S. M. á su mano.

Cerca de la Cédula de los curatos añadí los apuntamientos que se siguen, para que se den á entender á S. M. y á su Real Consejo.

Primeramente que se seguirá grandísimo inconveniente y daño de las almas de estos sus vasallos si los Prelados de las Órdenes aceptan su Real Cédula cuanto á lo que en ella se contiene, que los frailes que hubieren de entender en el ministerio de los indios se obliguen á ejercer el dicho ministerio *ex debito justitiæ*, como meros Curas, y que estén subjetos á la visita de los Ordinarios en cierta manera; porque por entrambas á dos cláusulas y cada una de ellas se saldrán afuera y dejarán el ministerio de los naturales muchos frailes de los más esenciales y de las mejores lenguas y obreros que tienen las Religiones, porque tienen por averiguado (como lo han siempre dicho y protestado) que dejarían de ser frailes y se volverían como clérigos seculares, si tal admitiesen, y así antes se irían á los montes á sustentarse con yerbas, que hacer esto.

Lo segundo, conviene se dé á entender á S. M. que sin alguna duda por entrambas á dos cosas, si las admitiesen las Religiones, así por tomar título y obligación de Curas como por subjetarse á la visita de los Obispos, han de venir á dar gran caída en esta tierra, por la ocasión que necesariamente ternán de distraerse los frailes, y de sustraerse los súbditos de la obediencia y subjección de los Prela-

3*

dos de la Orden, que los conocen y gobiernan conforme á su menester, y por otras razones que fácilmente se pueden sacar de los inconvenientes que arriba están apuntados.

Lo tercero, conviene mucho se dé á entender á S. M. como es imposible obligarse de justicia ningún hombre que tenga buena conciencia, de dar cuenta de las ánimas de los indios, según su calidad y la disposición en que al presente están, como en otros escritos se ha declarado; y si alguno se obligase, sería de sola palabra por temeridad ó inconsideración ó sobra de ambición ó codicia de interés temporal, sin que por obra lo pudiese cumplir; y esto es de ningún efecto para el descargo de la conciencia de S. M., pues antes se debría recelar de los que así temerariamente se obligan, y tener más confianza y seguridad de los que con temor de la conciencia rehusan la tal obligación, porque estos tales harán lo que les fuere posible, que es lo que hace al caso. Cuanto más que la verdadera satisfacción para realmente descargar la conciencia con Dios consiste en informarse S. M. de las personas de confianza que gobiernan en su nombre, del efecto que hacen los unos y los otros ministros, en cuanto al aprovechamiento de las ovejas que tienen á su cargo.

Lo cuarto, conviene también entienda S. M. que cualquier mano y entrada que se dé á los Obispos para visitar y corregir á los Religiosos es mucha más ocasión de quebrantar la paz y andar cada día en rencillas, lo cual es un negocio de los que más pesadumbre han dado á S. M. y á su Real Consejo cerca del gobierno de esta tierra, y sobre que más cuidado han puesto en buscar medios para que hubiese toda paz y sosiego entre los ministros de la Iglesia. Acuérdome que el Licenciado Ovando, que presidió en aquel Consejo de Indias, entre otras cosas me preguntó muy en particular lo que sentía cerca de esto, el año de setenta y uno, estando yo en España; y le dí mi sentimiento por escrito,[1] y otros papeles le había dado antes, con que él

---

1 Puede ser el que está en las "Cartas de Religiosos," nº X, pág. 108.

mostró mucho contento; y el Secretario Juan de Ledesma no menos, que por ventura los tendrá en su poder, aunque no sé si se aprovecharon algo de ellos: pero cerca de este artículo la resolución que por más acertada tengo es la que se contiene en los apuntamientos de arriba.

Lo quinto, cerca de la jurisdicción que por la dicha Real Cédula se da á los Obispos en nuestras iglesias, y en todo lo concerniente á ellas, se debe advertir mucho el manifiesto agravio que en esto se hace á las Religiones en esta tierra, á donde en pago del servicio que han hecho y hacen, de que merecían muchas gracias y mercedes, se les quita la exempción que las mismas Religiones tienen en todas las demás partes de la cristiandad, de los Ordinarios, y las subjectan á ellos, dando aun á entender que no tienen estabilidad y firmeza los Religiosos en sus iglesias, ni en el ornato de ellas, sino que todo pertenece á los Ordinarios, que es una cosa recísima y que no se deja de acabar de entender.

Y si para esto se toma ocasión de que los Padres dominicos y augustinos en la respuesta que dieron á D. Martín Enríquez acerca de la materia de estos mesmos artículos se ofrecieron de dejar las casas que tienen en pueblos de indios y recogerse á los que tienen en pueblos de españoles, como S. M. les ayudase al edificio de ellas y sustento de los Religiosos, por no venir á ser Curas, es necesario dar á entender que esto no lo hacían porque tuviesen aquellos monesterios y iglesias por anexos al ministerio de los indios y no por tan de su Orden como las que tienen en España, sino porque como tienen grandes casas, y los pueblos de indios en que están son pequeños, veían claramente que entrando en ellos clérigos que administrasen á los indios era imposible poderse sustentar allí ni reparar sus casas ni iglesias, ni tampoco tendrían en qué se emplear por falta de gente; mas esto no corre en nuestros monasterios, que son moderados y están en pueblos de mucha gente, y por consiguiente es allí necesaria la asistencia de los frailes, puesto caso que se pusiesen allí clérigos Curas ó beneficiados.

Cerca del repartimiento que se hace de los indios libres
para servir forzosamente á los españoles.

El año de 1584, gobernando esta Nueva España el Arzobispo de México D. Pedro Moya de Contreras, se propu-
sieron y ventilaron entre muchos letrados tres cuestiones:
la primera, si este tal repartimiento como se hace de hecho
se puede hacer de derecho: la segunda, si el salario ó jornal de medio tomín que se da por un día de trabajo á los
indios es suficiente paga: la tercera, si en el tiempo presente tienen obligación los que gobiernan esta Nueva España
á quitar estos repartimientos y dejar á los indios en su libertad. A estas cuestiones respondió docta y cristiana y
difusamente el Padre Fr. Gaspar de Ricarte, Predicador
que á la sazón era en el convento de Sanct Francisco de
México, el cual con ferviente celo se embarcó para España
para informar á S. M. de como en este caso estaba encargada su real conciencia, y me dejó una copia de la respuesta que había dado, y lo que era su sentimiento.

Y yo, siendo preguntado por el P. Comisario General
que á la sazón era, lo que sentía en esta materia, respondí
brevemente con mi poco saber lo que se sigue:

Jesús. María.

A la cuestión propuesta, si el repartimiento de los indios que en esta Nueva España se hace, compeliéndolos al
servicio de los españoles en sus sementeras, edificios y
otras granjerías, se puede hacer de justicia y derecho, así
como se hace de hecho:

Respondo, *sub correctione melius sentientium*, que en ninguna manera es lícito ni se puede hacer con derecho de justicia, antes lo tengo por inicuo, injustísimo y lleno de crueldad, y fúndome en las razones siguientes:

1ª Porque si con algún color se pudiese sustentar y justificar, es por uno de tres, *scilicet*, ó porque los españoles

se arraiguen y acomoden en esta tierra para la seguridad de ella, como cosa importantísima á los mesmos indios en la conservación y sustento de su cristiandad; ó por la necesidad que esos mesmos españoles, ya que estén arraigados y acomodados, tienen de provisión, especialmente de pan para sustentarse; ó por sacar, como algunos dicen, de su pereza á los indios, que naturalmente son holgazanes, y ejercitarlos en el trabajo, alegando el dicho de Montecuçuma, que dicen haberlo aconsejado al Marqués del Valle, D. Fernando Cortés. Pero ninguna de estas tres causas corre en el caso: luego con ningún color se puede justificar el tal repartimiento, para que deje de ser injusto. No con el primero, porque ya los españoles están tan arraigados en la Nueva España, que ya son señores absolutos en ella, y los indios están totalmente subjectos y rendidos, sin algunas fuerzas ni poder, puesto que tuvieran voluntad dañada, la cual por ninguna vía se puede presumir, de suerte que si algo de esto se ha de temer, ha de ser de parte de los españoles, y no de los indios; y demás de estar muy arraigados los españoles, están tan acomodados y bien puestos, si se limitasen en sus gastos, cuanto en lo más fértil y abundante de los reinos de España, y más proveídos de servicio, sin lo del repartimiento, porque comunmente tienen las casas llenas de negros y mulatos y chichimecos esclavos, y de otros indios que por libertarse de la rueda del *tequio* que dicen de sus pueblos, y por tener vida más viciosa se les allegan á los españoles.

Ni por el segundo color de las sementeras se puede justificar este repartimiento, porque si la mitad de la diligencia que se pone en compeler á los indios á que vayan de muy lejos á cultivar las sementeras de los españoles se pusiese en que en sus propios pueblos hiciesen los mesmos indios sementeras de trigo y de maíz y de las demás cosas necesarias á la vida humana, que en cada pueblo, según la calidad y temple de la tierra se pueden hacer, sin comparación alguna estaría mejor proveída la república de trigo y de todo lo demás, y valdría muy barato. Y si se tuviese respecto al bien común y provisión de la república, ninguna otra cosa se debría pretender de los indios (fuera del tributo que dan á S. M. ó á sus encomenderos) sino sola esta: que criasen y cultivasen en sus proprias casas y pueblo todo género de bastimentos, y en lo demás dejar sus personas en libertad, porque con esto ellos se conservarían y bastecerían de todo lo necesario á su república y á la de los españoles, y los españoles también por su parte sembrarían y cultivarían las tierras, cada uno conforme á su posible, y no les faltarían indios que de su voluntad se alquilasen, como siempre los ha habido y acuden adonde son bien tratados. Cuanto más que si fuesen compelidos á servir los vagabundos, así mulatos y mestizos como españoles que no aprovechan ahora sino de arruinar la república, habría sobrado servicio, y se alimpiaría la tierra de muchos vicios y males, que si esto no se hace han de ir cada día en más augmento.

Ni tampoco lleva camino el tercero color de ejercitar en trabajos ordinarios á los indios, pues que según el repartimiento ahora usado (de que tratamos) son tan excesivos que los van acabando; y para el efecto de ocuparlos, bastaría el cuidado ya dicho de hacerles sembrar y cultivar las tierras en sus proprios pueblos, que ahora aun para las pocas que labran para su pobre sustento no les queda tiempo, y así se les pierden.

2ª. Lo segundo digo ser inicuo este repartimiento por lo que arriba se acaba de tocar, que no son compelidos á servir los mulatos, mestizos y españoles holgazanes y baldíos, con ser esto cosa muy necesaria al bien de la república, y son compelidos (no más de por ser indios) los indios casados que tributan á S. M. y sirven á sus comunidades, á que dejen sus labores y sus casas y mujeres y hijos, puesto que estén enfermos y se les mueran, para que vayan á servir lejos tierras á gente que los aflige y trata peor que si fuesen esclavos, lo cual es manifiesta iniquidad, porque por el mismo caso que los indios son de su natural tan pusilánimes y cobardes, y niños que no tienen resistencia ni defensa, están más obligados los que gobiernan en nombre de S. M. á ampararlos y volver por ellos, y no permitir que se les eche carga que á otros de más talento y brío para volver por sí no se les echa. Y en cuanto á esto, sería justo que nos acordásemos de la ley natural *quod tibi non vis alteri non facias*, y que considerásemos qué sintiera la nación española si otros advenedizos ocuparan á nuestra España y nos trataran de la suerte que estos desventurados son tratados en este repartimiento y servicio forzoso.

3ª. Lo tercero, porque en la forma en que al presente anda este repartimiento no es más que si anduviesen á recoger manadas de corderos y los fuesen repartiendo por cuevas de lobos; porque puesto caso que haya muchos españoles temerosos de Dios que los tratan humanamente, hay otros (y por ventura son los más) que lo hacen muy al contrario, llevándolos como presa habida en buena guerra, dándoles varapalos por el camino, y hartándolos de perros y otros peores vocablos; y llegados á sus casas, la honra y hospedaje que les hacen es quitarles los negros ó criados que los españoles tienen la comidilla que llevan y desnudarles la ropa, como en prendas, con título de que no se huyan, y encerrarlos en unas pocilgas, y después hacerlos trabajar días y noches, cuando hay luna, y fiestas como no fiestas; y finalmente hacerles tales obras, que ellos huelguen al cabo de la semana, de huirse sin paga y sin la ropa que trujeron: y para que se entienda lo que en este caso pasa, yo sé sacerdote que le confesó un labrador haberse quedado en aquel año con más de dos mil mantas ó tilmas de los indios que le daban de repartimiento.

Pues decir que para esto tienen un juez de repartimiento que se le encarga su amparo y que los desagravie y vuelva por ellos, digo que este es el mayor verdugo que tienen, lo uno porque como de cada indio que diere de repartimiento tiene su *certum quid*, procura que siempre vayan muchos al repartimiento, aunque sea con vejación de los pueblos, y sobre esto trae acosados á los gobernadores y principales de ellos, y los trae presos de pueblo en pueblo, y los trata peor que si fueran sus negros; y en cuanto á desagraviar á los maltratados de los españoles, no vemos que pongan cuidado; porque esta es regla casi general, que al español le duele poco el trabajo del indio, y no tiene ojo sino á cómo se puede aprovechar de su servicio.

4ª Lo cuarto digo que es injusto el dicho repartimiento al presente usado, porque so color de útil á la república española y necesario, le es por el contrario muy perjudicial y dañoso; y es la causa, porque á la república española en estas partes le es muy necesaria la conservación de los indios, con cuya comunicación se acomoda en todos sus tratos y menesteres, y si los indios se acabasen, podríamos decir que quedarían los españoles perdidos y no se sabrían valer; y esto se colige muy bien de los tiempos en que ha habido pestilencias entre los indios, que andaban los españoles alcanzados en todo y aislados, no sabiendo qué se hacer, por no hallar indios para sus menesteres, porque todo lo hacen con ayuda y por mano de los indios; y esta es verdad infalible, que el repartimiento de los indios en la forma que al presente se usa, como una lima sorda los va consumiendo, si no se remedia: luego bien se sigue que el tal repartimiento es perjudicial y dañoso á la mesma república española.

5ª Lo quinto, porque resulta asimismo en detrimento de la real hacienda de nuestros católicos Reyes de España, y aun podría resultar en detrimento de su Real Corona y señorío: lo primero, porque son muchos los provechos que S. M. lleva por parte de los indios, así en los tributos como en otras cosas, lo cual todo se perdería faltando los indios: lo segundo, porque se puede presumir que faltando los indios correría riesgo la conservación de estos reinos en la real obediencia, porque ahora con la fácil acogida que hallan en los indios se entretienen las gentes de poco asiento, y aun con decir que hay indios en cantidad que harían cuerpo con los españoles leales á su Rey, podría ser que se refrenasen los ánimos atrevidos para acometer ruindad; y acabados los indios, como quedaría la nación española mal usada al trabajo y vezados todos á ser servidos, y la tierra llena de mestizos y mulatos y negros dados á ociosidad y regalo, no hay duda sino que unos á otros se incitarían á robos y turbaciones y motines, y se rompería la paz y quietud en que se conserva esta tierra por la comunicación y trato y compañía y ayuda de gente tan mansa y pacífica como son los indios.

6ª Lo sexto, porque presupuesta esta verdad, que si no se ataja este repartimiento será causa de acabar á los indios, por el consiguiente resulta en deshonor é infamia perpetua de nuestros católicos Reyes de España y de toda la nación española; porque QUÉ mayor infamia puede quedar en los siglos advenideros de la nación española, porque mayor [*sic*] codicia y crueldad destruyeron y asolaron un nuevo mundo de infinitas gentes domésticas y dóciles que Dios les puso en las manos para que como niños los criasen y amparasen y encaminasen en la salvación de sus almas; y Reyes ó Príncipes que tal consintieron ¿qué cristiandad y temor de Dios podían tener?

7ª Lo séptimo, porque resultaría consecutivamente en daño de la real conciencia de nuestros Reyes en cuyo tiempo este tan horrendo estrago se hubiese ejecutado, ó puesto en él los medios de donde se siguiese, como lo es sobre todos este del servicio forzoso en la manera que se usa, de que darán estrechísima cuenta á Nuestro Señor Dios, y correría harto peligro su salvación, lo cual sobre todos los demás daños se debe temer.

8ª Lo octavo, concluyo ser injusto y pésimo este repartimiento por ser perjudicial á la fe católica y cristiana, la cual es de temer tengan por odiosa los mesmos indios y dejen de arraigarse en ella, con despecho de las intolerables vejaciones que por esta vía ejercitan en ellos los que para sí solos usurpan el nombre de cristianos, como hemos visto que por esta razón este nombre ha sido odioso á los moros baptizados de España, que nunca les pudo encajar, no porque la cristiandad dejara de cuadrarles y la abrazaran si debidamente se ejercitara, sino por las malas obras y malos tratamientos que siempre recibían de los cristianos, y malos ejemplos que veían en ellos; y por esta mesma causa son odiosos á todos los infieles, y de aquí procede el haberse exasperado y recatado los chinos, y puesto sumo cuidado en que no se dé entrada en sus tierras á los cris-

4*

tianos que tan crueles se han mostrado con los habitadores de estas regiones que de poco tiempo acá han ocupado, porque de todo tienen noticia.

De todo lo sobredicho se infiere la respuesta clara al tercero punto, conviene á saber si en el tiempo presente tienen obligación los que gobiernan esta Nueva España á quitar estos repartimientos, pues constando ser tan injustos, perjudiciales y dañosos, no hay duda sino que los que gobiernan tienen obligación de quitarlos con la brevedad posible; mayormente si es verdad lo que se dice haber venido sobre ello en tiempos pasados Cédulas Reales de S. M. para que los tales repartimientos, como ilícitos y perjudiciales, se quiten; y que por informaciones enviadas de acá en contrario, de que no convenía quitarlos, se han suspendido, ó impedido el cumplimiento de estas Reales Cédulas; y puesto que nunca se hayan proveído, tienen los que acá gobiernan obligación de poner remedio en cosa de tan manifiesta exorbitancia como esta.

Cuanto al segundo punto principal, ninguna duda hay, sino que el salario ó jornal de medio real por cada día, y que el indio se mantenga, no es ni aun medio suficiente para paga de su trabajo; antes ser este jornal tan bajo es ocasión que los españoles hambreen tanto el sudor de los indios que tan poco cuesta, y que procuren tanto de abarcar tierras, quitándoselas á los mismos, y haciendo que ellos mismos se las cultiven y labren á tan poca costa, por la ganancia que en esta granjería hallan: que si el trabajo de los indios se pagase como es razón, por ventura no cargarían de tanto servicio como ahora piden.

Mas porque parecería cosa dura quitar totalmente de golpe el servicio y repartimiento de indios, podríase de presente moderar de tal suerte que fuese tolerable, y no se siguiesen dél los daños arriba representados; y esto á mi parecer sería guardando las condiciones siguientes:

1ª Que ningún indio libre sea compelido á ir á trabajar á minas, porque esto aun los infieles gentiles no lo usaron sino con sus aborrecidos enemigos, como lo eran los cristianos, por el odio grande que les tenían, ó con otros condemnados á muerte; y mayormente á los indios, que es gente delicatísima, no es otra cosa enviarlos á minas sino enviarlos á morir, como de ello se tiene experiencia; y pues los propios mineros excusan cuanto pueden á sus negros esclavos de este peligro, porque no se les engrasen, justo es que se excusen dél los hombres libres y inocentes, á cuya conservación y amparo, por ser más débiles y sin defensa que otros, está más obligado su Rey, que á los otros sus vasallos.

2ª Que para ningún servicio ni trabajo sean llevados in dios de repartimiento fuera del districto y término de sus pueblos ó cabeceras, sino que pues por todas partes están esparcidos los españoles y hacendados de tierras, los indios de cada pueblo den solamente servicio para los que están en sus términos y districto, porque teniendo sus casas cer ca servirán descansadamente y con contento, y serán conocidos de los españoles para no huirse, y de fuerza los tratarán bien, porque se sabrá luego si no lo hacen así. Y este punto es muy necesario, porque enviándolos, como ahora los envían, tan lejos, la fatiga del camino y la mudanza del temple, que en esta tierra es mucha en poca distancia, y el dejar sus mujeres ó hijuelos, por ventura enfermos ó por lo menos afligidos, y la falta de mantenimiento, que no les puede durar lo que llevan, y el mal acogimiento que allá hallan los hace enfermar y morir.

3ª Que no se eche más cantidad de indios de repartimiento á cada pueblo, de los que puede dar descansadamente sin pesadumbre, considerado los vecinos que tiene, y los que se deben reservar para el buen gobierno y servicio del mismo pueblo, conforme á la más piadosa traza que hasta aquí se oviere dado en favor de los indios.

4ª Que en ninguna manera les hagan perder el domingo la misa á los que van ni á los que vuelven de servir, sino que los domingos todos la oyan en sus pueblos, y despúes los repartan para servir hasta el sábado siguiente, porque lo de ahora es de grandísimo escándalo y daño de su cristiandad, que todos ellos pierdan la misa dos domingos arreo, de ida y de vuelta.

5ª Que por cada día de servicio les den un real, y de comer, que no es mucho sino bien moderado y bajo precio, considerado que en esta tierra es un real lo que una tarja en España, y aun menos, según el mucho precio y carestía con que los Españoles venden todas sus cosas; y lo que ellos quieren es vender á los indios muy caro y todo malo, y comprar de ellos á menosprecio, y servirse de ellos de barata; y esto no es justo que lo permita el Rey, cuyos vasallos son los unos y los otros.

LXIII

CONSIDERACIONES DE FRAY HIERÓNIMO DE MENDIETA CERCA DE LOS INDIOS DE LA NUEVA ESPAÑA.

Considero que son hombres racionales, descendientes como nosotros de Adan y de Eva, como lo tenemos por fe, y por el consiguiente capaces de la bienaventuranza, la cual si no alcanzan, de necesidad han de ir al infierno.

Considero que no son fieros, ariscos ni montaraces, sino demasiadamente domésticos, conversables, amigos y dóciles, como por la experiencia se ha visto.

Considero que ellos para regirse por sí tenían gran prudencia, orden y aviso, y así en tiempo de su infidelidad en las cosas de su religión (aunque mala) eran observantísimos, el castigo de los vicios rigurosísimo, EN la provisión de su república muy prevenidos, y en todo su gobierno muy ordenados; por donde se gobernaban y multiplicaban en grandísima manera como se vió á los principios.

Considero que puestos en subjección de los españoles, totalmente se acobardaron y amilanaron y perdieron el estilo de su gobierno, no tomando tampoco el de los españoles, porque aun no es para ver [sic], y quedaron en el estado, capacidad y talento como de los muchachos como de nueve ó diez años, necesitados de ser regidos por tutores ó curadores, como menores de edad, y que como tales conviene en todo y por todo sean habidos y tenidos; porque esto es averiguado, que un muchacho español ó mestizo de menos de diez años se atreve á cualQUIER indio, por grande que sea, á quitarle lo que lleva, y aun á llevarlo á él consigo adonde quisiere; y esto por ser los indios comunmente flacos de fuerzas y flojos, y juntamente por ser de su natural tímidos y pusilánimes.

Considero que esta debilidad y flaqueza de los indios y el ser párvulos y de pequeño talento en respecto de nosotros los españoles, no nos da en ley natural licencia para que por eso los despreciemos y no hagamos dellos cuenta más que si no fuesen gentes, y nos apoderemos y sirvamos dellos porque no tienen defensa ni resistencia para contra nosotros; antes por el mismo caso nos obligan á compadecernos de ellos como de flacos y menores, y á sobrellevarlos, defenderlos y ampararlos y volver por ellos, como lo hacen aun los animales irracionales, por brutos que sean, que nunca los mayores y más fuertes de una misma especie matan ni pretenden de afligir y destruir á los menores ó más flacos de aquella su especie, antes los amparan y defienden de los de otra especie cuando los persiguen, en cuanto les es posible; y esta ley natural obliga más al hombre en razón de ser hombre; y así las leyes humanas todas enseñan y establecen este favor, amparo y defensa á los que pueden y tienen fuerzas, para con los que poco pueden; y cuanto de más nobles y generosos se precian los que tienen autoridad y poder, tanto más obligación tienen por todas leyes de amparar á las personas miserables que poco pueden, y tanto por mayor vileza les es contado emplearse en afligir á las tales personas, por las cuales, más que otros, están obligados á volver; y este dicen ser el principio y fundamento de la Orden de los Caballeros; que en los tiempos antiguos, cuando no había tanto poder ni justicia en los reinos para refrenar á los malos hombres y tiranos que hacían agravios y fuerzas á los que poco podían, eran ordenados ó armados caballeros los hombres esforzados que se preciaban de más nobles y generosos ánimos, con juramento que hacían de quitar y deshacer agravios y defender con todo su poder á las personas miserables y poco podientes; pues la Ley divina antigua, siguiendo la natural, á esto mismo nos obliga con estrecho precepto, diciendo: Amarás á tu prójimo así como á ti mismo. ¿Pues quién hay fuerte, poderoso, sabio y entendido, que si se viera flaco, abatido, ignorante y pobrecillo (como lo pudiera ser si Dios lo pusiera ó dejara en aquel estado) que no quisiera que el sabio le enseñara, y que el fuerte lo defendiera, y que el poderoso se compadeciera de él y lo amparara? *Unicuique mandavit Deus de proximo suo*, dice el Sabio EN el Eclesiástico, capítulo 17; y quejándose Dios de la inconsideración que muchos hombres en esto tienen, dice por boca del Profeta Malaquías: *Numquid non pater unus omnium nostrum? numquid non Deus unus creavit nos? quare ergo despicit unusquisque nostrum fratrem suum?* Y en la Ley de Gracia nos avisa Dios de su voluntad acerca de esto más á la clara á los que en el mundo se tienen por grandes, diciendo: *Videte ne contemnatis unum ex his pusillis*, &c. Y sobre estas palabras Sanct Hierónimo: *Fas enim non est contemnere unumquemque in Christo credentem, qui non solum servus Dei est, sed et filius Dei per adoptionis gratiam nuncupatur, cui regnum cœlorum et consortium angelorum promittitur.* Todo el Evangelio está lleno del mucho caso que Dios hace de los pequeñitos párvulos, y que de los tales es el reino de los cielos, y que si no nos hiciéremos pequeños, humildes y despreciados como ellos, no entrarémos allá.

Considero cerca de este punto, que no sin misterio llamó Dios á estos indios á su fe católica y al gremio de la Iglesia á cabo de tantos años que sus padres y antepasados estuvieron en poder del demonio, y en tales tiempos como en los que estamos, y siendo tan bajos como (á nuestro parecer) son de entendimiento, sino para verificar en este su llamamiento y elección, la que siempre ha usado para con sus criaturas, que es (como dice Sanct Pablo) elegir á los que parecen tontos al mundo para confundir á los sabios del mundo, y á los flacos para confundir á los fuertes, y á los bajos y despreciados y que parecen no tienen ser, para confundir y destruir á los que á su parecer tienen ser y valor; y esto dice que hace Dios para que ninguna criatura se gloríe ni presuma algo de sí, sino que todo hombre se conozca por vil y se humille debajo de la poderosa mano de Dios. Ejemplo desto tenemos en la creación del hombre, que fué hecho de un poco de barro y elegido para el cielo para confusión de los espíritus malos, que siendo tan excelentes criaturas se desvanecieron, queriendo presumir de sí en presencia de su Criador. Lo mismo usó Dios después en la elección que hizo del abominado y desechado pueblo gentílico, para confusión de su antiguo mayorazgo el pueblo hebreo, porque siendo de su Criador tan regalado y traído en palmas no lo quiso conocer; y así por ventura quiso en estos últimos tiempos llamar á esta tan baja nación, que nos parece el estiércol y basura de los hombres, para confusión, primeramente de los luteranos, que siendo hijos de padres y abuelos y más que tatarabuelos católicos se apartaron de la fe de sus pasados por doctrina de un fraile apóstata, y para confusión de muchos católicos de nombre, que presumiendo de grandes ingenios y habilidades no emplearon aquellos cinco talentos en servir y agradar á Dios tanto como muchos destos desechados emplean el medio talento que recibieron. Esta consideración traigo á propósito de que en ninguna manera nos es lícito tenerlos por gente baja; mas antes debemos temer que por ventura EN el juicio de Dios se podrían verificar en nosotros para con ellos aquellas palabras de la Sabiduría: *Nos insensati vitam illorum æstimabamus insaniam, et finem illorum sine honore: ecce quomodo computati sunt inter filios Dei, et inter sanctos sors illorum est.*

Considero que la Santa Madre Iglesia, y el Vicario de Cristo que entonces la regía en su nombre, compadeciéndose de la flaqueza de estos párvulos indios les dió por sus tutores á los Reyes de Castilla, nuestros Señores, como á tan católicos y fieles y celosos de la salud de las almas, y ellos los recibieron por tales pupilos debajo de su amparo; y como tales pupilos y pusillos y gente sin fuerzas y sin defensa están obligados á defenderlos y ampararlos con grandísima diligencia y vigilancia, ni más ni menos como ovejas que andan cercadas de lobos hambrientos y deseosos de chuparles su sangre, y para este solo efecto les deben dar las personas que en nombre de S. M. se proveen para administrar la justicia, y los ministros de la doctrina, demás de enseñarles las cosas de la fe y administrarles los Sanctos Sacramentos, también para que vuelvan por ellos, dando aviso á S. M., ó á quien gobierna en su lugar, de los agravios y daños que se les hacen, procurando que se remedien. Y este fué el intento que tuvieron los Reyes Católicos sus antecesores del Rey D. Felipe, nuestro Señor, como parece en la cláusula que sobre esto dejó en su testamento la Reina Dª Isabel, y en las Provisiones y Ordenanzas y Cédulas que siempre proveyó para el buen tratamiento de los indios el invictísimo Emperador D. Carlos, ambos príncipes dignos de perpetua memoria.

Considero que las cosas que algunos toman por ocasión para ultrajar á los indios y no hacer cuenta de ellos, más que si no fueran hombres, á ellos les son ayuda para ser mejores cristianos, y para salvarse con más facilidad, como son el no tener el punto de honra que los españoles y otras naciones, ni la codicia y apetito del dinero para afanar por él, que son dos cosas que llevan innumerables de los que se tienen por cristianos viejos al infierno, y así el apocamiento que vemos en los indios, de sujetarse á toda otra nación y de tratarse á sí mismos bajamente, y el mostrarse aptos para recibir injurias, y fáciles para perdonarlas, antes se debe tener por don y merced que Dios les hizo, que por desdén y disfavor, pues es cierto que aunque en los ojos de los hombres (por andar ciegos) parezcan todas estas cosas vileza, por ninguna ley de Dios se pueden condenar ni reprobar, antes son muy conformes á ella, y aun son parte de la perfección evangélica; y lo mismo la poca solicitud y cuidado de las cosas temporales y el contentarse con poco; lo cual, aunque en muchos de ellos se puede imputar al vicio de la ociosidad, más vale, *cæteris paribus*, que den en ese extremo, que no en el de la desenfrenada codicia, porque el descuidado y perezoso para sí solo es malo, pero el muy codicioso para sí y para su prójimo.

Considero que con ser los indios de tan poco talento como los hacemos, y tan malos como los queremos pintar, vemos en sus obras (que es lo que solamente podemos juzgar) hay más bien y señales de cristiandad, y más ocasiones de alabar en ellos á Dios, que en muchos de los nuestros, porque lo uno, con ser tan nuevos en la fe, que algunos de ellos se hallaron en sus pasadas idolatrías, el tiempo de ahora no se siente más rastro dellas (á lo menos adonde alcanzan suficiente doctrina), que si hubieran pasado mill años después de su conversión; lo otro, no se HA sabido ni oído, en cuarenta y tantos años que HE sido su ministro, que alguno por falta de fe haya dejado de baptizar su hijo, lo cual muy muchos pudieron haber fecho ó intentado si no fueran verdaderos cristianos, antes traen los niños á baptizar con tanta diligencia y presteza, que muchas veces nos son importunos por no aguardar á los tiempos que tenemos para ello señalados, sino que en no mamando bien el niño, luego dicen que se quiere morir, que lo bapticen. Pues los adultos, en doliéndoles la cabeza luego vienen á pedir confesión. La diligencia y trabajo que en toda la Nueva España pusieron los indios para edificar sus iglesias y conventos de Religiosos que están hechos, y proveerlos de ornamentos y menestriles, á todos consta; la fe y devoción que siempre han tenido con los ministros de la Iglesia y á las demás cosas sagradas; el traer á los Religiosos, por doquiera que pasan, sus niños para que se los bendigan; el pedir tan continuo el agua bendita para los enfermos y las oraciones de los siervos de Dios para ellos y para sus defunctos, y hacer frecuentes limosnas por los unos y por los otros, todas estas señales son de cristianos y no de paganos.

Presupuesto por estas razones dichas, y por lo que alcanzamos los que examinamos sus conciencias, que entre ellos hay muchos buenos cristianos, que no solamente muestran su cristiandad en estas obras exteriores, sino que se guardan de ofender á Dios, y tienen mucha cuenta con sus ánimas, si hay otros muchos, como los hay, trabajosos y de mala digestión (aunque no por errores contra la fe, que no es poco no los haber), pero viciosos del pecado de la carne, en borracheras, y sobre todo en andarse haraganes y no los poder traer á la iglesia sino por fuerza, considero que de

5*

estos males y de otros en que cayeren, no tienen ellos la
principal culpa, sino los que tienen en su mano el gobierno,
por no los gobernar conforme á su talento y menester, pretendiendo de ellos su bien espiritual y temporal, que es la
salvación de sus almas, y su conservación y policía, como
en ley de buena cristiandad se les debe desear y procurar,
porque de su parte de ellos basta que se ofrezcan, como desde los principios se han ofrecido, prontos y subjetos para obedecer como unos muchachos á todo lo que se les enseñare,
y á que los azoten sobre el mismo caso y los compelan, como
ellos mismos confiesan que lo han menester.

Confieso que es gran maravilla y tenemos que dar gracias á Dios de que no hayan perdido del todo la fe, según su
flaqueza y la poca ayuda que en estos tiempos tienen de
nuestra parte para creer y estar satisfechos de la doctrina
cristiana que se les ha predicado, pues ven que los cristianos viejos vivimos tan al contrario de lo que en ella se contiene; y digo que en estos tiempos tienen en nuestras obras
poca ó ninguna ayuda, porque puesto caso que desde los
principios siempre vieron malos ejemplos en algunos españoles, de carnalidades, codicias, fuerzas y malos tratamientos que les hacían, pero justamente con esto veían en todos
sus predicadores y ministros eclesiásticos grande ejemplo
de santa vida, y que con entrañable amor los favorecían y
amparaban como verdaderos padres, y eran parte con su
Rey y con los que en su nombre gobernaban para que esos
que hacían semejantes males fuesen castigados y desterra-
dos, y para que cesasen y SE evitasen las vejaciones y agravios y malos tratamientos, y así entendían que si había algunos malos cristianos, y si de ellos recibían agravios y
malos ejemplos, esto no lo quería ni consentía el Rey ni los
que en su nombre gobernaban, sino que todos sus vasallos
viviesen en servicio de Dios y caridad del prójimo; mas el
tiempo de ahora ven que para los malos ejemplos no hay
castigo, ni remedio para sus vejaciones, ni quien lo cele; y
ya que alguno hable con buen celo, no se hace caso de lo
que dice; y que los que tienen cargo de la justicia y del gobierno, no tienen ojo á otra cosa sino cada uno cómo más

se aprovechará del sudor y sangre de los mesmos indios, y que muchos de los eclesiásticos hacen lo mismo, y otros, ya que no lo hacen, lo aprueban y justifican, y que ya no tienen á quien acudir en sus trabajos y necesidades, porque no hallan quien se apiade de ellos. Visto esto, digo que es de espantar cómo no desesperan y cómo no blásfeman del nombre de cristianos, sino que Jesucristo Nuestro Señor, por su misericordia, los sustenta en su fe y creencia.). ⩙

Considero que los primeros Obispos y los Religiosos primeros ministros de esta Iglesia, que mostraron gran santidad en su celo, vida y doctrina, siempre tuvieron entrañable afición, como de padres á hijos, á estos naturales, y nunca les desampararon ni cansaron de trabajar en ellos y ayudarlos en cuanto les fué posible; y lo mismo notamos y vemos en los ejemplares Religiosos que en este tiempo procuran de conservar aquel espíritu de los antiguos, y también sabemos que los primeros Virreyes y Gobernadores y otros Oidores y Jueces, que dejaron fama y loa de mucha cristiandad y bondad, todos les fueron favorables y benignos, y volvieron por ellos, amparándolos de los que pretendían hacerles vejación; y así el contrario sentimiento que en los tiempos de ahora comunmente se tiene de eclesiásticos y seglares en disfavor de los indios, no haciendo más caso de ellos que si no fuesen prójimos ni hombres como nosotros, sino solo procurando cada uno aprovecharse de su sudor lo que puede, no procede de parte de los indios, porque ellos los mismos son y del mismo natural y condición que sus padres y abuelos, y de las mismas costumbres, salvo las malas que han tomado de nosotros, y más fundados están en cristiandad, y más necesitados de ayuda; mas procede y resulta de haber los ministros de ahora, así de la justicia como muchos de los de la doctrina, trocado aquel espíritu y celo que los antiguos tenían de bondad, equidad, llaneza, piedad y caridad, en espíritu de proprio amor, codicia y proprios intereses; y esta es la causa porque los indios y sus cosas nos hieden y dan en rostro, salvo su servicio, de que estamos asidos y engarrafados, sin haber remedio de quererlo dejar.

Considero que las pestilencias continuas que Dios les envia, con que poco á poco nos los va llevando de entre las manos, no son por sus pecados, como algunos que tienen poca cuenta con los suyos imaginan, porque si esto fuera, enviara fuego del cielo que súbitamente los consumiera, ó una tal pestilencia que de golpe los acabara; mas antes á ellos les hace merced particular en sacarlos de tan mal mundo, antes que con el augmento del incomportable trabajo y vejación se les dé ocasión de desesperar, y antes que por nuestras codicias y ambiciones y malos ejemplos y olvido de Dios, que cada día van más en crecimiento, vengan á perder la fe, en los peligrosos tiempos que de hoy á mañana esperamos. Á nosotros nos castiga Dios en llevárselos, porque si los conservásemos con buena vecindad y compañía, la suya nos sería utilísima, siquiera para provisión de mantenimientos; y acabados ellos, no sé en qué ha de parar esta tierra sino en robarse y matarse los españoles los unos á los otros; y así de las pestilencias que entre ellos vemos no siento yo otra cosa sino que son palabras de Dios que nos dice: Vosotros os dais priesa para acabar esta gente: pues yo os ayudaré por mi parte para que se acaben más presto, y os veais sin ellos pues tanto lo deseais. Y en una cosa veremos claramente que la pestilencia se la envía Dios no por su mal sino por su bien, en que viene tan medida y ordenada, que solamente van cayendo cada día aquellos que buenamente se pueden confesar y aparejar conforme al número de los ministros que tienen, como ellos lo hacen; que unos en sintiéndose con el mal, se vienen por su pie á la iglesia, y á otros los traen á cuestas ó como pueden, y otros, imaginando que vendrá el *cocoliztli*, piden confesión antes que llegue; y acaece que luego es con ellos y los lleva. De donde podemos colegir que sin falta va hinchiendo Dios de ellos las sillas del cielo, para concluir con el mundo; y plega á Su Majestad Divina, que nosotros, con nuestra presunción de cristianos viejos y de muy entendidos y capaces, no nos hallemos burlados por haber hecho burla de los mal vestidos.

LXIV

CERCA DE LA SEGUNDA CÉDULA DE LOS CURATOS.

En la flota en que vino el Virrey Marqués de Villamanrique, año de mill y quinientos y ochenta y cinco, escribió S. M. á los Obispos de esta Nueva España, y juntamente á los Provinciales y Difinidores de las Órdenes, declarando su determinación cerca de la controversia que entre los unos y los otros se había tratado sobre su Real Cédula de suso contenida en sustancia, en cuanto al cumplimiento de ella; y la declaración fué que los Religiosos tuviesen á su cargo el ministerio de los indios por ahora, así como hasta aquí lo han tenido, con aditamento que lo ejerciten con obligación de Curas *ex justitia, et non ex sola charitate:* y esto hagan con los indios por virtud de los Breves Apostólicos que para ello tienen las Religiones, y á los españoles también les administren los Sacramentos con el beneplácito de los Obispos; y demás de esto, que los dichos Obispos visiten en las iglesias de los Religiosos el Santísimo Sacramento, y la pila, y las demás cosas pertenecientes á la iglesia, y también las personas de los mismos ministros Religiosos corrigiéndolos secretamente en lo que fuere secreto, y en las cosas escandalosas requiriendo á su Prelado de la Orden, que los castigue ejemplarmente dentro del término que señala el Santo Concilio Tridentino, y donde no lo hicieren, el Obispo los castigue.

Y porque para lo que se hubiere de responder á esta Real Cédula ó carta hace mucho al caso presuponer lo que las Religiones tienen respondido antes de ahora cerca de esta misma materia, se ponen aquí las respuestas que las tres Órdenes, cada una por sí, dieron al Virrey D. Martín Enríquez, año de 1574, á ciertos artículos que por mandado de S. M. les propuso, entre los cuales se contienen este de los curatos y el de la sujeción á los Obispos. Los artículos pueden verse supra.

Los inconvenientes que yo hallo en aceptar absolutamente lo que S. M. últimamente determina y manda cerca de los curatos y visita de los Obispos, son:

1º La contradicción tan opósita y manifiesta como nos arguirán en nuestras respuestas, habiendo respondido á esto mismo en tiempo de D. Martín Enriquez todas tres Órdenes y cada una de por sí, sobre mucho acuerdo, que no lo podíamos hacer por ser cosa repugnante á nuestra profesión, y así dirán, ó que entonces no supimos lo que nos respondimos, ó que ahora no sabemos lo que nos hacemos.

2º Que aunque el Rey y su Consejo no tuviesen en memoria esta respuesta que entonces se dió, no faltará quien se la acuerde para confirmarlos en lo que el vulgo les tiene dicho de nosotros: que estamos tan asidos á este mando y gobierno de los indios, que no lo dejaremos, por muchas cargas que se nos impongan.

3º Que podría ser fuese tentativa la provisión de esta última Cédula, pronunciada al parecer en nuestro favor, en cuanto no nos quita el ministerio de los indios, para ver con qué ánimo lo recibimos, y por tanto nos conviene mirar mucho en ello y responder con grande aviso, y no arrojarnos con codicia de lo temporal.

4º En ninguna manera nos persuadamos que es la última resolución del Rey el perpetuarnos á los frailes en el ministerio de los indios, sino que lo hemos de dejar sin alguna duda; lo uno, por ser conforme á razón que los clérigos se han de multiplicar y han de comer; y lo otro, por ser conforme á Derecho y costumbre de la Iglesia, que ellos lo tengan á su cargo, como se pone por fundamento en la primera Cédula que se proveyó, de que los clérigos sean preferidos en la provisión de las doctrinas de indios, á los Religiosos; y esto es lo que han de tener siempre por fin, y lo que han de perseguir hasta ponerlo en efecto; y si ahora nos lo dejan á nosotros, es dilación que se hace, por no haber aún suficiencia de clérigos que poner; y así nos conviene mirar adelante y apercebirnos, debajo de este presupuesto, y no abrazar ahora con lozanía los curatos, para que después se nos quiten, por ventura con afrenta, tomando achaque y ocasión de algunas relajaciones y faltas que visitando los Obispos hallarán en nosotros.

5º El quinto inconveniente es la imposibilidad que hay de parte de los indios para que nadie pueda encargarse de dar cuenta de ellos como Cura de obligación, no solo en los pueblos grandes adonde sabemos que no se confiesa la mitad de la gente, mas aun en los pueblos pequeños, por estar ellos tan derramados, y traerlos los españoles tan ocupados en sus granjerías, que aun oír misa no les dejan los domingos y fiestas; y finalmente es imposible que los ministros de la Iglesia, de la manera que ahora están, siquiera los cuenten para conocerlos, como es justo que el pastor conozca y cuente sus ovejas.

6º La consideración de la obligación que el Cura se echa á cuestas de los feligreses que toma á su cargo, que no es así como quiera ni se encierra en sólo que oyan misa y se confiesen, sino que dará cuenta á Dios de cualquiera que muriere sin baptismo por su descuido; del adulto que muriere sin confesión y sin los Sacramentos de la Eucaristía y Extremaunción, porque no carezcan de la gracia de cada uno de los Sacramentos; del que no supiere la doctrina cristiana; del que no oyere misa ó no ayunare cuando es obligado, por no se lo haber avisado; del que estuviere en algún error ó pecado por falta de predicación; del amancebado y pecador público por falta de su corrección, y de otras mil cosas que no se pueden contar, de que ha de dar á Dios estrecha cuenta, porque están á su cargo.

7º Considerar cuántos clérigos seculares hay que con no estar obligados á la observancia que nosotros profesamos de Religión, y con poder llevar lícita y honestamente los salarios de su trabajo, y con ellos ayudar á sus deudos ó hacer otras limosnas y obras meritorias, con todo esto no se atreven á encargarse de ánimas, especialmente de indios; y á trueque de no meterse en los tales partidos pasan su vida pobremente, con pobres capellanías ó sirviendo algún oficio en las iglesias catedrales: pues qué confusión y temeridad sera del fraile menor, profesor de tan estrecha pobreza, humildad y desprecio de sí mismo y de todo lo temporal, arrojarse de gran voluntad á ser Cura y encargarse de ánimas tan dificultosas de apacentar, á trueque de mando y señorío, y abundancia de cosas terrenas, de que por solo el mismo caso debría huir con todas sus fuerzas.

8°. El incomportable trabajo que pasaríamos con los españoles, habiéndoles de administrar también de obligación los Sacramentos, según en la Cédula Real se contiene, porque todo lo pedirían muy á su gusto, á la hora y punto que á ellos les pareciere, y en la forma y manera que ellos lo trazaren, sin hacerles falta, so pena de irse á quejar luego á los Obispos, diciendo que no hacemos el oficio de que nos encargamos, y sobre esto cada día pleitos con ellos.

9°. Pues los pleitos y rencillas que con ellos tendríamos, si de obligación hiciésemos el oficio de Curas, so pena de no hacer el deber, sobre que no pierdan misa las fiestas, ni sermón, cuando lo hubiere, ni lo dejen perder á la gente de sus casas, ni les hagan trabajar los tales días, que los hagan confesar y enseñar la doctrina, que no les consientan borracheras, ni estar amancebados, ni les hagan maltratamientos, ni les den mal ejemplo, y otras mil ocasiones que con ellos se ofrecen, por ser gente altiva y que ponen su felicidad en vanidades, y que quieren salir con sus pretensiones, cualesquiera que sean, y en yéndoles á la mano no hay peor gente que frailes. De aquí podemos inferir los lazos que nos armarán para echarnos en manos de los Obispos, y ponernos mal con todo el mundo.

10. Que hemos de tener los monesterios hechos mesones y casas de contratación, haciéndolos francos y patentes, no solo á los clérigos que quisieren allí venir por su recreación y cumplimiento nuestro, por tenerlos propicios, sino también á los seglares que acuden al convento como á casa de su comunidad, so color de tratar como con sus Curas y párrocos, según que lo usan con los clérigos, de donde inevitablemente se seguirá nuestra distracción, y del todo se perderá la clausura y recogimiento monástico, y nos volve-

remos los frailes en nuestra conversación y trato como meros clérigos seculares.

11. Que en todo lo demás tocante á Religión y á nuestra profesión y observancia hemos de ir sin remedio de caída, y venir á tal estado, que el mismo Rey haya de entender en reformarnos y reducirnos á la observancia de la Orden, como los Padres agustinos lo apuntaron en su respuesta; y es la razón, porque la experiencia nos ha mostrado en esta tierra que la administración de los Sacramentos y doctrina de los indios, teniéndolos á nuestro cargo, nos ha sido grandísimo estorbo y notable perjuicio para la observancia y decoro de nuestra Religión, así por la libertad en que se crían los mancebos, como POR las ocasiones que se ofrecen para mal, y poco aparejo para corregir y refrenar á los díscolos, como siempre lo lloraron los Padres antiguos de esta santa Provincia, y lo lloran al presente los que tienen algún espíritu y celo de la honra de Dios y del bien de la Religión. Pues si teniendo de prestado y como de socapa esta administración de los indios, nos ha sido tan dañosa, ¿qué será tomándola de hecho y de propósito con título de Curas proprietarios? Y en lo de la pobreza, siendo Curas ¿qué escrúpulo habría de recibir salarios y capellanías y todo lo demás que viniere á las manos, y de distribuirlo y darlo á quien se le antojare? Será que lo que ahora algunos de poca conciencia hacen á hurtadillas, por temor de la pena, entonces lo harán todos sin temor ni vergüenza, en público y en cantidad excesiva, alegando que quien dispensó en que fuésemos Curas, dispensó también en que viviésemos como Curas.

12. La ocasión que estos curatos serían de poca paz y mucha discordia entre nosotros mismos, diciendo el súbdito á su Guardián, cuando se le antojare, que él no quiere ser Cura ni hacer lo que le manda cerca del ministerio; y esta disensión comenzaría desde luego, porque habrá muchos Religiosos de los que son lenguas, y aun de los más esenciales, que por ninguna vía se quieran obligar de justicia, como lo reza la Cédula de S. M., ni subjetarse á la visita de los Obispos, ni ningún Prelado de la Orden los puede compeler á ello; y así, aceptando absolutamente la dicha Cé-

dula los Padres Provinciales y Difinidores en nombre de toda la Provincia, se verían después en gran confusión y trabajo con sus frailes, dando con ello mucha nota que decir á los seglares.

13. Urge la repugnancia que el ser Curas dice á nuestro estado y observancia de la Regla que prometimos, porque sobre aquellas palabras del décimo capítulo que dicen: *Ubicumque sunt fratres qui scirent et cognoscerent se non posse Regulam spiritualiter observare, ad suos Ministros debeant et possint recurrere*, declarando los casos en que esto podría suceder, el Papa Martino V en la exposición que hizo, llamada *Martiniana*, pone por uno de los casos en que el Religioso fraile menor puede y debe recurrir á su ministro por no poder guardar espiritualmente la Regla, cuando al lugar y monasterio adonde mora es anexa cura de ánimas; y esto mismo declaran Sanct Buenaventura y Sanct Bernardino y los cuatro Maestros expositores de la Regla, y lo mismo siguen todos los modernos que la declaran.

Y si de aquí arguyere alguno, que el mismo escrúpulo debiéramos tener hasta aquí, pues á los monesterios todos de esta tierra es anexa la cura ó cuidado de ánimas, y lo ha sido siempre, desde que comenzamos á tener á nuestro cargo el ministerio de los indios que suelen tener los Curas: digo que niego lo uno y lo otro, y que en ninguna manera es símile lo pasado á lo de aquí adelante, porque hasta aquí hemos ejercitado este ministerio de pura caridad cristiana, como siempre lo hemos dicho y protestado, y por la falta de ministros á quien esto competía, por consiguiente, por la necesidad que la Iglesia Católica á esta causa de nosotros tenía, y así no hacíamos contra nuestra Regla, porque ninguna Regla cristiana, ni profesión, ni precepto puede limitar contra la caridad, ni el Papa dispensaba ni tenía que dispensar con nosotros para que no fuésemos contra la Regla, por lo arriba alegado del décimo capítulo, ni por lo del undécimo, donde dice: *Nec fiant compatres virorum vel mulierum;* más de declarar que no íbamos contra lo uno ni contra lo otro haciendo esta obra de caridad necesaria á la Iglesia de Dios: en lo que dispensaba era solamente en el Derecho y en la costumbre de la Iglesia que dispone y ordena que los clérigos seculares comunmente sean los ministros de este ministerio y curato de las ánimas; y esto por la falta que de ellos había en esta tierra, ó por mejor decir, porque no fueran ministros útiles conforme á la capacidad de los que habían de ser ministrados; que si lo fueran, bien pudieran al principio enviar clérigos como enviaron frailes. Pero de aquí adelante ya parece que no haremos este ministerio por la necesidad que la Iglesia tiene de nosotros y falta de ministros, pues que los Obispos se han ofrecido á ponerlos, diciendo que los tienen sobrados; ni lo ejercitaremos *ex sola charitate*, pues que el Rey, que está principalmente encargado de estas almas, dice que no se contenta con esto, sino que lo ejercitemos con obligación *ex justitia*, y como Curas que han de dar cuenta á Dios y á los Obispos, que son los propios Pastores. Y para hacerlo de esta manera es necesaria dispensación del Pontífice, por ser ya contra nuestra Regla y repugnar á ella. Por lo cual á nosotros no nos está bien ofrecernos á semejante cosa, sino antes evitarla en cuanto pudiéremos, si no fuese declarando el Papa que la Iglesia tiene necesidad de nuestra ayuda, como hasta aquí la tenía, ó por falta de ministros clérigos, que aunque los Obispos dicen que sí, en realidad de verdad no los hay para suplir muy pequeña parte de lo que los Religiosos tienen á cargo, ó por no ser suficientes, conforme á la capacidad y necesidad de los indios. Y en tal caso no sería anexa la cura de ánimas á los lugares adonde nosotros residimos, como no lo ha sido hasta aquí, puesto que administrábamos todos los Sacramentos, porque no es anexa al lugar, haciéndolo de prestado hasta que haya ministros; mas de aquí adelante sería anexa al lugar, tomándolo nosotros con obligación de justicia como Curas, y entonces correría la declaración de Martino y de los demás, que los frailes para guardar su Regla espiritualmente podrán y serán obligados á recurrir á sus ministros para que los saquen de aquellos lugares.

14. Es el cuartodécimo inconveniente, que aceptando absolutamente la Cédula Real damos jurisdicción á los Obis-

pos en nuestras iglesias, y *ipso facto* las hacemos y damos por iglesias parroquiales y clericales, privándonos de los privilegios de exempción que tenemos, y nos las quitarán cada y cuando que les pareciere y dijeren que tienen Curas y ministros para poner en ellas.

15. Que por la visita que admitimos y corrección personal de los frailes que estuvieren ocupados en este ministerio, los recibimos por nuestros Prelados, y como á tales les damos la obediencia en todo aquello que tocare al ministerio, y por consiguiente querrá el Obispo que el fraile que su Prelado quisiere mudar no se mude, diciendo que conviene para el ministerio de aquel lugar; y el que á él no le cuadrare, dirá que no conviene, puesto que al Prelado de la Orden le parezca ser necesario que tenga cargo en aquel lugar; con otras cosas al mismo tono que derogan la autoridad de los Prelados de la Orden y á la obediencia que se les debe; porque cuanta se les diere ó tomaren los Obispos, tanta se les quita á ellos; y es cosa clara que cada día los Ordinarios pretenderán y procurarán más jurisdicción, de que resultarán innumerables y grandísimos inconvenientes que en particular no se pueden explicar; y en tan grande novedad y de tanto peso, justo sería no determinarse sin consultarlo primero con el Capítulo General.

Por las cuales razones me parece que la respuesta á la Cédula de S. M. habría de consistir en los puntos siguientes:

1.° El primero, en dar á S. M. las gracias por la merced que nos hace y favor que en su determinación nos da y muestra, teniéndose por bien servido de nosotros en este ministerio y queriendo que pasemos adelante en él no obstante que los Obispos con tanta instancia han pretendido que nos fuese quitado y sus clérigos fuesen preferidos, pidiendo la ejecución de la primera Cédula en que esto se contiene. Conocer ésta por muy gran merced, y besarle por ella las manos.

2.° Dar á entender á S. M. que por ventura nuestro intento en replicar acá ante su Real Audiencia sobre la dicha primera Cédula, y en enviar á España Religiosos que informasen á S. M., no fué entendido, porque se pudiera pensar (como algunos lo han querido interpretar) que poner tanta diligencia era con pretensión de perpetuarnos en el ministerio de los indios que hasta aquí hemos tenido, y no dejarlo ahora ni en algún tiempo á los Obispos para que lo encomienden á sus clérigos, lo cual nunca fué ni es nuestro intento, porque conocemos y confesamos que este ministerio de los Sacramentos y cargo de ánimas, en cuanto de sí, según el uso común de la Iglesia Romana, pertenece á los clérigos seculares, y si nosotros lo hemos ejercitado y ejercemos es de prestado, por ser los naturales de estas regiones tan flacos de capacidad y talento, que para su conversión y manutenencia, hasta reducirlos á la capacidad y talento de los españoles y otras naciones, y hacerlos firmes cristianos, de suerte que de ellos mismos se puedan elegir sacerdotes y ministros de la Iglesia, ha sido y es necesario sean industriados y doctrinados por mano de Religiosos pobres y apostólicos varones de las Órdenes mendicantes. Y así el intento que tuvimos en replicar á la dicha Cédula primera y enviar sobre ello Religiosos á España, fué solamente para que S. M. fuese informado que la ejecución de ella en ninguna manera convenía por estos tiempos, por ser los indios de tal calidad y estar todavía tan tiernos, que si fuesen dejados de la mano de los Religiosos peligrarían en las cosas de la fe que recibieron, y perderían mucho de la cristiandad que se les ha enseñado, de que se seguirían grandes daños á sus almas, y por consiguiente á toda esta república; y á avisar esto nos movió la obligación que tenemos de ser fieles á Dios y á nuestro Rey y Señor, y no fué otro nuestro intento, y así queremos que lo entienda S. M.

3º Dar á entender á S. M. que lo que manda por su Real Cédula, que hagamos el oficio de Cura, *non ex voto charitatis*, sino de justicia y obligación, es una tranquilla y ofendículo que los Obispos ponen en que tropiecen los frailes, y por el mesmo caso se lo dejen todo, porque saben que el ser meros Curas de justicia y obligación repugna á nuestro instituto y frailía, á lo menos de los frailes de Sanct Francisco, como siempre lo tenemos dicho y lo respondimos á los artículos del Real Patronazgo que el Virrey D. Martín En-

ríquez en nombre de S. M. nos propuso; y fuera de esto es
cosa clara que ningún Obispo ni clérigo puede, sin manifiesta temeridad, obligarse de justicia á dar cuenta de las
ánimas de los indios que están en su diócesi ó districto ó
partido, según la disposición en que ahora están los indios
en esta tierra, si por obligación de justicia se entiende que
darán cuenta á Dios de cualquiera oveja de estas que se
perdiere, y de cualquiera falta que hubiere en su ministerio; porque un indio tiene su casa ó choza en una barranca,
y otro en un cerro, y otro en el llano, y está el uno media
legua del otro, y la iglezuela adonde se juntan cuando va
el ministro, no más que tres paredes de adobes con un co-
bertor de paja en un páramo desierto, sin casa á la redonda; y esto es en muy muchas partes. Pues si uno encomendase á otro sus ovejas que están una en Castilla y otra en
Aragón y otra en Vizcaya, cierto es que sería desatino muy
grande obligarse á guardarlas muy bien guardadas; y demás de esto son muy pocos los ministros en esta tierra en
respecto de los que son menester para la gente que hay
en ella; porque puesto que el Arzobispo de México y el
Obispo de Tlaxcalla tuviese cada uno mill clérigos más de
los que tienen, no bastarían para proveer la mitad de sus
Obispados de la manera que están proveídos los de España, en cada aldea y poblezuelo su Cura ó beneficiado, por
lo menos. Y pues esta imposición de obligación de justicia
es tan onerosa, y nosotros no somos meramente Curas ni
beneficiados, ni llevamos los diezmos ni salarios, sino que
suplimos el lugar de los Curas, de prestado, porque mejor
se descargue la real conciencia de S. M., que le suplicamos
se tenga por bien servido de nosotros sin esta dura imposición y carga, con que nos ofrecemos de hacer en este ministerio lo que harían los clérigos Curas que los Obispos
pusiesen de su mano asalariados y obligados cuanto quisiesen, que es lo que según nuestra posibilidad y disposición
de la tierra podemos hacer; y cuando no hiciésemos el deber, ministros tiene S. M. en el gobierno de esta tierra que
le informarán de nuestro descuido.

4° Cuanto á la jurisdieción que S. M. atribuye en nues-

tras iglesias y en lo tocante á ellas á los Ordinarios, como
si fuesen parroquiales ó clericales, suplicársele que no lo
permita, dándole á entender que no son sino iglesias regulares ó monacales edificadas con autoridad Apostólica y
con licencia de S. M., ó de sus Virreyes en su nombre, para nuestra habitación, con mucho trabajo y solicitud nuestra, y con limosnas que los fieles voluntariamente nos han
hecho, y por determinación de la Silla Apostólica está declarado que las tales iglesias, así como los monesterios, el
dominio de ellas es de la Iglesia Romana y del Sumo Pontífice como cabeza de ella, y son exemptas de los Ordinarios. Y si tenemos pilas en ellas, son de prestado mientras
usamos el ministerio de los Sacramentos; y por el servicio
que en él hacemos á Dios y á S. M., y ayuda á los Ordinarios, no hemos de ser de peor condición que los demás Religiosos de esta Orden que para su morada edificaron monesterios y iglesias por todo el mundo. Cuanto más siendo
como es necesario para el bien y pro de la república y de
los vasallos de S. M., que los Religiosos permanezcan en los
dichos monesterios y iglesias, puesto caso que entren clérigos y Curas que administren los Sacramentos, porque están
en pueblos de mucha gente, así indios como españoles, que
se van de cada día más aumentando, y los unos y los otros
querrán tener el beneficio y ayuda espiritual que los pueblos de España y de toda la cristiandad tienen con los monesterios de los Religiosos para sus confesiones y predicaciones, y sería mucho mal y daño, que estando los dichos
monesterios ya edificados y puestos en forma de Religión,
entrasen en ellos clérigos seculares, y los profanasen, y hiciesen caballerizas de los claustros y refectorios, con escándalo de los naturales, y los destruyesen y arruinasen, como
lo han hecho en algunos monesterios que en tiempo pasado
nosotros dejamos por falta de frailes; y cuando después
quisiesen llevar Religiosos á los dichos pueblos fuese menester edificar de nuevo monesterios en que viviesen, lo
cual sería grande inconveniente; mayormente que las casas de los clérigos, cuando hubiesen de entrar, han de ser
de diferente traza, como las de los otros seglares, y ellos

tendrán harto cuidado de edificarlas á su modo, pues no les faltará para ello el posible.

Atento á lo cual, se suplique á S. M. mande reponer lo acerca de este artículo contenido en la dicha Cédula, declarando que los dichos Obispos no se entremetan en visitar las dichas iglesias regulares adonde residen los Religiosos y tienen su morada, ni lo que pertenece al ornato de ellas y culto divino, salvo, cuando mucho, las pilas del baptismo, y el olio y crisma, por ser cosas anexas á la administración de los Sacramentos. Y cuanto á las personas de los Religiosos que entienden en este ministerio, no tengan que corregirlos, más de sólo en lo que tocare á faltas que hallaren en el dicho ministerio; y esto lo hagan en los mismos monesterios al tiempo que visitan la pila, y no los puedan llamar á sus casas ni á otra parte para ello, ni los inquieten ni perturben, pues de ello ningún fructo se puede sacar, sino quebrantamiento de la paz con que Dios se sirve.

5º Que si S. M. es servido, mande dar otra traza con que más se conservará esta paz entre los eclesiásticos en estos reinos, porque teniendo entrada de visita los Obispos en los monesterios podrían suceder discordias y pesadumbres, queriendo pretender más jurisdicción de la que les pertenece. Y la traza es que se pida á S. S., como á Supremo Pastor que es de toda la Iglesia universal, que dé por relevados y desobligados á los Obispos de Indias de la carga y obligación de dar cuenta á Dios de las ánimas de los indios que están á cargo de los Religiosos, en cuanto á la administración de los Sacramentos y cura de sus ánimas, como lo suena el Breve concedido de Pio V á pedimento de S. M., en que encomienda el oficio de Curas á los dichos Religiosos en los lugares adonde residen, y manda que los Obispos no se entremetan en los tales lugares; y que esta obligación que habían de tener los Obispos la imponga el Sumo Pontífice á los Prelados superiores de la Religión que fueren en estas partes, así Provinciales como Comisarios Generales; que pues se les confía lo principal á los inferiores súbditos, que es el ministerio de la doctrina y Sacramentos, no es mucho que se confíe á los superiores la visita y cuidado de saber cómo esto se cumple; y que esto dure y se guarde mientras que los Religiosos tuvieren á su cargo este ministerio, declarando la causa que para esto mueve al Pontífice, conviene á saber, porque hasta que los indios naturales de estas partes se hagan hábiles y capaces para que de ellos mismos haya algunos sacerdotes y ministros, como de todas las naciones que la Iglesia ha traído á la fe católica los ha habido, no conviene que los Religiosos los dejen de su manutenencia, porque no vuelvan al vómito de la gentilidad, dejando la fe cristiana, en que por ser ellos tan flacos y tiernos no los podemos aun juzgar por sólidos y fijos; y cuando fuere necesario ir poniendo Curas clérigos en algunos pueblos que tienen de visita ó á su cargo los Religiosos, por haber falta de ministros frailes conforme á la gente que ministran, en tal caso los que gobiernan por S. M. tengan cuenta de mirar en ello y advertirlo á S. M. para que se provea, pidiendo los clérigos que fuere menester á los Obispos, sin que ellos se inquieten ni tengan otro cuidado, más de tomar á su cargo lo que les dieren.

Cuanto á la relación que S. M. pide se le dé de lo que parece convenir se provea para adelante cerca de la ejecución de su Real Cédula, se le puede advertir:

1º Que para haber de descargar enteramente su real conciencia proveyendo á los indios de ministros Curas que no solamente se obliguen de palabra, sino que realmente se puedan obligar á dar cuenta de sus ánimas y lo puedan hacer suficientemente, conociéndolos y sabiendo adónde y cómo vive cada uno, según conviene que el Pastor conozca y cuente sus ovejas, para esto es necesario, cuanto á lo primero, hacer juntar los indios en pueblos formados por traza y orden de sus calles y casas, como ya están algunos, y esto generalmente, así grandes como pequeños, que estén al derredor de las iglesias para que puedan ser contados y conocidos, y se tenga cuenta con ellos, posponiendo el trabajo corporal y temporal que en esta mudanza por algún tiempo padecerán, al bien espiritual y perpetuo que se conseguirá en ellos y en sus descendientes. Y esto se entiende que se haga con los medios convenibles, así en reservarlos de todo otro trabajo por el tiempo que para edificar sus casas y hacer esta mudanza hubieren menester, como en darles sitios y tierras en abundancia que cada uno pueda cultivar, y al pueblo en común sus ejidos y términos donde perpetuamente ningún español ni otra persona pueda entrar ni privarlos de ellos. Y á esto no hay que alegar lo de Galicia y Vizcaya, y de las montañas, que están las casas muy derramadas y apartadas unas de otras, y por eso no deja de tenerse cuenta y razón con su cristiandad, pues se entiende la diferencia que hay de la una gente á la otra, y que el indio, si no es cual ó cual, ha menester un alguacil que lo despierte y lo haga levantar y lo lleve á la iglesia, y que lo llame para cada cosa de las que él mismo tiene necesidad para su salvación y para los de su casa.

2? Que tras este fundamento, que es el primero para la cristiandad de los indios, que se tase el número de los vecinos indios casados que un sacerdote podrá buenamente cultivar y ministrar, y este número de gente, cincuenta más ó menos, esté prefijo y determinado para cada beneficio de los clérigos que hubieren de ser proveídos de nuevo en el ministerio de los indios, señalándoles su salario, y de dónde lo han de haber.

3? Que conforme á este número y tasación se vayan concertando y disponiendo los pueblos que al presente están á cargo de clérigos y de los Señores Obispos, hasta que sobren ministros clérigos, que no tengan los Obispos adonde ponerlos, comiencen á ser proveídos en los pueblos de visita que los Religiosos tienen ahora á su cargo, conforme al número asignado y prefijo, comenzando á proveerlos y ponerlos en lo más lejos, adonde menos alcanza la doctrina y cuidado de los Religiosos; y así vayan procediendo y allegándose poco á poco á los pueblos adonde los mismos Religiosos residen y tienen sus monesterios, y en los dichos pueblos entren y sean proveídos de sus curatos ó beneficios, y tomen el ministerio, dejándoselo los Religiosos pacíficamente cuando ya todo lo de lejos esté ocupado y proveído de ministros, quedándose los frailes en sus conventos para ayudar á confesar y predicar, como lo hacen en España. Y por este orden se hacen muchos bienes, y se evitan los inconvenientes que por otras vías se hallan; porque, lo uno, los indios se van proveyendo de ministros ordenada y pacíficamente y adonde es mayor su necesidad, y sin que los ministros se impidan unos á otros. Lo segundo, entrando así poco á poco los clérigos, los indios que han sido industriados de Religiosos se irán haciendo á su modo de ellos, y cobrando afición á su doctrina y tratamiento, lo cual, si se hiciese de golpe, lo recibirían agramente y se exasperarían, como de ello hemos tenido harta experiencia en pueblos adonde les han querido dar clérigos contra su voluntad. Lo tercero, para cuando los clérigos entrasen en los mismos pueblos adonde los Religiosos tienen sus monesterios, ya estarían tan poblados de españoles, y los indios tan españolados, que pudiesen sustentarse de solas limosnas y vivir de su mendicación, como en las demás partes del mundo, lo cual por ahora no podrían.

4.° Lo último se ha de advertir que para entrar los clérigos en los dichos beneficios y partidos, sean presentados de los Obispos al Virrey que gobierna, el cual se satisfaga de que siquiera saben la lengua de los naturales de donde se han de proveer, y que son de vida ejemplar. Cuanto á los españoles que residen en los pueblos de indios adonde nosotros estamos, se debría de advertir que les administraremos simplemente los Sacramentos hasta que hayan de entrar allí Curas; pero en cuanto á los demás, los Obispos los encomienden á los clérigos más cercanos, para que sepan de su cristiandad y cómo viven, y los visiten y corrijan, porque á nosotros no nos está bien contender con ellos sobre si oyen misa ó sermón, ó si se confiesan ó no, y sobre las demás faltas que hacen en lo que son obligados á cristianos, ni tampoco ellos quieren ser corregidos de los frailes, y así hay muy muchos en esta tierra que viven en la ley que quieren.

Cerca de las diferencias y disensiones que han pasado en la resistencia que los Padres Provincial y Discretos de esta Provincia han hecho al Padre Comisario General Fr. Alonso

Ponce, yo he procurado que de entrambas partes se atajasen los escándalos que han sucedido, por las vías que he podido; y esto se entenderá por algunas copias que me quedaron de cartas que sobre este caso escribí, y son:

LXV

Cuando enviaron al Padre Comisario desterrado á Quatimala, me escribió del camino esta carta:

Muy Reverendo Padre: Ya creo tendrá V. R. noticia de lo que en México me ha pasado con estos Padres, y cómo por mandado de la Real Audiencia voy hacia Quatimala. Recibiré mucho contento y caridad de que antes que más me aleje nos veamos, y paréceme será buen cómodo en Cholula, adonde con el favor de Dios llegaré yo el domingo ó el lunes que viene. Por caridad tome V. R. este trabajo y se llegue allí, y sea para el día dicho, porque no puedo detenerme mucho. Encomiéndeme V. R. á Dios en el entretanto, cuyo amor y gracia sea siempre en nuestras almas. De S. Felipe, 14 de Marzo de 1586 años. Siervo de V. R. en el Señor. — FR. ALONSO PONCE, COMISARIO GENERAL.

De lo que respondí á esta carta de prima instancia no me quedó copia porque fué de priesa, más que en sustancia me excusé de la ida á Cholula por estar actualmente enfermo, y añadí lo que me pareció convenía advertir, que se refiere en la carta que sigue, la cual escribí luego á tercero día.

LXVI

CARTA PARA EL PADRE COMISARIO GENERAL FRAY ALONSO PONCE.

Reverendísimo Padre nuestro: Respondiendo antier á la de V. P. le dí cuenta de mi indisposición, y que si con ella no estuviera impedido, yo hubiera sido el mensajero. También sin estar advertido de lo que ahora he sabido que

ha pasado con los Padres Fr. Andrés Vélez y Fr. Juan Can-
sino, supliqué á V. P. de llevar consigo todo el trabajo de
este mal suceso por el bien de sus ovejas, procurando cuanto de su parte fuese posible dejar á todos los Religiosos
quietos, sosegando á los que mostrasen alteración con su
partida, aunque no fuese más de porque no atribuyesen á
V. P. título de alboroto, que es con lo que más pueden in-
dignar al Rey, nuestro Señor, y á su Consejo, y desacredi-
tar la persona de V. P. para con nuestros Padres Rmos. de
la Orden los que esto quisiesen pretender. Y ahora, oído
que á los dos Padres sobredichos sacaron el jueves pasado
en un carro como á galeotes, por mandado de la Real Audiencia, para embarcarlos y enviarlos á España, y (á lo que
suena) es sobre la Patente que V. P. tiene enviada, me pareció estaba yo obligado á suplicar á V. P. de nuevo mire
por las llagas de Jesucristo los daños grandísimos y irre-
cuperables que de porfiar sobre este negocio se seguirán,
pues es tirar coces contra el aguijón, y V. P., por mucho
que la conciencia le dictase de no dejar la Provincia en
manos del P. Provincial, no está obligado á llevarlo hasta el cabo con tan gran contrapeso de inconvenientes y
dispersión de sus ovejas, sin poder salir con ello; y aun
el haber pasado un punto adelante desde la hora que V. P.
entendió serle contrarios el Rey y Audiencia, me parece
que no fué acertado, porque ya sabemos que en desgracia
del Rey ningún negocio de república secular ni eclesiástica
puede tener buen suceso, y V. P. cumplía y cumple con
Dios y con los hombres con un testimonio de como no le
dejan hacer su oficio, y pues todavía hay tiempo para sol-
dar lo quebrado, por amor de Dios suplico á V. P. ponga
de su parte los medios con que tanto mal se remedie. Y advierta V. P., que de venir la Patente, como dicen que la
traen Religiosos para tomar testimonio de quién recibe al
P. Sahagún por Prelado y quién no lo recibe, no sirve de
otra cosa sino de que se manifieste cada uno y diga en público "yo soy de este bando," y el otro "yo soy destotro," y
de aquí crezca el fuego de la división y discordia, lo cual
se debría evitar con todo el cuidado del mundo. Y si en es-

to yerro, suplico á V. P. sea perdonado, que el amor y celo que debo al servicio de V. P. me da licencia para que diga lo que según Dios y conciencia siento. Él guarde la Rma· persona de V. P. De Tuchimilco, 16 de Marzo de 1586 años.

A esta carta me replicó la siguiente:

LXVII

Muy Reverendo Padre: Recibí con la de V. R. mucho contento, y ya de palabra había respondido á la otra que V. R. me escribió con el P. Santarén, y por la Patente que llevó sabrá V. R. como no es lo que á V. R. dijeron lo que ya hago, sino muy al contrario. Ya veo que teniendo al Rey por contrario en esta tierra no puedo hacer nada de bien; pero una cosa es dejar de hacer bien, y otra hacer mal; y así no me da pena dejar de hacer el bien por culpa ajena, y dármela hía muy grande hacer mal por la mía. Mucho quisiera poder ver á V. R.; pero pues no puede ser, V. R. me encomiende á Dios en sus oraciones, y Nuestro Señor &c. De Cholula 17 de Marzo de 1586 años. Siervo de V. R. en el Señor.—FRAY ALONSO PONCE.

LXVIII

CARTA PARA EL VIRREY MARQUÉS DE VILLAMANRIQUE, PIDIÉNDOLE LA PAZ Y ASIENTO DE ESTA PROVINCIA.

Muy Excelente Señor: Yo soy un fraile de los Menores de esta Provincia del Sancto Evangelio, no tal cual debiera ser; pero en treinta y cuatro años que ahora se cumplirán que vine á ella no pienso que he dado ocasión para que nadie se queje de mí, porque por la misericordia de Dios no he tenido pretensión de cosa propria, ni la tengo, como les consta á los Religiosos de mi Orden y á los de fuera de ella que me conocen; sólo he deseado y pretendido tanto cuanto otro el bien universal de todos. Y con este intento procuré

en veces, por los mejores medios que pude y Dios me daba
á entender, la paz y conformidad entre los Padres Comisario General y Provincial de esta Provincia, y en esto enten-
día cuando V. E. había recién llegado de España y venía
hacia la ciudad de Tlaxcalla; pero pudo más el demonio
con sus artes, que las diligencias de los que buscábamos lo
que era servicio de Dios y nuestro sosiego, porque por ventura nuestros pecados no lo merecieron. Después acá, aunque en mi rincón no he dejado de sentir y llorar (como era
razón y como otros lo habrán hecho) nuestra desventura, no
he tratado más del negocio, por verlo tan enconado, que ya
la intervención de medianeros no era de algún efecto, ni
tampoco he escrito sobre ello á V. E. por no le dar de mi
parte fastidio, mayormente durante el título con que el
P. Provincial Fr. Pedro de San Sebastián parece que se
defendía, de temer que se le quitase la libertad de ejercer
su oficio entrando en el gobierno de la Provincia el P. Comisario; ahora que ha cesado este inconveniente, pues el
dicho Padre acaba su oficio de Provincial por la fiesta de
N. P. S. Francisco, compelido del dictamen de la conciencia escribo estos renglones para suplicar á V. E. (como humilmente se lo suplico, y de parte del mesmo glorioso Padre Sanct Francisco se lo pido, y por reverencia de las llagas que Cristo nuestro Redemptor por nosotros quiso recibir y en este su siervo imprimir) que V. E. sea servido (pues
está en su mano) de dar paz y asiento á esta pobre Provincia, lo cual en estos dos ó tres años no ha tenido ni lo
terná hasta que se celebre Capítulo y se hagan nuevas elecciones, con que se desharán todos los ñublados y tempes-
tades, así las pasadas como las que se esperan, pues está
á la puerta el legítimo Prelado á quien compete tener el
Capítulo, lo cual tengo yo por cierto que hará muy á gusto
y contento de V. E., en especial obligándolo con darle de su
mano la libertad y favor para ejercer su oficio; y para que
V. E. se persuada ser cosa convenientísima y importantísima la que yo en esto pido y suplico, diré aquí la razón en
que se incluyen muchas razones que cerca de este caso se
deben considerar, y es que pasado el término de su cuatrie-

nio el Padre Fr. Pedro de San Sebastián, no puede pasar adelante con su oficio debajo de ningún titulo que sea justo, ni de Comisario Provincial ni otro alguno, conforme á las leyes que tenemos, estando como está á la mano el Prelado superior. Y así sería poner al mesmo P. Sanct Sebastián en grandes peligros, el principal de su alma, en usurpar oficio que no le compete, de suerte que no valga cosa alguna de cuanto hiciere, y por el consiguiente caer en mil censuras y irregularidades, poniendo juntamente á los frailes en confusión y escrúpulos por momentos, y á él en peligro de que alguno se le atreva y le diga que no es Prelado, sino tirano, y basta entender que aun en lo que toca á lo exterior no tendrá libertad para castigar culpas ni remediar daños, ni hacer cosa del oficio á drechas; y no haga V. E. caso de las muchas firmas que le han hecho sacar en favor de esta su pretensión y contra el P. Comisario, porque teniendo el mando y el palo le firmarán que ponga fuego á toda la Orden, aunque les parezca (como lo es) el mayor desatino del mundo, porque tal es el clima de esta tierra, y de tan someras raíces los corazones de los hombres como las de los árboles, y así aun de los muy fijos en la opinión del P. Provincial no hay en este caso que fiar, sino pensar que mañana ó esotro darán la vuelta y sentirán otra cosa y dirán que fueron violentados. Puédeme V. E. creer, porque lo digo de cierta ciencia, que van firmas en las que pidió y mostrará el P. Provincial, de Religiosos que no solo no les parece bien, mas aun abominan de lo que allí firmaron; y preguntados ¿cómo lo firmaron, pues tienen tan contrario sentimiento? dicen, qué habían de hacer, que si no lo firmaran los echarían del mundo. Atrévome á asegurar á V. E. que mandando llamar al P. Comisario, y dando orden como esos Padres Provinciales y Discretos lo reciban, según están obligados, y que tengan su Capítulo, demás de atajarse las pasiones pasadas y evitarse los daños eminentes, y quietarse las conciencias de los Religiosos (que de otra suerte no pueden dejar de andar inquietas), hará V. E. un muy notable sacrificio y servicio á nuestro Señor Dios, y dará mucho contento al biena-

venturado Padre Sanct Francisco y á los demás sanctos de
su Orden que gozan de Dios, y no menos al Rey, nuestro
Señor, cuya voluntad es esta, como parece por sus Reales
Cédulas, y al Vicario de Cristo el Sumo Pontífice, que holgará se cumplan las letras de sus antecesores, y que sus frailes no anden en cismas ni divisiones, y causará gran júbilo
en toda nuestra Orden, y mayormente en los Prelados superiores que la rigen, y en el pueblo notable edificación cuanto
han recibido aquí de escándalo en ver nuestra poca paz y
conformidad. Los temores que algunos han querido poner,
diciendo que habrá escándalos y muertes, si el P. Comisario entra en el gobierno de la Provincia, no espanten á
V. E., que no estamos en él subjectos á muy diferentes in-
fluencias, y cada uno tiene cuenta con guardar su cabeza,
cuanto más que estoy yo muy saneado que el P. Comisario no dará ocasión de su parte para que nadie se descom-
ponga, y mucho menos para tan feos atrevimientos. Plega á
la Divina Majestad alumbre y conforte el corazon de V. E.
para que en esto y en todo lo demás no salga un punto de
su sancta voluntad, y prospere su muy excelente persona y
Estado. De Tochimilco, 29 de Setiembre de 1587 años.—
FRAY HIERÓNIMO DE MENDIETA.

LXIX

CARTA PARA EL PADRE PROVINCIAL FRAY PEDRO DE SAN SE-
BASTIÁN, QUE ESTABA EN QUAMANTLA AGUARDANDO AL MAR-
QUÉS DE VILLAMANRIQUE QUE VENÍA POR VIRREY, PERSUA-
DIÉNDOLE LA PAZ CON EL PADRE COMISARIO.

Muy Reverendo Padre nuestro: Ya V. R. me conoce, y
sabe cuán corto soy en palabras, como en todo lo demás,
y á esta causa me atrevo antes á la pluma que á la lengua,
aunque estoy ya tan remoto en el escribir, que no sé si acer-
taré á significar lo que aquí quiero decir. También creo que
V. R. tiene conocido en mí el celo que siempre me ha estimu-
lado del bien común de nuestra Religión y del particular de

esta Sancta Provincia, y que ninguna propria pretensión he tenido ni tengo, ni para qué la tener, por la misericordia divina, y así se me debe dar algún crédito en lo que trata-re cerca de esta materia de nuestro común provecho. Har-to ciego es el que no ve cuán ñudoso lazo nos ha armado nuestro adversario el demonio, y en cuán dificultoso y pe-ligroso trance nos ha puesto con la determinación y resolu-ción del Rey, nuestro Señor, cerca del ministerio de la doc-trina de los indios, según parece por la carta que en esta flota escribe á V. R. y á los Padres Difinidores de la Pro-vincia, y harto más ciego sería el que no viese cómo para darnos traspié y zancadilla en esta cueita[1] ha procurado de enflaquecer las fuerzas y libertad invencible de la Religión franciscana, que consiste en la concordia, conformidad y unión de sus miembros, poniendo cisma y división sin fun-damento, más que solas pajas y aristas, entre los Religiosos y siervos de Dios, que para defenderse de todo el poder del mundo y del infierno no habían menester más que tener una sola ánima y un corazón, que es una voluntad y un solo querer.

Presupuestos estos dos principios que tenemos patentes, no quiero gastar tiempo en autoridades ni ejemplos, sino sólo traer á V. R. á la memoria aquel celebrado, por muy cierto y verdadero, dicho del glorioso Sanct Hierónimo, que *concordia parvæ res crescunt, et discordia maximæ dilabun-tur.* Y sobre todo lo que la mesma infalible Verdad pronun-ció por su boca, que *omne regnum in seipsum divisum deso-labitur.* Y que no sería maravilla, antes (pues Dios no puede mentir ni engañar) se puede tener por cierto que la Pro-vincia del Santo Evangelio, que por la paz y sinceridad y conformidad de los Padres pasados tuvo los tiempos atrás tanto lustre y nombradía en toda la Orden, ahora por la división de los presentes viniese á arruinarse y destruirse, ó á lo menos á ser lo más desechado de la Orden de Sanct Francisco; y pues la falta de conformidad y concordia pue-

---

1 Dudosa la lectura de esta palabra, que tal como está no dice nada: ¿será *cuita?*

de ser causa de tanto daño, justo es que quien tiene verdadero amor de la Provincia del Sancto Evangelio y celo de su conservación y aumento, ponga todas sus fuerzas en que no falte esta unión y concordia, y si ha faltado se repare y restaure, poniendo los medios para ello requisitos. El potísimo y único medio, Padre nuestro, es cortar las raíces que plantó Satanás, ya que del todo arrancar no se puedan, y el tronco de donde proceden los ramos de la discordia y de la poca paz y quietud que los Religiosos de esta Provincia en estos tiempos han mostrado tener. Y esto solo basta, cortar las raíces y el tronco. La raíz que en sí es sola una, ó raíces, por haberse arraigado en muchos corazones, no es otra cosa sino la diferencia y división que se ha hecho y platicado entre los frailes que acá tomaron el hábito, y los que lo tomaron en España ó en otras provincias fuera de esta; que, cierto, á mí se me agota el juicio, pensando en qué seso y entendimiento de hombres Religiosos cabe tan gran ceguera, que hagan distinción y diferencia de sus hermanos, hijos de un padre, Sanct Francisco, y de una madre, su Religión, y tengan á unos por propincuos y á otros por extraños, solamente porque les vistieron la ropa de sayal que traen, más acá que acullá, ó más acullá que acá, no mirando si son útiles ó nocivos á la honra y pro de la Religión que todos profesaron y de la Provincia adonde todos residen, que es lo que se ha de mirar y desear adonde hay verdadero celo del bien de la Orden y de la Provincia. El tronco que de esta raíz se formó es la imaginación y engañosa sospecha introducida por astucia del mismo Satanás, de que por venir de España el P. Comisario General había de ser contrario á la Provincia y á los profesos en ella, y que los había de perseguir y afrentar, y otras cosas semejantes á estas, que bien consideradas en ningún buen juicio de hombres debieran caber: porque ¿qué provecho, qué honra ó qué interese puede sacar un Prelado de la deshonra y infamia y daño de sus hijos y súbditos á quien es enviado para que los ayude y favorezca y anime para ir adelante y aprovechar en el servicio de Nuestro Señor? De la cual imaginación y sospecha, por haberle dado entrada en los principios, y á malos terceros que la iban sembrando, se ha seguido crecer más de cada día los desgustos y trabajos y universal inquietud, que no pueden dejar de ir de mal en peor, si no se ataja con reducirnos todos á la sinceridad y llaneza y confianza y amor entrañable que entre nosotros (renunciando todo interese y presunción) siempre y para siempre debiéramos tener; y si por descuido pasado lo hemos perdido, no es justo que nos vamos despeñando, y que echemos (como dicen) la soga tras el caldero. Yo en estos días que he andado acompañando á nuestro P. Comisario en la visita que va haciendo, y en lo que antes de esto he conocido de su pecho las veces que con su Paternidad he conversado, *testificor coram Deo et Christo Jesu* que no le he olido ni de muy lejos siniestra intención, sino muy recta de hacer lo que debe á su oficio y de procurar el bien común de la Religión y de la Provincia, y de no hacer mal á nadie ni infamar á nadie, sino honrarlos á todos, y que consuela generalmente á todos en cuanto le es posible; y si algunas cosas no se hacen á gusto de todos, no es maravilla: que acertar á contentar á todos, á ninguno de los hombres es dado, ni sería maravilla que aun el deseo de acertar que un hombre tiene faltase en la obra, andando desgustado y desabrido con bastantes ocasiones: finalmente yo pecador me obligo, so pena de ser tenido por falso y engañador, que llevando las cosas por bien y por amor, en la forma que aquí significo, el fin de la visita y oficio de nuestro P. Comisario Fr. Alonso Ponce, será para mucha honra y provecho y contento de la Provincia del Sancto Evangelio; por tanto á V. R. pido y suplico por amor de Nuestro Señor, y en su nombre le requiero, que sin temor ni dificultad ni recelo de esto ni de lo otro, sino con la cristiandad y celo de la Religión y temor de Dios que yo siempre en V. R. he conocido, se abrace y haga un cuerpo en unidad de espíritu con nuestro P. Comisario, reconociéndolo por cabeza y por padre verdadero de la Provincia, y como de tal confiando el buen suceso y progreso en todas las cosas que á ella tocaren (que todas ellas son de poco momento en comparación y respecto de lo que al presente se ofrece de la doctrina y ministerio de los indios), y para esto rogarle que haga junta de las personas con quien se puede conferir, y se trate muy de veras de este negocio, que es el todo para el perpetuo bien ó daño de la Provincia; porque verdaderamente el P. Comisario es sabio y prudente y celoso del bien de la Religión y experimentado en ella; y demás de ser útil en la luz que con tan buenas partes podrá dar, hará mucho al caso y aun será el todo que se responda á S. M. estando la Provincia en toda quietud, paz y concordia, porque sin ella sería imposible responder ni tratar cosa que fuese dictada del Espíritu Divino, ni que por el consiguiente fuese acertada; y para que este fin mejor se consiguiese, tendría yo por acertado que nuestro P. Comisario y V. R. de mancomún enviasen luego una Patente por la Provincia, amonestando á todos los Religiosos que encomienden á Nuestro Señor con mucha eficacia este negocio, diciendo misas y haciendo sufragios particulares; y para que sean oídos, aparejen y allanen sus corazones, amándose y tratándose con entrañas de verdaderos hermanos, sin alguna centella de división ni diferencia por ser profeso de aquí ó de acullá, amenazando á los que desto trataren *directe* ó *indirecte*, y ejecutando en ellos el castigo con más rigor que por otros excesos. Y con estos medios yo espero en la bondad y misericordia de nuestro Dios, que nos guiará y tendrá de su mano, y prosperará las cosas de esta Provincia harto mejor que los hombres lo sabríamos trazar. Él alumbre á V. R. (de quien todo lo arriba dicho depende) con su divina gracia, y su muy reverenda persona guarde como yo deseo. De Acatzingo, 15 de Octubre de 1587 años. Menor súbdito de V. R.—FR. HIERÓNIMO DE MENDIETA.

LXX

CARTA DEL VIRREY PARA FRAY HIERÓNIMO DE MENDIETA.

Yo deseo la quietud de esta Provincia, como hijo verdadero de nuestro Padre Sanct Francisco, y aunque siempre he deseado esto, parece que por algunos inconvenientes se ha estorbado. Ahora últimamente quiero tratar de algún otro medio que sea más conveniente, y para esto tengo necesidad de que V. R. se venga para mí y esté en esta ciudad el día de Todos los Santos, que es para cuando he hecho llamar algunos otros PADRES graves de esta Provincia, para que con el consejo y parecer de todos se ordene lo que más convenga, y no querría que V. R. dejase de venir para este tiempo, y que faltase su parecer en esta junta, porque con los que entonces se hallaren de los que envío á llamar se tomará resolución en lo que se oviere de hacer. Dios guarde á V. R. En México, 23 de Octubre de 1587.—EL MARQUÉS.

LXXI

RESPUESTA DE FRAY HIERÓNIMO DE MENDIETA.

Hoy jueves 29 de Octubre, después de comer, recibí la carta y mandato de V. E. por vía del alcalde mayor de la Puebla, que me la envió, y sabe Nuestro Señor cuánto yo quisiera para este tan justo viaje tener las fuerzas necesarias, que también el P. Comisario Fr. Alonso Ponce me escribió esta semana como el Padre Fr. Domingo de Areizaga iba camino de esa ciudad con ese mesmo designio, encargándome que le saliese á los Ranchos, y fuese en su compañía, y me excusé con mi imposibilidad, porque en andando á caballo dos leguas quedo muerto, y á pie ya no puedo andar sino poco más que una, y esto bien lo saben todos los Padres que se hallarán en esa junta; y pues mi impedimento es tan legítimo y conocido, suplico á V. E. sea servido de lo tener por acepto, mandándome todo lo demás que yo con mis pocas fuerzas pudiere cumplir. Desgracia mía es no hallarme en tal sazón como esta, en que tengo por cierto dará V. E. asiento á los negocios que causaban inquietud á nuestras almas, por gozar presencialmente de tan gran contento; que por lo demás bien sé que adonde hay tan buenos deseos juntamente con la cristiandad de V. E. y devoción á nuestra Orden, ninguna falta hará la de mi parecer. Lo que haré (pues más

no puedo) será de pedir humildemente á Nuestro Señor con
mi pobreza, que el corazón de V. E. guíe, y el de los Padres
con quien este negocio se consultare, en aquello que es su
sancta voluntad, y que la muy excelente persona &c. De Tuchimilco, 29 de Octubre, 1587.

*Excuséme con este achaque; pero de rodillas fuera si hubie-
ra esperanza de algún bien.*

LXXII

Carta del Padre Comisario para Fray Hierónimo de Mendieta, después de esta junta.

Ya (según me han certificado) se concluyó la junta, y lo
que de ella salió, conforme á lo que publican los que en ella
se hallaron, es que yo no mande en esta Provincia sino Fr.
Pedro de Sanct Sebastián, y que escoja en ella el convento
que quisiere, desde el cual gobierne las otras Provincias ó
me vaya á cualquiera de ellas. Escríbenme de México que
está determinado ó resuelto el Señor Virrey de embarcarme
luego para España si no acudo á esto, y que sería bien irme á
lo de Xalisco y desde allí hacer mi oficio y lo que conviene en
esta Provincia. A V. R. pido, ruego y encargo que supuesto esto (lo cual creo es así, aunque hasta ahora no ha venido recado del Marqués), me dé su parecer cerca de lo que
débo hacer, porque por una parte tengo escrúpulo si hago
lo que dicen se determinó, porque no querría ir contra mi
conciencia ni dejar de acudir á la obligación que en tal caso
tengo á Dios y á los hombres, y á dar cuenta de mí á la Orden; por otra asimismo temo que si sucediese el embarcarme
(aunque esto no lo puedo acabar de creer), quedaban las
demás Provincias desamparadas, y los que en esta me han
seguido y ahora de nuevo obedecido, expuestos á notable peligro, así espiritual como corporal. Todo lo advierta V. R.
y me escriba con el portador lo que le parece, pues sabe cuán
de buena gana lo recibiré y seguiré, y cuán satisfecho y quie-

to quedará mi corazón con ello. La Audiencia no se ha entremetido en nada de esto, que tan fija y firme está ahora como de antes, sino que no puede más. Del Padre Fr. Antonio de Villareal que esta lleva podrá V. R. saber otras particularidades qne dicen pasaron en la junta, y por eso no las escribo, ni digo más de encomendarme en las oraciones de V. R. á quien Nuestro Señor guarde. De Sancta Bárbara 7 de Noviembre de 1587 años.—FRAY ALONSO PONCE, COMISARIO GENERAL.

A esta carta respondí de prima instancia brevemente en dos puntos: el uno que si en la Provincia le daban cómodo para estar en ella con el respeto que convenía á la autoridad de su persona, puesto que no hubiese de regirla, sino aguardar á lo que viniese de España, lo aceptase y se estuviese quedo; mas si no se le daba tal cómodo sino con afrenta suya, se fuese á lo de Xalisco ó á Yucatán; mas que desde allí no pusiese censuras como en su carta lo daba á entender, sino que aguardase á lo que viniese de España; y de esta respuesta no me quedó copia por la priesa del Religioso que vino con la carta. Después, pareciéndome que en aquella respuesta había sido breve, le escribí la carta que desta otra parte se contiene.

LXXIII

CARTA DE FRAY HIERÓNIMO DE MENDIETA, PARA EL PADRE COMISARIO GENERAL.

Por venir el Padre Fr. Antonio de Villarreal y volverse tan de priesa, no sé si respondí enteramente á todo lo que V. P. me mandaba, aunque lo que en mi carta dije fué lo que siento según Dios y toda razón, á lo cual me pareció añadir ahora que no sé yo quién pueda poner Á V. P. escrúpulo de conciencia para hacer más diligencias de las hechas, ni ofrecerse á más trabajos de los pasados, presupuesta esta infalible verdad (como la escribí), que todo ello de ninguna cosa ha de aprovechar para la salud y remedio de las ovejas de

V. P., por las cuales (si este fructo se siguiera) era justo y necesario padecer como buen Pastor; antes el proseguir adelante con las diligencias que se podrían hacer resultaría en daño, y no pequeño, de las mesmas ovejas, en andar inquietas y descarriadas, escandalizando al mundo sin algún provecho; y á esta causa el menor mal se ha de elegir, que es permitir V. P. como coarctado y violentado de violencia invencible, que sus ovejas queden en poder del mercenario ó intruso hasta que Dios (que solo LO puede remediar) provea de remedio; y á lo que V. P. dice no puede acabar de creer, que el Virrey le mandará embarcar, yo sí lo creo y no pongo duda en ello, porque á lo que se puede entender y buenamente juzgar, no ha pretendido otra cosa de la junta que hizo sino sacar las firmas de aquellos Padres juntos en congregación, y con ellas le parecerá que puede proceder contra V. P. (si á lo determinado resistiere) con todo el rigor del mundo, y que no le será mal contada cualquier cosa que sobre esto haga, de donde aun humanamente se puede sospechar que holgará por ventura de echar á V. P. (como dicen) en una barca rota por ese mar adelante y en tiempo tan peligroso como el del invierno, para que nunca más parezca, y por tanto no conviene ponerse V. P. á este riesgo, sino ver el cómodo que le dan en la Provincia, quedando en ella; y si es conforme al respecto que se debe á su persona y oficio (puesto que no la haya de regir), pasar por ello, y si no es tal, callar y irse disimuladamente á lo de Xalisco ó á otra parte, si la hay acomodada fuera de esta Provincia, para aguardar allí lo que viniere de España, y esto pienso que sería lo más acertado para el contento de V. P., porque por ventura acá no le tendría tan enteramente, según las cosas pasadas y ocasiones que se podrían ofrecer. Y si acaso mi parecer que dí en la otra carta, y confirmo en esta, como de no letrado, que por tal me conozco, no se tuviere por acertado, y por consejo de doctos ó más expertos acordare V. P. de enviar desde fuera de la Provincia sus letras y censuras, todavía suplico á V. P. sea de suerte que sus hijos y obedientes súbditos y promptos en la voluntad no puedan recibir inquietud ni tur-

bación ni desconsuelo el menor del mundo, como sería man-
dándoles que no obedezcan al que de facto rige, ó que dejen
su asiento y reposo, ó cosa semejante, pues no lo merecen,
ni el tal mandato podría haber efecto, no teniendo como no
tienen adonde ir, sino sólo ligar á los notoriamente rebeldes (que es lo último que resta), puesto que tengo, como he
dicho, por mejor el disimular y pasar, visto que no han de
hacer caso de las censuras, sino enlazarse en más peligro-
sas redes. En todo alumbre y guíe Nuestro Señor á V. P.,
y guarde como este su hijo lo desea. En Tuchimilco 9 de
Noviembre de 1587 años.

*En este mismo mes de Noviembre, sabiendo el P. Comisa-
rio General Fr. Alonso Ponce como el Virrey enviaba al Comisario de la Orden del Carmen y al Dr. Pero Sánchez, de la
Compañía de Jesús, para que tratasen con S. P. de concierto,
me escribió por dos ó tres veces que me llegase á aquel convento de Santa Bárbara de los Descalzos adonde estaba, y como
hombre que no tenía libertad no fuí tan presto como quisiera.
Llegué á tiempo que ya S. P. tenía dada la respuesta á estos
dos Padres mensajeros; mas con todo esto le mostré mi parecer y sentimiento que yo llevaba por escrito, que en conclusión
contenía que por el bien de la paz debía conceder y venir en todos aquellos medios que le fuesen posibles, y entre otros que yo
señalaba era uno, que diese á la Provincia un Comisario que
en su nombre celebrase Capítulo Provincial, ó que rigiese la
Provincia hasta que se supiese lo que venía del Capítulo General. Á esto me respondió que no lo podía hacer, porque sería
confirmar la opinión que de su persona habían publicado muchos frailes de la Provincia, diciendo que no era capaz S. P.
para regirlos, y en esto hizo tanta instancia, que me hizo callar. Después fuí al convento de S. Francisco de la misma
Puebla, y hallé allí tanta murmuración de la respuesta que el
P. Comisario había dado, que con celo de que la emendase
con escribir de nuevo, si era así que había faltado en ella, me
compelió el dictamen de la conciencia á que le escribiese la carta á la vuelta de esta hoja contenida.*

LXXIV

CARTA DE FRAY HIERÓNIMO DE MENDIETA PARA EL DICHO PA-
DRE COMISARIO, ENVIADA DE SANCT FRANCISCO DE LA PUE-
BLA AL CONVENTO DE SANCTA BÁRBARA CON EL PADRE FRAY
FRANCISCO DE LIÑÁN.

Ya V. P. sabe que cuanto más tratan los hombres de un
negocio y oyen á muchas personas diversas razones toman
buena ocasión para confirmarse más en el sentimiento que
tienen ó para mudarlo. Y presupuesto el deseo que yo tengo de que V. P. acierte en hacer en todo la voluntad de
Nuestro Señor y lo que conviene al bien y quietud de todos
nosotros, tengo obligación de representar á V. P. todo lo
que de nuevo se me ofreciere. Y es que después que vine
á este convento he colegido de pláticas que con buenos in-
tentos se habrán tratado, que la respuesta que V. P. dió á
aquellos dos Padres que envió el Virrey no satisfará en México, aun no digo al mismo Virrey ni á los Padres de la Provincia, que son la parte contraria en este negocio, mas ni
tampoco á los Padres de las otras Órdenes que son de la
junta, á cuyo pedimento se dice que el Virrey envió los dos
mensajeros para sólo conocer el pecho que V. P. tenía para
efecto de la paz, porque de su motivo ó de su voto dicen
que no los enviara, antes dijo que pondría dos mil pesos en
depósito para perderlos si V. P. concediese alguna cosa de
las que se le pedían. Y porque los que están á la mira no
se persuadiesen á esta opinión, que es la que comunmente
han publicado de V. P., que no le pueden sacar jugo según
está recio en su parecer, la primera cosa que yo propuse á
V. P. en mi sentimiento por escrito era que en esta sazón de
enviar á tratar con V. P. de medios para la paz y quietud
que tanto importa, convenía que V. P. se allanase y alar-
gase en todo aquello que humanamente pudiese hacer sin
ofensa de Dios. Digo que con la respuesta de V. P. podría
ser se confirmasen aquellos Padres de la junta en la opinión siniestra, porque uno de los dos Padres embajadores

preguntado del recado que llevaban dizque dijo, que todo
nada; y éste contó lo que había dicho el Virrey. Y venido
á especificar los artículos de demanda y respuesta, entre
personas con quien lo trató, hallaron que V. P. negaba todo lo que se le pedía, que era hacer compromiso ó tener
Capítulo y criar para ello ó para regir de prestado un su
Comisario, y que en los medios que señalaba para la paz
ninguna cosa daba, porque el tratar de los negocios pasados rigiendo V. P. no era cosa que á su propria persona convenía por ser la parte ofendida, habiendo en lo pasado culpas, y así esto estaba de *per se*, y también el no meterse en
sentenciar á los que le han resistido, por culpas que de nuevo se ofreciesen. Y en lo que al fin añade, que en cualquier
otra cosa que á los Padres de la junta les pareciere que debe
hacer se conformará con su parecer, tampoco les parece que
concede nada para el efecto que se pretende de concierto
que á todos esté bien, por aquella palabra *cualquier otra
cosa*, por la cual excluye lo que ellos podrían arbitrar que
haga al caso, pues V. P. presupone al principio, que primeramente han de reconocerle por Prelado, y como á tal obe-
decerle, y después niega todos los medios que ellos ponían
para el fin de la paz. Considerado todo esto, y mirando bien
en ello, y teniendo por cierto y averiguado (como lo tengo
por cosa infalible, según lo escribí á V. P.)[1] para que per-
sonalmente ejercite su oficio ni se le dará adelante (á lo que
alcanzo), aunque de España le venga á V. P. confirmación
dél, porque buscarán modos y causas para dilatarlo, teniendo, como tienen, para esto promptísima la voluntad del que
gobierna, que al fin hará absolutamente lo que le pareciere,
poniéndose á lo que pueda venir, que es nunca acabar; y
considerando que dando ahora V. P. entrada con algún medio de los que se piden en otra más convenible forma de lo
que se propone, lo será también para que V. P. por esta
vía éntre después pacificamente en su oficio, me parece cierto que se debría de admitir uno de los medios propuestos,
salvo el primero del compromiso, que no lleva camino, sino
señalar Comisario de V. P. que celebrase Capítulo, con el

1 Falta aquí algo para completar el sentido.

cual se atajan todos los males y escándalos sucedidos y que suceder podrían en lo futuro, con tal que por la absolución de censuras y habilitación de los votos que en él se hallasen no se entendiese haberlos absuelto ni relevado de culpas algunas, sino que quedan indecisas y intactas, reservadas para los jueces superiores que adelante fueren, declarando que solamente se absuelven y habilitan de presente *propter bonum pacis*, y por evitar escándalos. Y á venir en esto convida mucho el ofrecer á V. P. que pasados quince días después del Capítulo éntre á ejercitar su oficio, como se lo conceden y dan los Estatutos de la Orden; y esta ejecución y libertad no la derogan los dos artículos siguientes en que dicen, el uno que se abstenga de todos los negocios y causas de esta Provincia, así de justicia como de gracia, y el otro que si estuviere en esta Provincia, que esté como huésped en el convento que eligiere, porque estos dos artículos dicen que venían en lo que se traya propuesto de México, y no venía el primero, que después de los quince días entrase V. P. á hacer su oficio, sino que los dos embajadores lo añadieron, ofreciéndose á alcanzarlo en México, y admitido este, claro está que se han de excluir esotros que le contradicen.

A los inconvenientes que V. P. ponía para tener Capítulo, ya se responde con decir que puede dispensar en ellos; y añadir que hay otros muchos, no los señalando, no satisface á los oyentes. Al que yo hallaba de que se le hacía agravio al Comisario General que se aguarda, también está la respuesta en la mano, pues no se aguarda ahora flota, ni se sabe si vendrá hasta de aquí á un año, y serían sin comparación mayores los daños y inconvenientes en dilatar tanto tiempo el Capítulo, y las razones que para esto hay, ninguno vendrá que no le cuadren y satisfagan. Y si éste medio no se tomase, podríase elegir otro, que es poner V. P. un Comisario que rija la Provincia hasta que venga claridad de España para lo de adelante, no entendiendo tampoco este tal Comisario en las cosas pasadas, sino en solas las futuras que se ofrecieren; y si pareciere inconveniente (como á la verdad lo sería) regir éste estando V. P. actualmente en la Provincia, poco es lo que se pierde en absentarse V. P., yéndose por ese tiempo á lo de Michoacán ó Xalisco á dar una vuelta, que poco podrá durar. Y al inconveniente que V. P. pone de que sería confirmar en esto lo que algunos han querido decir, que V. P. no es para ejercitar el oficio de Prelado, no se confirma ni se sigue de aquí, porque el valor de V. P. ya está conocido en el pueblo, y entre cualesquiera hombres de juicio ya se entiende y entenderá que V. P. por condescender con los que le temen, y por el bien de la paz viene en esto. Y al otro inconveniente, que sería dar ejemplo para que lo mismo hagan otros de esta Religión ó de las demás para con sus Prelados superiores, es la respuesta bien clara: que este es un caso peregrino que no acaecerá en mil años, mayormente que para lo que podría en adelante suceder se habrá ya puesto el remedio en el Capítulo General, y no hay duda sino que lo hasta aquí pasado en esta Provincia será escarmiento para lo futuro en ella y en toda la Orden y en las otras Religiones. A V. P. suplico mire y pese bien lo que aquí represento con el celo que siempre ha visto me mueve, juntamente con pedir á Nuestro Señor (como de continuo se lo pido) que guíe á V. P. en todas sus cosas, dándole á entender lo que es conforme á su sancta voluntad. De este convento de la Puebla, día de la bienaventurada Santa Catalina, 25 de Noviembre de 1587 años.

LXXV

CARTA PARA EL DOCTOR SANTIAGO DEL RIEGO, ALCALDE DE CORTE, SOBRE LAS EJÉCUCIONES.

Jesús sea siempre còn V. Mrd., y su guía en todas sus cosas. No he escrito á V. Mrd. después de[1] Tlaxcala para esa ciudad de los Ángeles por no ser molesto con cartas inútiles en tiempo tan ocupado como V. Mrd. lo habrá tenido y terná en negocios que siempre se ofrecen, porque de la salud de V. Mrd., que es lo que yo deseaba saber, he sido certi-

---

1 Falta algo aquí: tal vez *partido de.*

ficado en veces por terceras personas. Lo que ahora me hace tomar la pluma en la mano es el mesmo espíritu y sentimiento que me movió á escribir la que V. Mrd. recibió mía en México sobre el negocio del P. Comisario Fr. Alonso Ponce, y el que me movió á escribir después otra al Sr. Virrey, y otras que sobre el caso tengo escritas, que si no han aprovechado para el fin de la paz común y bien de las almas que yo pretendía, á lo menos habrán aprovechado para no me pedir Dios cuenta de lo que calle, resistiendo al dictamen de la conciencia, porque (aunque pecador grandísimo, inútil y miserable, como en todo lo soy) puedo en alguna manera atreverme á decir aquellas palabras del Apóstol: *Quis infirmatur et ego non infirmor? Quis scandalizatur et ego non uror?* Así que esta solicitud y celo del bien común (que también se puede decir *omnium Ecclesiarum*, por extenderse á todos los fieles) me hace comunicar con el pecho muy cristiano que en V. Mrd. conozco los grandes daños y males que sobre los pasados están eminentes y amenazan, si hombres sin pasión ni afición, sino con celo sólo de la honra de Dios y de su Iglesia no tratan de algún medio. Ya me parece que el P. Comisario va navegando por la mar, y dicen que el Señor Obispo prosigue el intento comenzado con el rigor posible, y que ha enviado clérigos á los pueblos del valle de Tepeacac adonde los Guardianes son de los nombrados, para que administren los Sacramentos á los españoles que allí residen, y no sé si á los indios, poniéndoles pena de excomunión mayor *latæ sententiæ*, y el caso reservado á S. Sría., y seis pesos de pena por la primera vez que hubieren de ser absueltos, á los que comunicaren con los dichos Guardianes y no los evitaren. Por otra parte escriben de México que se trata de criar un Conservador por parte de nuestra Orden, que proceda contra el Señor Obispo y le haga parecer en México, si no quitare estas censuras y penas que impone á los seglares, sobre evitar á los frailes nombrados. Y (como V. Mrd. sabe) teniendo el Príncipe que gobierna puesta la proa á favorecer esta parte (como la tiene), el Conservador saldrá en estos tiempos con cuanto quisiere, por fas ó por nefas, y ningún otro fructo se sacará de esta porfía sino quebrarse la cabeza los que lo son en este reino en lo eclesiástico y secular, y inquietarse el Señor Obispo más de lo que conviene, de que me pesaría en las entrañas, por ser su S. Sría. muy mi señor y padre, y tenerme obligado más que otro en toda la tierra; y con el celo de esta obligación, juntamente con el del bien común que he representado, he estado por ir á echarme á los piés de S. Sría. y suplicarle que atento á los daños que probablemente vemos sucederían de lo contrario, y provecho ninguno, sino multiplicación de escándalos y trabajos á toda la tierra, S. Sría. tenga por bien de sobreseer en estos negocios y dar vado en ellos, quitando los clérigos que se han puesto en pueblos donde hay frailes, pues es cierto que el Señor Virrey no consentirá que asistan allí, conforme á Cédulas que para ello tiene de S. M.; y juntamente con esto que quite las censuras puestas á los seglares que comuniquen con aquellos Religiosos; y para el escrúpulo de conciencia que para cesar de lo comenzado podría formar, ponerle por delante algunas suficientes razones, como son, la una que puesto caso ser cosa indubitable que el Padre Fr. Alonso Ponce era verdadero y legítimo Prelado á todos los que han visto sus recados, los Guardianes ni los demás frailes de la Provincia que no los han visto no están obligados á lo reconocer por tal Prelado, viendo que el Provincial y Difinidores, á quien pertenece saber si los tales recados son suficientes ó no, y recibirlo ó no lo recibir primeramente ante todos, no solo no lo reciben, mas aun niegan ser tal Prelado, y niegan tener recados bastantes para ello, porque este es el estilo de la Orden, que en este caso los súbditos suelen seguir á las cabezas de la Provincia, y de este jaez son todos los que hay nombrados en el Obispado de Tlaxcala, porque el Provincial y Difinidores, contra quien más justamente debieran proceder las censuras, no se tienen por excomulgados, por no estar hasta ahora legítimamente convencidos por precisa determinación, pospuesta toda apelación, de que el dicho Padre Fr. Alonso Ponce es su Prelado, ni habérseles mandado que le obedezcan con efecto. Y esta excusación basta á mi pobre parecer y sobra para que el Señor Obispo desista del rigor que en la fulminación de censuras se debe llevar, mayormente en tiempos que es cosa sana buscar ocasiones ó achaques para evitar males y daños comunes y de particulares, temporales y espirituales. Y á lo dicho se añade que el fin pretendido en la prosecución de las censuras, que es que obedezcan los rebeldes á su Prelado, ya no se puede conseguir, pues el P. Comisario va por la mar camino de España. Y juntamente con esto, que algún remedio ha de haber en su ausencia, para que las ánimas no estén irremediablemente ligadas, y este se ha de buscar, y no ir añadiendo lazos y redes. Con esta demanda pensaba llegarme á esta ciudad, y de camino besar á V. Mrd. sus manos, y no me he querido determinar en ello hasta dar á V. Mrd. cuenta de mi intento, y suplicarle sea servido de ayudar en este negocio de Dios, tomando el pulso al Señor Obispo cerca de esta materia, y si sintiere que será de provecho mi diligencia, me mande avisar para que se haga una tan buena obra como esta; y si no ha de llevar remedio, también suplico á V. Mrd. sea yo avisado, porque no es tiempo de salir hombre de casa, y sentirlo hía á par de muerte, si no fuese con suficiente y fructuosa ocasión. El P. Guardián de Tlaxcala, que como V. M. entendió está libre de la culpa y nota que le imponen, es de este mismo parecer, y si yo hubiese de ir lo llevaré por patrón, porque ciertamente tiene verdadero celo de la honra de Dios y bien de todos, y en los negocios pasados se ha habido cristiana y religiosamente, y de esto suplico á V. M. satisfaga al Señor Obispo, porque por ventura no quiera innovar en Tlaxcala lo que ha hecho en otros pueblos, que sería alborotar lo que está pacífico y sano. Nuestro Señor, &c. De Sancta Ana de Tlaxcala, 26 de Hebrero de 88 años.

LXXVI

Respuesta del Doctor Santiago del Riego.

Jesús. Mi ocupación es tan grande, que no da lugar á larga carta. Recibí la de V. P., y paréceme lo que contiene perlas preciosas, y enternecióme notablemente viendo la desventura que hay. No sé que el Obispo haya puesto clérigos, ni lo crea V. P., porque algún día tratando yo de ello con el Obispo quedó llano en no lo hacer por ahora, ni creo lo hará adelante. Yo quisiera verme con él para tratar de lo que V. P. dice, pero no tengo espacio para ello. Mucho quiere el Obispo á V. P., y crédito grandísimo tiene de su vida y letras. Paréceme que aunque sea á costa de un poco de trabajo, que V. P. lo vea y trate, y yo acudiré también. No soy de parecer que venga el P. Guardián de Tlaxcala, porque aunque yo traté de su negocio con el Obispo, y él se satisfizo, por ver que V. P. le comunicaba, me dijo que él había visto escrita la excomunión, y había de ser forzoso la absolución. V. P. se verá con él y tratará de este negocio.

Hoy hallé estos dos pobrecillos que lleva este indio, en un obraje: mandélos luego sacar de él: son de ahí cerca. De ninguno me confío los pondrá en libertad y en su casa y pueblo, sino de V. P. Este indio los lleva. V. P. me avise del recibido dellos, y de como se ponen con sus padres. Nuestro Señor guarde á V. P. Es de los Ángeles 27 de Hebrero de 1588.—EL DOCTOR SANTIAGO DEL RIEGO.

Recibida esta carta fuí á la Puebla el mismo Miércoles de la Ceniza, y traté con el Señor Obispo lo que me pareció convenía. Certificóme que no había puesto clérigo en pueblo ninguno donde residían Religiosos, ni había tenido tal intento; y aunque estaba sentido de una Provisión Real que cerca de esto le acababan de notificar, yo lo hallé y lo dejé al parecer blando para lo que se ofreciese, aunque por entonces no le quise ser importuno. Después, vuelto á casa, porque se me había quejado que los frailes le imponían que era enemigo de la Orden de Sanct Francisco, le escribí la carta siguiente.

LXXVII

CARTA DE FRAY HIERÓNIMO DE MENDIETA PARA EL SEÑOR
OBISPO DE TLAXCALA D. DIEGO ROMANO.

Después que me despedí estotro día de V. S. y tomé su
bendición, caí en cuenta de la ocasión principal que movía
á los que alegaron para la notificación de la Provisión Real,
ó dieron por razón que V. S. procedía contra la Orden de
Sanct Francisco, como enemigo de ella, *quod absit*, y es el
mandar que en todas las fiestas, cuando se congrega la gente de esa ciudad, se lea en la iglesia mayor la minuta de
los frailes excomulgados, lo cual interpretan que es para
poner en odio de todo el pueblo á los frailes de Sanct Francisco; y para evitar esta imaginación y ocasión de mal juicio, suplico humilmente á V. S., que pues que ya están suficientemente nombrados y declarados los que lo son, sea
servido de mandar que cese la tablilla, á lo menos por algunos días, hasta ver si se da algún corte ó medio con que
los denunciados se remedien y cese el escándalo de perse-
verar con este título de excomulgados; pues estando ellos
aparejados para hacer la satisfacción debida, no sería justo que la Iglesia los dejase de recibir á penitencia; y en este
caso, que alguno de los nombrados viniese á pedir qué es
lo que debe de hacer de su parte para alcanzar el beneficio
de la absolución, querría yo saber dalle el remedio. A V. S.
suplico sea servido de me dar lumbre en este caso, pues es
la cabeza y la fuente adonde para ello se debe acudir más
que á otra parte, porque no se diga que para los humildes
y penitentes se halla del todo cerrada la puerta de la misericordia.

Del Padre Fr. Buenaventura de Paredes, Guardián del
convento de Tlaxcala, ya certifiqué á V. S. cómo no está liga-
do con estas censuras, aunque me olvidé de declarar á V. S.
el como me consta de ello, y es porque sé que ha estado
prompto en la voluntad para tener por su Prelado al Padre
Fr. Alonso Ponce, como los demás Padres de la Provincia lo

recibieran, y en lo que pudo le mostró este reconocimiento; y si alguna diligencia hizo que pareciese á esto contraria, fué á más no poder, por ser mandado de los que rigen; y así, cuando supo que estaba en la matrícula de los nombrados, acudió á pedir la causa, y el P. Comisario dijo á esto que el Padre Fr. Buenaventura de Paredes no estaba excomulgado porque no había dado causa para ello; y de esto he visto yo testimonio fidedigno por escrito, y no se muestra en público, porque algunos Padres no le tomen ojeriza, y así suplico á V. S. que esto sea secreto y sirva sólo para que V. S. esté satisfecho y tenga por excusado al Padre Fr. Buenaventura de Paredes, porque yo me obligo por esta de dar á su tiempo cuenta y razón de lo que aquí digo, y me encargo de ello. Guarde Nuestro Señor á V. S. con la salud y contento que yo deseo. De Sancta Ana de Tlaxcala, 6 de Marzo, 1588 años.

LXXVIII

CARTA PARA EL PADRE FRAY BERNARDINO DE SANCIPRIAN, COMISARIO GENERAL DE LA NUEVA ESPAÑA.

Jesús sea en todo su guía de V. P., y sea mil veces bien venido como ángel del cielo á dar paz y quietud á esta pobre Provincia. Padre nuestro: yo soy un fraile el más inútil de ella, mas aunque pecador y malo, hame dado el Señor algún celo del bien común, de la Religión y de la virtud, puesto que en mí no la haya. Y con este estímulo (considerando que el venir nuestros Padres y Prelados superiores de región tan longincua á esta en todo nueva y muy diferente nos da licencia á los que acá hemos cursado para advertir á Sus Paternidades de cosas que para la recta ejecución de sus oficios pueden ser provechosas) envié al Padre Fr. Alonso Ponce, cuando vino por Comisario General, sin saber quién era, solos cinco avisos al puerto de la Veracruz, por parecerme importantes, y tales parecieron á S. P., y me dió las gracias por ellos. Envíolos ahora á V. P. con otro sexto que añado conforme el tiempo que corre, por el deseo que tengo acierte V. P. á salir en todo y por todo con la cruz pesada que sobre sus hombros trae, muy en honra de Jesucristo Nuestro Señor, utilidad de nuestra Religión y edificación del pueblo cristiano, y con mi pobreza no cesaré de pedir esto á la Majestad Divina, y que guarde por muchos años á V. P. en su servicio. De esta ermita de Sancta Ana de Tlaxcala, día octavo de nuestro Padre Sanct Francisco, 11 de Octubre, 1588 años.—FRAY HIERÓNIMO DE MENDIETA.

LXXIX

LOS CINCO AVISOS QUE YO ESCRIBÍ AL PADRE COMISARIO GENERAL FRAY ALONSO PONCE, CUANDO RECIÉN VENIDO DE ESPAÑA LLEGÓ AL PUERTO DE LA VERA CRUZ, SON LOS SIGUIENTES:

1º El primero, que oyese á todos de buena gana; mas que no tuviese por cierta ninguna cosa que se le dijese, ni como tal la asentase en su pecho, hasta entrar la tierra adentro y calar la Provincia y conocer los frailes de ella.

2º El segundo, que se guardase de recibir dones, porque perdería la libertad, y no podría hacer con rectitud su oficio.

3º El tercero, que no se dejase vencer por ruegos de frailes ni seglares para hacer cosa con que se relajase la observancia de nuestra Religión, porque en esta tierra procuran mucho los hombres salir por favores y importunos ruegos con lo que pretenden; y puédese bien cumplir con buenas palabras y con la razón con los que ruegan.

4º El cuarto, que no hiciese distinción de unos frailes á otros, ni en muestra exterior, ni en lo interior de su corazón, por ser venidos de España ó profesos en esta tierra, antes con todas sus fuerzas procurase la unión y conformidad de todos, destruyendo las ocasiones de cualquiera parcialidad.

5º El quinto, que sobre todo se guardase de ser notado de aficionado á los de su Provincia, haciendo por ellos en particular más que por los otros, ó rigiéndose por ellos, con ocasión de nota.

6º Ya es necesario advertir de otra cosa á nuestro P. Comisario General que de aquí adelante fuere, y es que no sutra desvergüenza ni desacato que se tuviere á su propria persona, ni á otro que tenga alguna honra, sino que lo castigue con todo rigor.

LXXX

CARTA PARA EL REY DON FELIPE, NUESTRO SEÑOR, CERCA DE LA NECESIDAD QUE HAY DE EMENDAR EL GOBIERNO DE LA NUEVA ESPAÑA.

Señor: Agora dos años, compelido del dictamen del Espíritu, escribí á V. M. una carta representando el temor que tenía de algún gran castigo de Dios por las ofensas gravísimas que á Su Majestad Divina particularmente en estas regiones de Indias se hacen, posponiendo su honra y gloria y la salvación de innumerables ánimas redimidas con su preciosa Sangre, á los viles intereses de la tierra, que así como así se van sin fructo de entre manos, y como humo se desvanecen. No quisiera ser anunciador de malas nuevas, pues ni soy profeta ni hijo de profeta, sino un hombre pecador; mas las exorbitantes injusticias que generalmente y tan sin asco en estas partes se ejercitan, arguyen en cualquier entendimiento, por bajo que sea, la ejecutiva justicia de nuestro justísimo Dios, que por boca de su Real Profeta dice: *Propter miseriam inopum et gemitum pauperum nunc exsurgam;* y dice *nunc,* porque (cuando los pecados así lo requieren) en este mundo comienza á ejecutar su castigo, y no lo fía todo, como los hombres del mundo querrían, para el último juicio. Mire V. M. que es grandísima en grado superlativo la obligación que V. M. sobre todas las demás tiene de amparar á estos pobres naturales indios como á corderos que aun balar no saben para quejarse, estando cercados por todas partes de lobos hambrientos que no se hartarán de despedazar sus carnes y beber su sangre, sirviéndose de ellos en trabajos intolerables hasta hacerlos reventar y morir, si con la poderosa mano de V. M. no son defendidos, librándolos de sus manos con absoluto

mandado de que á español no se dé servicio de indio forzoso, porque esto es lo que principalmente los acaba y des-
truye. Puede V. M. tener por cierto que los hijos de Israel
no fueron tan opresos ni vejados de los egipcios cuanto estos miserables indios lo son de los españoles; y como de
aquellos dice particularmente el texto de la Escritura, que
por la dureza y poca piedad de los regidores y prepósitos
de las obras puestos por el rey eran afligidos, así crea V. M.
que por los que tienen el cargo de la justicia y gobierno
son los indios comunmente más afligidos y desollados que
por otros ningunos, que no parece sino que las varas de justicia y cargos reales se les dan solamente para que roben á
diestro y á siniestro, que es lo que ellos llaman aprovecharse. Y á esta causa, remitir V. M. la ejecución de vuestras
Reales Cédulas que tocan al favor de los indios al parecer
de los que acá gobiernan, es no hacer cosa que á los indios
aproveche, porque á los que esta tierra de Indias gobiernan siempre les parece que no es inconveniente acabarse
los indios en su servicio y en el de sus criados, amigos y
allegados, que es la masa de casi todos los españoles que
algo pueden y valen, porque todos hacen unos por otros en
este caso de aprovecharse en lo temporal, haciendo cuenta
que para enriquecerse pasaron de España á estas tierras,
y no para mirar por sus prójimos. A V. M. suplico sea servido de ver de nuevo la carta que aquí refiero, y un Memorial con ciertas consideraciones mías que entonces puso en
manos de V. M. Fr. Pedro Calderón, Vicario del convento
de Sanct Francisco de Madrid, juntamente con otro cuadernillo que ahora envío al Arzobispo de México, en que
pienso se comprende claramente la calidad y extrema necesidad de los indios, y la obligación que V. M. tiene de
acudir á ella, y el modo como esto se pueda hacer más cómodamente, con que habré yo cumplido con lo que Dios
Nuestro Señor nos da á entender. Él guarde la católica
persona de V. M. como yo su vasallo y mínimo capellán
deseo. De este convento de Sanct Francisco de la ciudad de
Tepeacac, en 24 de Mayo, 1589 años.—FRAY HIERÓNIMO
DE MENDIETA.

LXXXI

CARTA PARA DON PEDRO MOYA DE CONTRERAS, ARZOBISPO
DE MÉXICO, SOBRE LA MESMA MATERIA.

En la flota pasada que últimamente partió de esta Nueva España, compelido del dictamen de la conciencia escribí al Rey, nuestro Señor, una carta cuyo trasumpto va con esta, y en mayor declaración della envié un Memorial que (según me escribió el Padre Fr. Pedro Calderón, Vicario del convento de Sanct Francisco de Madrid) se dió á S. M., y también llegó á manos de V. S. Mi resolución en ambas á dos cosas, y en otras que antes de ahora tengo escritas, es temer algún gran castigo de Nuestro Señor Dios sobre estos reinos, ó sobre esos de España á causa de estos, por andar en ellos muy roto y en universal perjuicio de la república el interese del mundo, y muy caído lo que es de la honra de Dios y salvación de las almas. Y visto que el Rey, nuestro Señor, como tan católico y cristianísimo, desea ser advertido de lo que conviene para descargo de su real conciencia en este caso, he tomado ánimo para representar á S. M. lo que Dios á mí (aunque pobre y pecador) me da á entender. Mas porque á Rey y Señor tan ocupado en gobierno de tantos reinos no se sufre presentar escritura sino de muy pocos renglones, he acordado de echar esos que ahí van de prima instancia en el regazo de V. S., á quien más que á otro pertenece irlos asentando en el pecho de la Real Majestad, así por tener V. S. entendidas más que otro las cosas de esta tierra, como por ser principal padre de ella, y por la confianza que el Rey, nuestro Señor, con mucha razón, de V. S. más que de otro hace para descargar su real conciencia, en lo que toca al gobierno de estos reinos.

En la carta que escribí al Rey, nuestro Señor, digo que ya es necesario convertirse S. M. en persona á poner el hombro, sobre todos sus cuidados, en este. Porque la principal y precisa obligación que S. M. tiene en el señorío de las Indias consiste en que ampare y defienda á los indios de todo lo que es contrario á su conservación y segura vivienda, y que les dé tales ministros, cuales ellos según su capacidad han menester para ser bien informados en la fe católica y vida cristiana. Y estas dos cosas andan y se practican en estos tiempos muy al revés, porque según el gobierno que al presente tienen los indios, forzosamente han de ir, como van, cada día á menos, y se han de acabar y han de ir, como van, perdiendo de la cristiandad que á los principios de su conversión recibieron; de donde se sigue que es necesario poner en ello remedio, so pena de caer en la indignación de Dios, y aguardar de su mano algún riguroso castigo. De esta materia trato en ese pequeño volumen, con la mayor brevedad y claridad que he podido, de suerte que se entiendan las raíces de donde ha procedido tanto daño, porque se puedan cortar, y el medio que se podría tomar para poner en lo futuro el remedio. En todo espero que V. S. porná sus fuerzas para agradar á Dios y servir á su Rey, y encaminar sus ovejas al pasto del cielo, ayudando juntamente al común de los prójimos. Guíelo Nuestro Señor como cumple á su servicio, y á V. S. guarde por largos años. De Tepeacac, 25 de Mayo, 1589 años.—FRAY HIERÓNIMO DE MENDIETA.

LXXXII

COPIA DEL CUADERNO QUE ENVIÉ AL ARZOBISPO DE MÉXICO. IBA ESTE TEMA DE LETRA GRANDE: "CASTIGO DEL CIELO SE DEBE AGUARDAR SI EL GOBIERNO DE LA NUEVA ESPAÑA NO SE ENMIENDA." LUEGO COMENCÉ POR ESTA CONSECUENCIA:

1ª Si los indios fuesen gobernados según lo requiere su capacidad y talento, pretendiendo y teniendo por fin de su gobierno que se conserve y aumente y que sean buenos cristianos (conforme á la obligación que para pretender estos dos fines tiene el Rey, nuestro Señor), no habría república más concertada ni más próspera en abundancia DE mantenimientos, ni donde más floreciese la vida cristiana y culto divino, que entre los indios de la Nueva España.

2ª. Mas el gobierno que para con los indios se usa, es como si se pretendiese su destrucción y acabamiento, y que nunca acaben de ser buenos cristianos.

3ª. Luego con mucha razón se puede y debe temer algún notable castigo de Dios, si este avieso tan dañoso y perjudicial con mucho cuidado no se enmienda.

1ª. Pruébase la primera premisa por la experiencia larga que de los Indios de la Nueva España se tiene, que no son más que una cera blanda para imprimir en ellos lo que su Rey quisiere; ni tienen más resistencia que unos mozuelos de la escuela para ser guiados por donde sus maestros los llevaren.

2ª. Pruébase la segunda premisa, porque qué fin se puede seguir de que los indios, yendo (como van) de cada día á menos, sean compelidos en cárceles y azotes á que sirvan por fuerza á todos los españoles, mestizos y mulatos de esta tierra (que van ya en mucho multiplico), y á cuantos vinieren de España, no obstante los muchos agravios y malos tratamientos que ordinariamente de ellos reciben, no dejándoles tiempo para que ellos siembren y cojan su mantenimiento, ni aun para que curen sus enfermos, ni para que acudan á las iglesias á ser doctrinados, ni á ver misa cuando son obligados. Y qué fin se puede seguir de que á los indios se les vayan quitando sus tierras y dándolas á españoles para que los mismos indios se las labren y cultiven, y que los españoles anden por los pueblos de los indios con toda la libertad del mundo, engañándolos con vino hecho zupia y con otras cosas que entre la gente avisada no pueden vender, tomándoles sus casas y tierras y lo demás que tienen á menosprecio, y enseñándoles mil ruindades y malicias. Y qué fin se puede seguir de que por favores se les den alcaldes mayores ó corregidores ó tenientes que ningún celo tienen de la cristiandad ni del bien temporal de los indios, sino codicia insaciable con que sólo se ocupan en abarcar cuanto pueden por todas las vías posibles con notable daño de las repúblicas. De estas y otras cosas semejantes, que nadie basta á contarlas, usadas en esta Nueva España, en que los indios ven claramente que de su tal gobierno no se pretende bien ninguno suyo, ni espiritual ni temporal, sino solo interese y aprovechamiento en las haciendas de los españoles, qué fin se puede seguir sino destrucción y acabamiento de los mismos indios, y que tengan perpetuo descontento y despecho de verse en poder de cristianos y que por el mesmo caso no les cuadre ni les éntre de los dientes adentro la cristiandad, atendiendo, como ellos naturalmente más atienden, á las obras que ven en los que usurpan para sí solos el nombre de cristianos, que no á las palabras de la Ley cristiana que se les predica.

Pues si se pretende enmendar este avieso y que se consigan los bienes que tengo dichos, de que los indios se conserven y aumenten y que su república sea muy proveída y abastada, y que vivan con mucha policía y cristiandad, con solo un cuidado que tome el Rey, nuestro Señor, de que los indios no tengan por ministros de su justicia y gobierno ni de su doctrina eclesiástica á hombres más codiciosos de su temporal provecho que del bien de los indios, se alcanzará todo esto; y de este tal cuidado se entienda que tienen necesidad extrema los indios, por ser de la calidad que son.

El medio principal que para el fin propuesto conviene poner en el cuidado ya dicho, es proveer siempre por Virrey de esta Nueva España un hombre muy probado en temor de Dios y piedad con los prójimos, enviándolo muy advertido y industriado en este artículo, que ningún ministro de los indios en lo temporal ni en lo eclesiástico se ha de consentir que tenga más cuenta con su propio provecho temporal, que con el bien de los indios en su conservación, policía y cristiandad, de suerte que ningún tal ministro se provea ni continúe ó prorrogue en el cargo por ningún favor (aunque tenga cualesquiera Cédulas de S. M.), sino por ser hombre útil y provechoso para la conservación, policía y cristiandad de los indios, y los que más útiles en esto se mostraren sean siempre preferidos en los mejores cargos, y prorrogados en ellos todo el tiempo que así lo hicieren. Porque todo el bien y remedio de los indios consiste en que tengan tales ministros de su gobierno temporal y de su doctrina espiritual, que les sean verdaderos padres y tutores, como menores que son en su capacidad, y todo su daño les ha sucedido de haberles ido faltando los tales padres y tutores, como lo fueron D. Antonio de Mendoza y D. Luis de Velasco, el Viejo.

Y si me preguntan que adónde se hallarán estos tales hombres, y tantos como son menester, tan descuidados de su propio interese y tan celosos del bien de su prójimo, ya tengo respondido en otra parte, que como sepan los hombres que su Rey los busca tales, y que de estos y no de otros se sirve en este ministerio, ellos parecerán y harán fuerza á su condición ó inclinación natural, por tener día y victo sirviendo á Dios y á su Rey.

Esta vigilantísima diligencia es muy necesaria para la conservación de los indios, si se han de conservar, y para su policía y verdadera cristiandad, si la han de tener, porque sin ella sin duda se han de acabar y consumir sin remedio, y el tiempo que duraren irán perdiendo y no ganando en costumbres y vida cristiana; y es la razón, porque los indios de su propio natural, si los dejan y no los ayudan, son muy dejados y dejativos, flojos y descuidados, fáciles de ser engañados, molestados y vejados sin defensa ni resistencia; y si son ayudados de veras acuden con obediencia y cuidado á lo que es su bien y provecho.

Para el fin sobredicho, en el mandamiento que se suele dar á los alcaldes mayores y corregidores ó sus tenientes para ejercer los tales oficios, las principales cosas que se les habrían de mandar, so pena de ser de ellos privados, son tres: la primera, que defiendan y amparen á los indios con vigilantísimo cuidado, no haciéndoles ellos agravio alguno, ni consintiendo que se les haga por otra persona: la segunda, que les hagan acudir á la iglesia en todas las cosas que convinieren para su doctrina y cristiandad, y en esto ayuden y favorezcan mucho á los ministros de la Iglesia: la tercera, que les hagan edificar sus casas, si no las tienen, de buenos materiales, conforme al aparejo y disposición de la tierra, y que siembren y planten las legumbres y fructos que se pudieren bien hacer en las tierras que poseen, y críen aves de Castilla y de la tierra, y en esto se ayuden ellos y los eclesiásticos; y bien creo yo que estas cosas, á lo menos las dos primeras, se les encargan á los corregidores, en sus mandamientos, mas no sé cuál de ellos es el que las guarda ni hace caso de ellas.

Y lo mesmo se debría ordenar que mandasen los Obispos á sus clérigos y los Prelados de las Religiones á los que envían por ministros de los indios, en las cartas ó Obediencias que les dan, principalmente tres cosas: la primera, que pongan toda la diligencia posible en doctrinar y instruir á los indios que tienen á su cargo en las cosas de nuestra sancta fe y vida cristiana, y en administrarles los Sanctos Sacramentos. La segunda, que se guarden de agraviarlos y molestarlos con imposiciones y malos tratamientos, antes si vieren ser vejados de alguna otra persona, acudan á los que tienen cargo de la real justicia y gobierno, para que los desagravien y amparen. La tercera, que en lo que fuere de su parte y buenamente pudieren ayuden á los ministros de la justicia, en lo que toca á la policía humana de los indios, animándolos á que hagan sus casas, y críen aves y siembren y planten lo que en sus tierras se pudiere producir.

Para que todo esto se ponga en debida ejecución y no haya falta, es menester que el Virrey tenga mucho aviso y cuidado en informarse de cómo lo hacen los unos y los otros; y cuando le constare que alguno de los ministros de la justicia no es útil, mas antes dañoso, para el bien y procomún de los indios, luego lo renueva y ponga otro en su lugar. Y si esto mesmo le constare de alguno de los ministros de la doctrina, advierta á su Prelado, que le haga poner enmienda ó lo remueva.

Para que estos ministros, así de lo temporal como de lo espiritual, puedan cumplir las tres cosas sobredichas que se les encomiendan, es necesario que tengan autoridad para compeler á los indios, como padres á sus hijos, y como maestros á sus discípulos, á aquello que les cumple para su salvación y para su buena policía y aprovechamiento temporal, y que esto no se interprete á maltratamiento, si el castigo (como es dicho) fuere para su bien de ellos, y no interese del ministro, y como el castigo sea también moderado, como de padres á hijos; porque faltando esta autoridad ninguna buena cosa se puede efectuar con los indios; y quítese un error de querer atar las manos á los ministros de la Iglesia so color de que no usurpen la jurisdicción real, como si no supiesen ya los sacerdotes de estas partes que la corrección y castigo que usan para con los indios no es cosa anexa al oficio eclesiástico, sino permisión y voluntad del Rey, por requerirlo así la capacidad de los indios para su proprio bien y provecho.

Item, es necesario que los tales ministros de justicia guarden entre sí grandísima conformidad en lo que toca al ministerio de los indios, pues todos son ministros de Dios y del Rey, y todos tienen oficio de servir á Dios y descargar la conciencia del Rey, y á esta conformidad sean siempre inducidos por sus superiores, porque estando divisos no podrán hacer cosa en provecho de los indios, antes de su división se seguirá mucho daño.

Item, es necesario que los tales ministros, así de la justicia como de la doctrina, tengan padrón de la gente que tienen á cargo cada uno en su distrito, por sus barrios y vecindades, porque mal puede regir un capitan á sus soldados, si aun no sabe quiénes ni cuántos son, ni por dónde andan derramados.

Item, para poderse averiguar los dichos ministros con los indios es necesario repartir todas las cabeceras y pueblos adonde hay cantidad de ellos, por barrios casi iguales en número de gente, que cada barrio tenga hasta ciento y quince indios varones, entre casados y viudos, no contando los muy viejos que ya no son de provecho; y los quince se añaden á los ciento para mandones, que ellos llaman *tepixques*, y para alguaciles, de manera que los ciento sean el número de los regidos; y que en cada barrio de estos elijan el ministro de la justicia y de la doctrina por centurión ó caudillo de aquel barrio al indio que conocieren ser más para ello. A este caudillo de ciento llaman los indios *macuiltecpanpixqui*, que quiere decir guardián de cien hombres. Cada uno de estos centuriones ha de tener cinco veintenarios que le ayuden, á los cuales estos llaman *centecpanpixque*, que quie-

re decir guardas de cada veinte hombres, y cada centenario
ha menester por lo menos dos otros alguaciles. A los cuales
mandones ó muñidores se ha de pedir la cuenta del centenario que tienen á su cargo, y principalmente al centurión,
y él á los demás que le ayudan. A cada barrio ó centenario
de estos es menester ponerle nombre de algún santo con
que se diferencie un barrio de otro, y mandarles hacer un
pendón en cada barrio en que esté pintado su santo, y este
ha de servir para cuando se haya de juntar toda la gente,
como es en los domingos y fiestas de guardar para ir á la
iglesia, que entonces se han de ir juntando en la misma calle
en la mitad del barrio, y después de contados y estando ya
juntos van todos en procesión á la iglesia, los varones á un
lado y las mujeres á otro, cantando la doctrina cristiana ó
algunos himnos, si entre ellos hubiere algunos cantores que
los sepan, que este era el modo que guardaban y tenían en
tiempos pasados para venir en las fiestas á la iglesia, y
en algunos pueblos do no hay vecinos españoles todavía se
conserva; mas á do los españoles se han entrejerido, los indios han tomado su costumbre de venir cada uno cuando se
le antoja, ó no venir, á la iglesia, y esta es muy gran causa
de estar perdida la doctrina, y entonces venían mucho antes del día, y así no sería mucho que agora viniesen siquiera
al salir del sol, porque cuando agradaban al Señor con aquella tan devota costumbre andaban sanos y recios, que no
les hacía mal el frío de la noche, y después que se han hecho
delicados y haraganes, y los toma el sol alto durmiendo, tienen pestilencias y continua mortandad.

En los pueblos de las visitas, si la gente es mucha, pueden hacer este mismo repartimiento de centenarios, aunque no para hacerles venir á todos á la cabecera, si están
lejos, sino conforme á la distancia que hay de sus casas á
donde la misa se ha de decir. Y el pueblo que no pasare de
ciento y cincuenta vecinos basta que tenga un solo principal caudillo con sus veintenarios.

Y adviértase que es muy necesario que estos centuriones
ó caudillos de los barrios los elijan (como dicho es) el ministro de la justicia y el de la doctrina, porque buscarán per-

sonas que lo hagan con cuidado y fidelidad, y si lo dejan á los indios principales no nombrarán sino á sus paniaguados, por borrachos y perdidos que sean, para que les acudan á sus sacaliñas y derramas, y aunque no venga gente á misa ni á la doctrina, no curarán de ello, excusándose con que no los obedecen, y con otras frívolas razones como ahora lo hacen, porque ellos son los que los ocupan en su servicio y ajeno, vendiéndolos á los españoles y con esto traen enredada la rueda del pueblo, de tal suerte que no hay hombre que los entienda, según traen sin orden ni concierto su república.

Los veintenarios puédenlos también eligir los mesmos ministros de la justicia y de la iglesia, si tuvieren noticia de la ventaja que hacen á los otros, ó remitírselo á los centuriones, que los conocerán; los cuales centuriones no se debrían mudar aunque lo sean mucho tiempo, si no es por falta de hacer debidamente sus oficios, porque para estos cargos habrá poco en que escoger.

Para que esta traza fuese de veras más provechosa, habrían de hacer juntar á todos los indios en pueblos formados, como los hay ya muchos de ellos; pero había de ser esto generalmente, de suerte que ninguna casa quedara apartada fuera de poblado. Y porque este es el primer principio y fundamento para que los indios vivan en policía y sean buenos cristianos, escribiré aquí abajo por sí el modo como estas juntas se podrían hacer más cómodamente, por no cortar el hilo de lo que ahora voy tratando.

Y adviértase que si á los indios no los traen y guían como á muchachos, con estas cerimonias y trazas adaptadas á su capacidad y talento, nunca los pornán en orden de policía ni buena cristiandad; mas si son ayudados con semejantes invenciones, que acarrean devoción y concierto, será su policía y cristiandad de mucha edificación, con que Nuestro Señor Dios sea alabado en sus criaturas.

Para que los dichos centuriones hagan con cuidado sus oficios, háseles de dar algún premio, y este podría ser justo que los de su centenario les labrasen cierta medida de tierra en sus sementeras, y que estos centuriones fuesen los votos que han de eligir á los oficiales principales de la república, como son gobernador, alcaldes y regidores, y juntamente darles por escrito la carga que se les impone y han de cumplir, so pena de quitárseles el cargo, señalándoles las cosas más importantes, como son las siguientes:

1ª Que se guarden de agraviar en cosa alguna á los indios que tienen á su cargo, ni consientan que otros los agravien, aunque sean los mesmos principales que rigen el pueblo, antes vuelvan por ellos y los defiendan con todas sus fuerzas.

2ª Que los domingos y fiestas de guardar los lleven todos á la iglesia, como queda dicho.

3ª Que entre semana les hagan enviar sus hijos á la iglesia para que aprendan la doctrina cristiana y den cuenta de ella.

4ª Que se informen si hay algún adulto en su barrio, hombre ó mujer, que no sepa la doctrina, y se la hagan enseñar.

5ª Que no consientan en su barrio borracheras ni amancebamientos ni otros pecados públicos, porque á ellos se imputarán, y serán castigados.

6ª Que no admitan en su barrio de tres días adelante á ningún forastero sin ir á manifestarlo al ministro de la iglesia, y si van apareados hombre y mujer, como que son casados, luego en llegando á su barrio los vayan á manifestar para saber de dónde son y si realmente son marido y mujer; y lo mesmo si fueren mozuelos menores de edad, porque si van huídos se vuelvan á sus padres.

7ª Que no dejen andar ociosos á los de su barrio, sino que les hagan adrezar sus casas y las tengan cercadas y cerradas, y que vivan como hombres de razón, y siembren y planten las cosas útiles á la vida humana, y críen aves y tengan otras granjerías en su proprio provecho, conforme á lo que en este caso les mandaren los ministros de la justicia y de la iglesia, porque por mano de estos muñidores se ha ello de poner en ejecución.

8ª Que sean fieles en no encubrir gente alguna, que toda la que tuvieren á su cargo y estuviere en su barrio la asienten fielmente en los padrones, porque ni haya fraude, ni ellos dejen de ser bien regidos.

De la junta de indios y pueblo, de cómo es necesaria.

La junta de los indios en pueblos formados (como los hay ya muchos en la Nueva España) es muy necesaria por muchas razones, donde parece el yerro que se cometió á los principios en no hacerlos juntar á todos generalmente, cuando con mucha más facilidad que ahora se pudiera hacer. Las razones que hay para juntarlos son:

1ª. Para quitarles la ocasión de que no vuelvan á los ritos de su antigua infidelidad, porque los mismos lugares remotos y apartados de conversación les pueden traer la ocasión para ello, instigándolos el demonio. Y porque no se ocupen en más continuas y mayores borracheras de las que en poblado usan, por ser á este vicio tan inclinados.

2ª. Para que los ministros de la iglesia les puedan administrar las Sanctos Sacramentos y doctrina cristiana, y siquiera para poderlos contar y saber qué almas tiene cada ministro á su cargo, porque lo de ahora es confusión, y no sé yo, estando como están los indios, qué sacerdote se pueda obligar, sin grande temeridad, á dar cuenta de sus ánimas.

3ª. Para que se pueda mirar por ellos cuando caen enfermos, y curarlos corporal y espiritualmente, porque en las pestilencias que de muchos años atrás sin cesar han ido picando en unas partes ó en otras, han muerto muchas por falta de comida y socorro, por estar todos caídos y no tener vecinos que les diesen una sed de agua, pues de creer es que morirían hartos de ellos sin confesión, por no tener quien llamase al ministro de la iglesia.

4ª. Para que con la comunicación que hay en las poblaciones se vayan poniendo en más policía; y para que en esto les puedan ayudar los ministros de la justicia y de la iglesia, conforme á lo que arriba se tocó.

5ª. Para que posean con más seguridad lo que tuvieren en sus casas y sembraren ó plantaren junto á ellas; y si fueren en algo agraviados tengan cerca el recurso y remedio, porque en el campo están ocasionados á que ladrones y malos hombres les hagan violencias, y para el daño que recibieren tienen lejos el remedio.

Respuesta á las objeciones en contrario.

Y porque alguna spersonas (en especial Religiosos), con piadoso y sancto celo, son de parecer contrario, conviene á saber, que no sean compelidos los indios á que se junten en poblaciones formadas, sino que los dejen estar en sus casas ó chozas antiguas, y no se haga novedad, alegando para esto razones aparentes, responderé aquí á ellas para que se vea de cuán poca fuerza son en respecto de las que arriba se han traído para probar la necesidad de las juntas.

Ad primum. Dicen lo primero, que es gran lástima y compasión hacer á tanta multitud de indios que dejen sus casillas, adonde nacieron y se criaron, y sus arbolillos, magueyes y tunales, ó otras plantas de que se aprovechan, y vayan á edificar de nuevo á partes y sitios adonde no están hechos, que les será ocasión de mucho trabajo, y juntamente de enfermar y morirse por mudarlos á sitios á do no están habituados, como se vió en la mudanza que se hizo de nueva población en los indios de Huexotzinco y de otros pueblos. A esto se responde, que ningún gran bien, mayormente el eterno bien y durable, se alcanza sin algún trabajo, y no se ha de hacer caso del trabajo que se pasa por el mucho mayor bien, y así no se ha de hacer caso del trabajo que los indios pasaren en su mudanza y nueva población, que puede durar tres ó cuatro años, á lo más largo, á trueque de gustar después ellos y sus hijos y descendientes, de mayor beneficio temporal y del espiritual de que antes carecían, que es lo que más importa y se debe pretender, mayormente que por experiencia sabemos cuán ordinariamente los indios se mudan de una casa, y de una parte á otra, y de un pueblo á otro, y con cuánta facilidad edifican sus casillas, que siempre son de poco edificio, y sus arbolillos y plantas en breve tiempo se vuelven á rehacer, cuanto más que son muy pocos los que tengan algunas que sean de mucho momento. Y cuanto á enfermar por mudarse, no es cosa cierta ni común, pues no se han de mudar de tierras calientes á frías, ni de frías á calientes, que es lo que suele causarles enfermedad, sino á lugares del mesmo temple y de poca distancia, pues ha de ser en una misma comarca. Y si en Huexotzingo enfermaron algunos y murieron al principio, cuando el pueblo se mudó al sitio adonde ahora está, fué porque los sacaron de barrancas y lugares muy abrigados, y los pusieron en un ventisquero muy airoso y desabrigado; pero ahora que tienen sus casas hechas y los árboles crecidos, y los humos y calor de los unos abriga á los otros, y están ya habituados á aquel sitio, no es pueblo enfermo sino sano, y lo mesmo habrá sido en otras juntas de pueblos; más como se tenga cuenta de eligir buenos sitios no correrá este inconveniente.

Ad secundum. Dicen también que si los indios están derramados, es para ellos y para sus pueblos muy necesario que lo estén, porque de esta manera conservan y guardan sus tierras; y si se juntasen en pueblos formados, y desampararesen aquellos sitios, luego los españoles se meterían en ellos, como lo han hecho y hacen de contino, que en viendo el pedazo de tierra sin casa ó sementeras labradas, luego lo procuran y se lo dan; porque en este caso que es contra los indios, todos los españoles, jueces y no jueces, se ayudan unos á otros; y así en casi todas las provincias de la Nueva España están los caciques, hijos y nietos de los Señores que solían ser, desposeídos de sus patrimonios y señoríos, que no eran otros sino la posesión de aquella anchura de tierras ó montes de que se aprovechaban, Y AHORA los españoles metidos en ellas haciendo mil vejaciones á los indios de la comarca con sus personas, negros y gañanes y ganados, so color de bien de república en que se aumenten los panes, los compelen á que ellos les cultiven las tierras que les tomaron; y si esto se continuase por toda la tierra en general, mandando juntar los indios en pueblos formados, y que desampararen los sitios que ahora tienen ocupados en guarda de términos y tierras, sería para que del todo se acabasen y consumiesen las repúblicas y pueblos de los indios, y que no quedase memoria de ellos. A esto respondo, que si el negocio hubiese de pasar como hasta aquí ha pasado, que no ha habido amparo ni defensa de los indios ni de sus tierras, sino que los españoles á diestro y á siniestro se han metido en ellas, y de esta suerte los pueblos que se han juntado han sido defraudados, porque en los pedazos de tierra que dejaron sin casas se les han metido españoles, digo que en tal caso la objeción está muy justificada, y en ninguna manera convernía que se hiciese junta ni población nuevamente de indios, sino antes, que los poblados se esparciesen para ocupar las tierras y evitar los muchos daños que de quitárselas los españoles se siguen; pero guardándose los presupuestos que abajo porné, con el segundo de ellos se quita este inconveniente, y es de creer que el Rey, nuestro Señor, pues está bien informado, si mandare que los indios se junten, los mandará amparar en sus tierras.

Ad tertium. Dicen también que como estos indios, de algunos años atrás (según se ha visto) padezcan casi continuas pestilencias, para guarecerse de ellas es mejor estar derramados y apartados unos de otros que no juntos en comunicación de casas, porque en las poblaciones se suele pegar más la pestilencia de unos á otros, y á esta causa en España y en los demás reinos suelen huír los hombres de los poblados á lugares desiertos en tiempo de pestilencia. A esto respondo, que entre los indios no se tiene esta experiencia, sino antes al contrario, que en los lugares remotos los ha llevado la pestilencia tan bien y mejor que en las poblaciones, á causa que en lo poblado han tenido ayuda y socorro de los españoles, en especial de los eclesiásticos, y también de seglares, lo cual no tenían en los lugares remotos, y así morían más comunmente; y otra cosa se ha visto bien maravillosa en que se conoce que á los que busca la pestilencia no les aprovecha estar lejos de donde ella anda, ni daña el estar cerca á los que ella no busca. En el valle de Toluca, donde hay indios de cuatro lenguas y todos revueltos unos entre otros, dió la pestilencia en los de un lenguaje, y no en los otros, y prosiguiendo en lo que había comenzado á dar, dejaba enmedio las casas de los de otra nación ó lengua, y saltaba á dar lejos en los de la nación en quien al principio había dado. Cuánto más que de una manera ó de otra y como quiera que sea, por ser los indios miserables y pobres y muy descaecidos de su propio natural, les conviene estar en tales tiempos en parte donde tengan ayuda y socorro de gente caritativa.

Presupuestos para la junta.

Primeramente se presupone que á los indios se les han de quitar los repartimientos que tienen forzosos para ir á servir á los españoles, ó á lo menos que para este efecto por ninguna vía los saquen fuera de la jurisdicción y términos del pueblo de donde son naturales, porque si los dichos repartimientos totalmente no se les quitan, ellos se han de acabar en breve, y para haberse de acabar no hay para qué traerlos en mudanzas de una parte para otra.

2? Lo segundo, se presupone que el Rey, nuestro Señor, con su Real Provisión asegure á los indios que en las tierras que dejaren para irse á juntar en las poblaciones que se hicieren no entrará español ninguno, ni se darán á nadie, y así lo mande con todo rigor y firmeza, porque esto es lo que les hace á los indios tener aquí una casa y acullá otra, y extenderse todo lo que pueden porque no les quiten los españoles sus tierras, que no ven pedazo desembarazado que luego no lo procuren, y aun lo que está sembrado y poblado les quitan hartas veces.

3? Lo tercero, se presupone que las juntas y poblaciones se hagan en un mismo tiempo generalmente en toda la tierra, porque los indios no anden variando ni vagueando de una parte á otra, sino que sepan que á doquiera que fueren se han de juntar.

4? Lo cuarto, que un año antes que se hayan de comenzar á juntar se elijan todos los sitios de los pueblos que de nuevo se hubieren de hacer en los lugares más acomodados á la humana vivienda, porque con más acuerdo y deliberación se haga la tal elección, y para que haya tiempo que si al principio no se acertó en eligir algunos sitios, después de tratado y conferido se elijan otros mejores.

5? Lo quinto, que á todos los indios que de nuevo poblaren en los dichos sitios que se eligieren se les den solares

proprios suyos y perpetuos para sus descendientes, en suficiente longura y anchura, conforme á las mejores trazas
de pueblos que hasta aquí se han hecho, haciendo también
diferencia de los que son principales conocidos por tales á
los que no lo son. Y estos solares se entienda que se los dan
por suyos proprios, con tal que no los puedan vender ni ena-
jenar por espacio á lo menos de veinte años, aunque bien
pueden trocarlos por otros dentro del mismo sitio.

6º Lo sexto, que si el sitio de la población que se hubiere de hacer pareciere ser el mejor de todos en tierras de
cualquier persona ó personas, que sean indios ó españoles,
la dicha población se haga en ellas, satisfaciendo á sus dueños y recompensándoselas en otra parte con tierras comunes, ó de su valor, con tal que las posean con justo título;
más si injustamente las tienen usurpadas, no se les haga
alguna recompensa.

7º Lo séptimo, que las tierras de cada pueblo que no hubieren sido labradas en diez años atrás, de quien quiera que
digan ser (como no sean de menores que por su poca edad
no las pudieron cultivar, ó de viudas pobres) sean tenidas
y habidas por comunes de aquel pueblo, solamente para efecto de la junta en dos cosas: la una para que si el sitio elegido de la población, ó parte de él, cayere en las dichas tierras, los que en ella recibieren solares no tengan que pagar
ni satisfacer á los que decían ser dueños de ella; la segunda, para que si el sitio de la población, en todo ó en parte,
cayere en tierras de particulares que estén labradas ó las
suelan labrar, á los tales particulares se les recompensen
las tierras que para la población se les tomaren, con las dichas tierras que por no se haber labrado en tanto tiempo
se hacen comunes, dándoles mayor cantidad, si menester
fuere, conforme á la ventaja que hacen las que les quitan.

8º Lo octavo, que á ningún español se le pueda dar solar
en las tales poblaciones de indios que de nuevo se hicieren,
ni en ningún tiempo para siempre puedan entrar á poblar
en ellas, ni comprar solar ni poseerlo; salvo si en algún
tiempo al Rey, nuestro Señor, otra cosa fuere visto convenir en contrario de esto.

9º Lo noveno, que las dichas juntas y poblaciones se hagan por mano de los alcaldes mayores ó corregidores, cada uno en su districto, y juntamente ayudándole los ministros de la iglesia que allí tienen cargo, en cuanto fuere de su parte.

10. Lo décimo, que si en alguna parte tuvieren los indios acabada alguna iglesia costosa, que sea capaz y durable, se advierta que no los lleven á otra parte, pues tienen hecho lo principal de su población, sino que alrededor de ella tomándola en medio se tracen las calles y pueblen los de aquella comarca.

11. Lo onceno, que los pueblos no han de ser de igual número de gente, sino unos mayores y otros menores, conforme á la gente que hubiere en cada comarca, procurando que los mayores sean de doscientas casas, por lo menos, y los menores de ciento, salvo donde esto no fuere posible.

El modo como se puede proceder en hacer las poblaciones.

El año primero en que eligieren los sitios para las nuevas poblaciones solamente se ha de echar de ver y contar la gente que hay para cada población y tenerlos muñidos y prevenidos para lo que se ha de hacer, y que tengan entendido que se han de derrocar sus casas viejas y que las han de dejar para siempre, Y al cabo del año, después de cogidos los panes, echar luego el cordel y trazar las calles, dejando en el medio el sitio de la iglesia, y delante de ella la plaza, y después, prosiguiendo por lo demás como lo dijere el nivel, hasta llegar, antes más que menos, al número de los solares que fueren menester, según la gente que se ha contado.

Hecha la traza del pueblo por sus calles y solares, hase de pintar ni más ni menos que está hecha, en un papel grande, ó pergamino, y luego ir repartiendo los solares, y asentando en el padrón á los que los van tomando, para que se sepa adónde tiene cada uno su solar.

Hecho esto, si el pueblo es grande, se debe repartir en

barrios, que cada barrio tenga cien vecinos, y ponerle el nombre de algún sancto, para diferenciarse de los otros; y luego de los que son de aquel barrio se elija uno por centurión, que ellos llaman *macuiltecpanpixqui*, y aquel eligirá sus cinco veintenarios, llamados *centecpanpixque*, que le ayuden á guiar y gobernar aquella cuadrilla.

Después les den orden como para hacer sus casas se ayuden unos á otros, y puede ser en esta manera: que los veinte de cada veintenario se ayuden haciendo juntamente adobes ó ladrillos, ó allegando piedra, según los materiales de la tierra, y trayendo madera para todos, y después hacer todos ellos dos ó tres casas juntas, según se concertaren, ó de una en una hasta acabarlas todas, echando suertes sobre cuáles serán las primeras y segundas, porque nadie se tenga por agraviado, y de esta manera se acabarán todas en breve tiempo. Las casas han de ser pequeñas, según su costumbre; pero con repartimientos suficientes para vivir con buena policía, y cerradas con sus puertas, de suerte que puedan todos ir á la iglesia ó á do les conviniere, dejando sus casas seguras.

Como vayan haciendo sus casas en los nuevos solares hanles de ir derribando las viejas, y haciéndoles que lleven lo que allí tienen á los solares, y en esto no les dejen descuidar ni emperecear, porque de su motivo no se moverán. Juntamente con edificar las casas hacerle que cada uno plante frutales en su pertenencia, y vayan poniendo otras cosas que les sean de provecho y contento, y que hagan camas altas, y no duerman en el suelo.

Edificadas ya las casas, hacerles cercar de tapia alta, ó á lo menos de ciertos setos espinosos que ellos tienen, cada uno el término de su solar, para tener guardados sus frutales y otras plantas ó cosas que siembran, que ahora todo se lo hurtan y destruyen por tenerlo á mal recado.

Tras esta ocupación de su particular menester, ó juntamente con ella, hacerles edificar su iglesia, bien hecha y durable, del tamaño y capacidad que requiere el número de la gente de cada pueblo.

Acabadas las casas particulares y cercados de los indios

13*

y su iglesia, los pueden ocupar en las otras obras públicas que requiere el ornato de su pueblo, según fuere, como casas de comunidad ó Cabildo, audiencia, mesón ó otros semejantes, conforme á como pareciere á los que los han de guiar en lo temporal y espiritual, que se presupone han de ser como padres verdaderos suyos, procurándoles todo su bien, y enseñándoles lo que les conviene, y compeliéndolos á ello; que como ellos viesen que este cuidado se pone para su provecho, seríales de grande edificación para su cristiandad, y ocasión de su aumento y contentamiento, lo que ahora es todo al revés, porque ven que los fatigan y traen acosados y aperreados para enriquecer y sustentar en vanidad á los que con ellos no muestran tener alguna caridad.

En las poblaciones que de nuevo se hiciesen de indios convernía mandar irrefragablemente que ningún español ni mestizo ni de otro género, fuera de puros indios, pudiera tomar solar ni tierras en sus términos de las dichas poblaciones, comprados ni alquilados, ni morar allí entre los indios, porque comunmente les son perjudiciales y nocivos, así para las almas en los ruines tratos y costumbres que les enseñan y pleitos en que los ponen, como para lo temporal en irlos echando poco á poco de sus tierras y casas, y haciéndoles cada día fuerzas y agravios sinnúmero.

Y aun si posible fuera, se hiciera mucho servicio á Nuestro Señor y muy gran bien á los indios, si á los españoles que se han metido entre ellos (como no fuesen muchos los allí poblados), aunque hubiesen edificado casas, los hicieran salir á poblar por su parte en poblaciones de españoles, recompensándoles el valor de lo que allí dejasen y era proprio suyo; aunque si se examinase cómo lo han habido, se hallaría que mucha parte de lo que tienen españoles en pueblos de indios se lo han sosacado á menosprecio y con engaño.

Debríase de advertir que las cosas que ordena y manda el Rey en favor de los indios se habrían de dar á los ministros de su doctrina para que se las leyesen en la iglesia de cuando en cuando, y de allí les constase el amor que su Rey les tiene, y ansí ellos le amasen y tuviesen en sus entrañas, y para que se aprovechasen de los tales favores, porque en los tiempos de ahora, y muchos años atrás, nunca se les ha leído en público ni ha venido en su noticia semejante cosa de su favor, y ansí no lo han tenido, sino harto disfavor.

El Emperador D. Carlos, nuestro Señor, que Dios tiene en su gloria, envió á esta Nueva España muchas y muy buenas ordenanzas en favor de los indios, y á los Religiosos encargaba que tuviesen cuenta con ver si se guardaban, y si no, que le diesen aviso. Esto parece bien por una carta de S. M. que se guarda originalmente en el archivo de Sanct Francisco de México, escrita á Fr. Antonio de Ciudad Rodrigo, en que le dice estas palabras:

El Rey.—Devoto Padre Fr. Antonio de Ciudad Rodrigo, de la Orden de Sanct Francisco. Sabed que porque fuimos informados que había necesidad de ordenar y proveer algunas cosas que convenían á la buena gobernación de las Indias y buen tratamiento de los naturales de ellas, con mucha deliberación y acuerdo mandamos hacer ciertas ordenanzas sobre ello, de las cuales algunos traslados impresos con esta os enviamos para que las veais y repartais por los monesterios y Religiosos que os pareciere, y por ellas os conste de nuestra voluntad, y procureis que las entiendan los naturales de esas partes, para cuyo beneficio principalmente las mandamos hacer. Mucho os ruego y encargo que pues todo lo en ellas proveído (como vereis) va enderezado al servicio de Dios, y conservación, libertad y buena gobernación de los indios, que es lo que vos y lo que los otros Religiosos de esa Orden (según estamos bien informados) hasta ahora tanto habeis deseado y procurado, trabajeis con toda diligencia, cuanto en vos fuere, que estas nuestras leyes se guarden y cumplan, encargando siempre á los nuestros Virreyes, Presidentes y Oidores, y á todas las otras Justicias que en esas partes hubiere, que así lo hagan, y avisándoles cuando supiéredes que no se guardan en algunas provincias ó pueblos, para que lo remedien y provean; y si viéredes que en la ejecución y cumplimiento de ello hay negligencia alguna, avisarnos heis con toda brevedad, para que Nos lo mandemos proveer como conviene. En lo cual, allende que hareis cosa digna de vuestra profesión y hábito, y conforme al buen celo, que siempre habeis tenido al bien de estas partes, nos ternemos de ello por servido. Fecha en Barcelona, á primero día del mes de Mayo de mil y quinientos y cuarenta y tres años.—YO EL REY.—Por mandado de S. M., JUAN DE SÁMANO.

Entre otras peticiones que yo, pecador, en mi pobre oración hago por el Rey de España, nuestro Señor, es una que demás de darle la Suma Majestad ferventísimo celo de su divina honra y gloria y de su sancto servicio, le dé juntamente entero y perfecto conocimiento de la capacidad y talento de los indios, para que conforme á su necesidad los provea de tales ministros, así eclesiásticos como seculares, cuales ellos los han menester para su conservación y aumento, y para su verdadera y fija cristiandad, porque en pecho tan cristiano y piadoso como el de nuestro Rey, de solo tener este conocimiento depende el remedio de tantas almas como se podrían multiplicar y salvar en estas amplísimas regiones de Indias.

Si se pretende aplacar la ira y castigo de Nuestro Señor Dios justamente merecido por nuestros pecados, procúrese que muchas almas, las más que ser pudiere, se persuadan á hacer con todo el afecto de su corazón, y con verdadera renunciación del mundo y de sí mismas, la oración siguiente.

Altísimo y Omnipotentísimo Dios y Señor nuestro, yo pecador (ó pecadora), indigno (ó indigna) de parecer ante vuestro divino acatamiento, con toda humildad os suplico seais servido de darnos á todos aquellos que por vuestra gracia y misericordia gozamos del glorioso nombre de cristianos, espíritu y celo de vuestra honra y gloria y sancto servicio, y que esto sobre todas cosas deseemos, pretendamos y procuremos con todas nuestras fuerzas; y que en esto nos empleemos, ocupemos y desvelemos, y de esto nos preciemos y gloriemos, dejando todas pretensiones humanas y temporales intereses, los cuales vos, Señor, seais servido de aniquilar y destruir y desarraigar totalmente de nosotros, y confundir á los que presumieren y porfiaren de querer salir con ellos, dejándolos defraudados de sus vanos deseos, para que así confusos (siquiera por esta vía) se conviertan á desear, pretender y buscar el sumo, eterno, incomparable, verdadero y único bien, que sois vos nuestro Dios y Señor.

Y mediante esta vía, y otras que vos sabeis convenir, seais servido de abrir la puerta para que éntre la predicación de vuestro Santo Evangelio en todas las tierras de los infieles, y que de ellos sea recibido con aceptación y júbilo. *Ut convertantur ad te omnes gentes, et fiat unum ovile et unus pastor Ecclesiæ tuæ toto Orbe terrarum: et adveniat regnum tuum et fiat voluntas tua sicut in cœlo, ita et in terra.* Amén.

LXXXIII

Carta para el Virrey Don Luis de Velasco, recién llegado al puerto.

Sea nuestro clementísimo Dios para siempre bendito y alabado de toda criatura por sus inefables misericordias, y V. S. tan bien venido á esta necesitadísima tierra de tal Príncipe, como el Arcángel S. Gabriel cuando fué enviado del cielo á denunciar la redempción del género humano, y sea por tantos y tan prósperos años como los del Sancto Job después de su probación y trabajos. Bien veo que es atrevimiento quererme yo contar en el número de tan principales personas como son las que con tanta razón darán á V. S. el parabién de su felice llegada; pero si no lo hiciera me tuviera por el más ingrato de los hombres en no mostrar el reconocimiento que se debe á los tan singulares beneficios de Dios, y no corresponder á la particular obligación que yo siempre á las cosas de V. S. he tenido y tengo. Suplico á la Majestad Divina traiga á V. S. por estos caminos que se ofrecen con mucha salud y contento, para que sus capellanes y súbditos, y yo entre ellos como menor y más indigno, gocemos de besar en presencia sus manos. En Tepeacac, 30 de Deciembre de 1589 años.—FRAY HIERÓNIMO DE MENDIETA.

LXXXIV

Carta para el Obispo de Tlaxcala, en confirmación de otra que escribí al Virrey D. Luis de Velasco, cerca de cierta pregunta que me hizo.

Sea V. S. muy bien llegado á esa ciudad de México. Escribo á V. S. la presente á esta sazón porque entiendo es dictada de otro espíritu que el mío. El Señor Virrey D. Luis de Velasco es prudentísimo, y su celo y deseos son tan puros y rectos cuanto desear se puede; pero siempre hemos de temer la sagacidad y astucias de un enemigo tan poderoso como es el demonio, mayormente habiendo experimentado las fuerzas que en estos años pasados ha mostrado contra nuestra franciscana Religión; y por indicios claros sabemos que los que han seguido su sugestión aun no le tienen del todo perdido el crédito. A V. S. suplico que ofreciéndose oportunidad en esta materia, sea servido de persuadir muy de veras al Señor Visorrey, que si quiere haya verdadera paz y quietud, así en nuestra Religión como en cualquiera de las otras (como S. Sría. intensísimamente lo desea), no ponga el cuidado en otra cosa sino en que los superiores sean absolutamente obedecidos, sin demandas ni respuestas, y que los inferiores conozcan ser súbditos, y que su honor y utilidad temporal y eterna consiste en obedecer humil y simplemente á sus Prelados pecho por tierra. Yo tengo escrito esto á S. Sría. con más prolijidad de lo que quisiera; mas todo cabe en tan cristiano y bien intencionado pecho como el suyo. A V. S. basta tocar el punto para que con su muy acertado consejo diga el Virrey á cualquier fraile que le fuere con cuentos de sus Prelados: "Padre, humillaos, obedeced y subjectaos como lo prometistes á vuestros mayores, y no os metais en su gobierno, pues no está á vuestro cargo, sino sólo el obedecer y dejaros llevar y regir, que si mal ó bien hicieren, ellos darán cuenta á Dios y residencia á sus superiores:" que por no darse favor á este estilo y orden hierárquico que Dios y su Iglesia tienen establecido, hemos visto tantos desatinos y escándalos como han pasado. Guarde Dios á V. S. muchos años, y sea su guía en todo lo que tiene entre manos, como yo su menor capellán y súbdito lo deseo. De Tepeacac, 9 de Enero de 1590 años.

LXXXV

CARTA PARA EL VIRREY DON LUIS DE VELASCO, CERCA DE LAS NECESIDADES DE LA PROVINCIA DE TEPEACAC.

. La carta que V. S. me hizo merced de responder á la mía que llevó el Padre Fr. Francisco de Curiel, me envió el P. Guardián de Hueyotlipa. Beso mil veces las manos á V. S. por la memoria que con tantas ocupaciones y trabajo de caminos tuvo de hacerme esta merced. Conozco que fuí prolijo en ella, y se me hizo harto de mal, porque no lo permitía el tiempo tan embarazado, ni yo soy amigo de prolijidad; mas con aquello hice cuenta que concluía con lo que había de tratar sobre negocios de mi Orden.

En lo que toca á la ciudad y provincia de Tepeacac, adonde al presente resido, por la obligación que tengo de descargar mi conciencia, puedo certificar á V. S. que aunque es verdad que toda esta Nueva España está depravada en costumbres y necesitadísima de remedio, á lo que yo alcanzo y entiendo ninguna provincia hay más perdida ni de más confuso gobierno que esta de Tepeacac, y todo lo causa la cohabitación de españoles entre los indios, que cierto no son para en uno, en especial por no haber tenido en esta ciudad de algunos años á esta parte justicia que celase el daño de los pobres agraviados, sino que quien más poder ha tenido ha metido más las manos en lo que ha querido aprovecharse, y esta doctrina han tomado muy bien muchos de estos indios principales, como han visto que tanto se usa, que así andan tan encarnizados en chupar la sangre unos de otros, y mayormente de los maceguales que poco pueden, que no les duele ya el daño y perdición de su república, sino que cada uno tiene solamente ojo al propio interese. La necesidad que tienen para su remedio es la que tienen las demás provincias de la Nueva España (pero esta más como he dicho) de un alcalde mayor que les sea verdadero padre, y se duela de sus daños, y los ponga en razón de orden y buena cristiandad, y amparo á los que reciben agravios, con grandísimo celo y diligencia. Las cosas particulares que hay que remediar son: la primera, que los indios se junten en la iglesia domingos y fiestas, como solían, para oír sermón y ver misa, porque esto que es servicio de Dios y salvación de almas, está lo más caído, y los ministros de la iglesia no somos parte para levantarlo, si no tenemos favor: la segunda, que se miren las tierras que españoles tienen tomadas á los indios, porque se les han ido metiendo cada día más en ellas, sin poderles resistir, y las que de poco acá se han dado por acordadas ha sido injustísimamente privando de ellas á viudas y huérfanos descendientes de los legítimos Señores que fueron de Tepeacac, y que no tienen otros patrimonios de que se sustentar: la tercera, que no se permita tener indios encerrados en obrajes, porque son innúmeros los delitos y agravios que con esto se cometen, que esto los mesmos obrajeros lo confesaban y pedían por muy justo cuando el Marqués de Villamanrique les quería quitar los obrajes de todo punto: la cuarta, que se busquen y castiguen con gran rigor los pastores, carreteros y otras cualesquier personas que furtiblemente llevaren consigo indios ó indias, porque hay en esto grandísima rotura; que los aguardan, en especial á muchachos y muchachas, á boca de noche en las calles, y aun los sacan de las casas que tienen ojeadas, y pónenlos sobre sus caballos y dan á huir con ellos, de que los jueces hacen poco caso, siendo delicto digno de muerte: la quinta, que los españoles que de su autoridad se hicieren ejecutores de justicia en sus proprias causas, prendiendo á los indios y encerrándolos en sus casas, ó tomándoles lo que tienen en las suyas, so color de que les deben, sean castigados con rigor, sino que si los indios les deben algo se lo pidan ante juez competente, y que pagando lo que deben no les hagan ser-

vir por fuerza: la sexta, que el alcalde mayor tenga padrón
de toda la gente del pueblo y cuenta, con que los que han
de servir en trabajos de república anden por su rueda, y en
ello no haya fraude, porque ó por falta de concierto de los
indios que gobiernan, ó porque reservan á los que se lo pa-
gan, ó porque son muchos los que venden á particulares españoles, anda en esto tan grande confusión, que á los mesmos que acabaron de venir del repartimiento de Atlíxco los
vuelven á prender y enviar de nuevo; y á las calles y caminos, y á los que vienen por agua á la plaza salen los regidores y alguaciles, y á cuantos topan, sin diferencia, los cogen y meten en la cárcel para enviarlos á Atlixco, y lo mismo
hacen á los que el domingo vienen á misa, sin dejársela oír,
y con esto se excusan los maceguales, diciendo que no osan
venir á la iglesia porque en el camino los aguardan y cogen
como animales: la séptima, es este repartimiento de que
trato, que es cabeza del lobo y lima sorda que va consumiendo á los miserables indios, pudiendo ellos proveer más abas-
tadamente la república de trigo, sembrando cada uno un
poco, como en tiempo de los buenos Virreyes, padres verdaderos de la mesma república, se hacía; mas ya que se ponían estos repartimientos ó carnecerías de indios, no sé yo
en qué conciencia de hombres cristianos cabía enviarlos
catorce y quince leguas de sus casas, adonde reciben vejaciones sinnúmero, teniendo aquí á la puerta labranzas de
españoles hartas adonde pudieran servir. A V. S. suplico
sea servido de comenzar á socorrer á los miserables sin defensa, conforme á la natural piedad de su generoso corazón
y á la voluntad del Rey, nuestro Señor, que así lo quiere y
manda. Yo tengo escrito á S. M. en las flotas pasadas y enviado algunos memoriales cerca de esta materia, compelido
del dictamen de la conciencia. En teniendo algún espacio,
si place á Dios, lo sacaré todo en limpio de los borradores
que me quedaron, y lo enviaré á V. S: para que si algo hubiere que lleve buen camino pueda V. S. servirse de ello,
sirviendo á Dios y á su Rey, y redimiendo á este tan estra-
gado reino. Para ello guarde Nuestro Señor á V. S. De Tepeacac, 11 de Enero de 1590 años.

14*

LXXXVI

CARTA PARA EL ARZOBISPO DE MÉXICO DON PEDRO MOYA DE CONTRERAS, VISITADOR DEL CONSEJO REAL DE INDIAS.

Con el P. Fr. Alonso Ponce, Comisario General que fué de nuestra Orden de los Menores en esta Nueva España, escribí á V. S. en la última flota, y juntamente (como á padre y protector de esta tierra y naturales de ella) envié un cuadernillo en que se contenían los medios con que á mi parecer se podría reparar la caída de los indios, que cada día va más en crecimiento, así en lo que toca á su conservación como en lo de su cristiandad, acudiendo á descargar en esto la conciencia del Rey, nuestro Señor, y procurar el bien y remedio de este reino, que lo uno y lo otro consiste en la conservación y buena cristiandad de sus naturales. El primer escalón que para alcanzar este fin yo presuponía era que la Real Majestad mandase proveer por Virrey de esta Nueva España un hombre muy probado en temor de Dios y piedad con sus prójimos, cual ha sido servido Nuestro Señor Dios fuese proveído antes que mi carta y cuaderno llegasen, tan á gusto y contento de todos y tan al propósito de lo que en mi escritura se pretende, que más parece haber sido provisión del cielo que de la tierra. Y pues tan fija piedra está echada por fundamento de nuestro edificio, á V. S. suplico agrade á nuestro Dios y ayude al Rey, nuestro Señor, en procurar con todas sus fuerzas que esta heroica obra suba de golpe, mandando S. M. expresamente al Virrey D. Luis de Velasco, y lo mismo á los demás gobernadores de Indias, que á ningún ministro de los indios, en lo temporal ni en lo eclesiástico, consienta que tenga más cuenta con su proprio interese temporal, que con el bien de los mesmos indios, en su conservación, policía y cristiandad, porque yo prometo á V. S. que si con este artículo se tiene especial cuidado, antes de muchos años, por la misericordia divina, verán los que vinieren muy trocada en prosperidad la Nueva y aun la Vieja España; y con tanto, quedo suplicando á Nuestro Señor dé muchos días de vida á nuestro muy católico Rey Filipo, de quien principalmente, después de Dios, esto depende; y á V. S. guarde para instrumento de estas y otras muchas tales obras que se hagan en su servicio. De Tepeacac, 30 de Enero de 1590 años.

LXXXVII

LA COPIA DEL TRATADO QUE ENVIÉ Á ESPAÑA AL ARZOBISPO DE MÉXICO, CONTENIDA SUPRA, ENVIÉ TAMBIÉN Á MÉXICO AL VIRREY D. LUIS DE VELASCO, CON LA CARTA QUE SE SIGUE.

Acuérdome, Señor Ilustrísimo, que escribiendo yo una carta al Rey, nuestro Señor, en nombre de esta Provincia del Santo Evangelio, al tiempo que murió el buen Virrey D. Luis de Velasco, digno de perpetua memoria, padre de V. S., dije estas palabras: que con su muerte quedaba este nuevo Orbe con la candela en la mano, como se dice de los cristianos que están para expirar, puestos en la agonía y tránsito de la muerte. Podemos decir con verdad, que en esta agonía y presura vimos á esta Nueva España desde que le faltó aquel verdadero padre y fidelísimo gobernador, pues desde entonces de cada día ha ido más desmedrando, hasta que de pocos años acá la hemos llorado por ya muerta y asolada del todo, sin esperanza de remedio. Mas ha querido la Divina Bondad, por sola su misericordia sin méritos nuestros, al tiempo de esta última y (al parecer de los hombres) irremediable necesidad proveer de tan saludable y eficacísimo remedio, que esta defuncta no sólo respirase y diese muestras de tener aún vida, mas que volviese á recobrar las fuerzas y vigor con que florecía en vida de su amado padre, resucitándolo en V. S., que en nombre y en sangre y espíritu y en todas las calidades y condiciones que se quisieren pedir, es como él mismo. Con esta segura confianza, Señor Ilustrísimo, nos consolamos los que gozamos de ver aquel tiempo dorado, y después de tan gran pérdida, por muchos años hemos andado con gemidos y querellas, importunando al Rey del cielo y al de la tierra, por la redempción al uno de sus criaturas y al otro de sus vasallos puestos como en captiverio y esclavonía; y del número de estos no me tengo yo por el más remoto, pues creo habrán sido pocos los que más trabajo de sus manos han puesto en clamar por esta libertad y bien universal de la república en que estamos. Y aunque del celo que á esto mesmo me ha movido espero el galardón del cielo por remisión de mis culpas, del trabajo corporal me tengo por muy bien pagado en ver á V. S. Virrey de esta Nueva España, con que tengo por muy cierto se acabarán mis cuidados en que el espíritu del Señor me ha traído ocupado muchos años cerca de este negocio. Y puesto que V. S. en mis escritos no hallará cosas nuevas de que se aprovechar, pues todas las necesidades de esta tierra tiene muy bien caladas y de raíz entendidas, sólo para que sirvan de recurso á la memoria envío á V. S. no más que la primera carta que en mi nombre escribí al Rey, nuestro Señor, años ha, y las últimas que de poco acá envié á S. M. con ciertas consideraciones y memoriales. Querría que V. S. se persuadiese lo que yo tengo casi por tan cierto como si por un ángel me fuera revelado, y es que si nuestro Dios ha enviado algún castigo á estas regiones de Indias, y si ha dado fuerzas á un soldado inglés para prevalecer contra el Monarca del mundo, tomándolo por azote de nuestra España, ha sido principal y particularmente por no se emplear el gobierno de estas gentes párvolas que Dios puso en manos de nuestros Reyes de Castilla en los fines debidos de su amparo y conservación y de su verdadera cristiandad, sino en su continua aflicción y destruición, y en darles ocasión para que aborrezcan el nombre cristiano. Y así no es maravilla que el clamor de tantas ánimas que inocentes injustamente padecen alcance esto y mucho más ante el clementísimo Padre cuyos hijos son tanto los indios como nosotros por creación y redempción. Plega á su Divina Majestad se sirva de abrirnos los ojos del alma de suerte que no nos pueda cegar proprio interese, sino que ejercitemos el precepto de la caridad natural y cristiana con nuestros prójimos para agradar á Dios y alcanzar su misericordia; y á V. S. guarde y guíe en todas sus cosas como este su mínimo capellán desea. De Tepeacac, á 20 de Junio de 1590 años.—FRAY HIERÓNIMO DE MENDIETA.

LXXXVIII

CARTA PARA EL VIRREY D. LUIS DE VELASCO, SOBRE QUE NO SE DÉ LUGAR PARA QUE LOS INDIOS REVOLTOSOS LEVANTEN PLEITOS.

Pues V. S., Ilustrísimo Señor, tiene conocidas y caladas la calidad y costumbres de los indios de esta Nueva España tanto como el que más, bien cierto soy estará enterado de las verdades que cerca de esta materia aquí proporné.

1ª Y es la primera, que los indios generalmente tienen tanto espíritu y inclinación de división, que si les fuese posible cada casilla de macehual querría hacer cabeza por sí, y á trueque de salir con esto se obligaría á hacer iglesia por sí y sustentar un ministro. Y si en esto les dejan seguir su apetito, son aparejadísimos y ocasionadísimos para su destrucción, *quia omne regnum in seipsum divisum desolabitur.* 2ª La segunda verdad es que la gente común es la más fácil del mundo para ser engañados de burladores, y para sosacarles cuanto tuvieren, mayormente so color de la exempción que tengo dicho. 3ª La tercera es que entre estos indios, los que son bachilleres en ruindades, conociendo la facilidad que hay para persuadir lo que quisieren á la gente común, por andar libertados de los *tequios,* y vagabundos, comiendo á costa ajena, se aplican á tomar voz del pueblo, y á levantar pleitos, quejándose de los principales ó de las cabeceras, diciendo que agravian á los macehuales en aquello que conocen la gente común desean ser libertados, que es en todo género de subjeción. Y que estos solicitadores de pleitos entre indios pretenden solamente andarse ociosos y hechos mandoncillos, gastando de hacienda ajena, es más claro que el sol, porque pensar que á indio le mueva celo del bien público, ni de volver por los que poco pueden, para quien los conoce sería el mayor disparate del mundo, que aun los españoles de esta tierra (por ser tal el clima de ella) no alcanzan este celo, sino que cada uno tira para sí, sin memoria del bien público. 4ª La cuarta verdad es que por haberse dado oidos y abierto la puerta á las estancias sujetas contra sus cabeceras, conforme al deseo de los procuradores y letrados, se han destruido hartas provincias de la Nueva España. 5ª La quinta, que apenas se habrá visto en semejantes pleitos de indios sacarse fruto ni provecho para ellos, siguiéndolos, sino en atajarlos. De estas verdades infiero yo, Señor Ilustrísimo, dos proposiciones; la una que para la conservación y quietud de los indios en toda la tierra, no hay cosa que más convenga que evitar oirlos y de darles entrada para que comiencen pleitos unos contra otros, sino cuando mucho remitirlos á los ordinarios, pues en todas hay alcaldes mayores ó corregidores, y ellos por tener allí su residencia ternán más inteligencia que otros de fuera, de las diferencias que se levantan, si tienen ó no tienen fundamento. La otra proposición es que por la mayor parte se acertaría si entre los indios que acuden con estas demandas se inquiriese cuáles son los que andan más solícitos en ello, capitaneando á los otros, y para escarmentarlos los encerrasen por algunos días en obrajes, cada uno por sí, que no supiesen los unos de los otros, pues por la tercera verdad arriba puesta siempre se ha de presumir que son revolvedores de pueblos, y por el consiguiente prejudiciales á la república. Todo este preámbulo traigo, Ilustrísimo Señor, al propósito de esta provincia de Tlaxcala, adonde de años atrás andan algunos indios de esta condición alborotando las estancias y subjectos para que se eximan de la obediencia y servicio de esta cabecera; y al principio fué una estancia la que comenzó esta buena obra, y después juntó á sí otras dos, y por no les haber atajado con tiempo los pasos, son ya de cinco á seis, y no sé si más, los que andan recogiendo cuanto pueden de los pobres macehuales, y llevándolo á esta ciudad para sí y para sus procuradores; y si se les da lugar á que vayan adelante con sus designios, aunque sea en presencia de tan buen juez como es el Dr.

Riego, ellos revolverán de tal suerte la provincia de Tlaxcala, que en muy muchos años no se pueda apaciguar, y al cabo quedará destruida, porque lo que estos pretenden lo han de pretender todos los subjectos, y así quedará la cabeza sin miembros. Si estas demandas fueran de agravios recientes, parece que hasta oirlos era razón y justicia; pero han traído ya en años pasados tres ó cuatro jueces ó receptores sobre ello, que hicieron largas informaciones, y la echaron ahí en México en el carnero, y á razón sería por no hallar fundamento en sus probanzas, pues dejaron el pleito indeciso; y ya que haya duda si por ventura piden ó no piden razón, allí se puede ver en las informaciones hechas, y no comenzar otras en que gasten y consuman á los pobres ignorantes, de donde todo sale. Fama es pública que un clérigo y otro seglar español, por lo que se les paga, son los que los bandean; y si esto es verdad (como lo parece) y se tolera, no sé qué nos maravillamos de los indios revoltosos. Remédielo Dios por su misericordia; y pues después de Dios está en manos de V. S. el remedio, por su divino amor y por la obligación que V. S. de oficio tiene, le suplico no permita se dé lugar á que tanto mal y daño pase adelante. Guarde Nuestro Señor la ilustrísima persona de V. S. como yo su menor capellán deseo. De Tlaxcalla, 20 de Hebrero 1591.

LXXXIX

CARTA PARA EL MISMO VIRREY, CONSOLÁNDOLO DE LA IDA DE SUS HIJOS Á ESPAÑA.

Atrevimiento muy grande sería el mío, Señor Ilustrísimo, si con mis rudas palabras quisiese consolar á V. S. del apartamiento y ausencia de los señores sus hijos (que naturalmente no puede dejar de sentirse), estando tan conocido el valeroso pecho de V. S. para pasar con igual ánimo las semejantes y mayores ocasiones que se ofreciesen de humano sentimiento, mayormente considerando que este clamor es de sola la carne y sangre; pues segund el espíritu y dictamen de la razón, V. S. los tiene ofrecidos á Dios, que como principal padre los va guiando para el eterno heredamiento de su bienaventuranza, y mientras durare esta prestada vida, en recompensa de este apartamiento, que es en sola distancia de tierras, les da V. S. por padre, no á cualquiera de los hombres, sino al Monarca del mundo y cabeza de los Príncipes cristianos; y así para consuelo de V. S. y de todos los que deseamos toda su felicidad y contento, no digo más sino que confío en la bondad y misericordia divina, que á estos señores ha de dar muy próspero viaje, y que la persona y méritos del Sr. D. Francisco de Velasco han de ser tan aceptos al Rey y Príncipes, nuestros Señores, que de este apartamiento resulte, sin alguna comparación, á V. S. y á todos los suyos mayor contentamiento y gozo que ahora es el sentimiento de su partida. Todo lo guíe Nuestro Señor como lo puede y como más se sirva, y la ilustre persona de V. S. guarde. De Tlaxcala, 25 de Abril, 1591 años.

XC

Carta para el mesmo Virrey, en recomendación de dos personas pobres.

Ya V. S. sabe, Señor Ilustrísimo, que aunque todo hombre cristiano es deudor á los pobres, los que de profesión lo somos por la similitud del estado pobre, tenemos más razón de apiadarnos de ellos y de ayudarlos en lo que pudiéremos con los poderosos. En este pueblo me hacen mucha compásión dos buenos hombres, conocidos de V. S., que realmente los tengo por buenos cristianos, según el ejemplo que dan en lo exterior, y cónstame que mueren de hambre. El uno es N., cargado de hijos y nietos, y él hijo de conquistador, que su padre tuvo encomienda de pueblos; y puesto que se le da algún tanto de la Caja Real, es tan poco, que antes que lo cóbre lo tiene comido, y aun mucho más debido. Entiendo que es uno de los que sería verdadero padre de los indios, si algo se le encomendase entre ellos. El otro es N., cuyos deudos pienso V. S. conoció en aquella su patria, y á él por el consiguiente. Contentarse hía con cualquier manera de entretenimiento de que sirviendo pudiese comer, mayormente si fuese hacia esta comarca, porque tiene aquí un solo casco de casa que compró, donde se recoja su mujer, y en lo demás ni granjería ni hacienda poca ni mucha de que se pueda ayudar. Atrévome á representar esto á V. S. por ser personas que no me tocan, ni me mueve á tratar de ello sino sola la obligación de caridad; y en nombre de esta suplico á V. S. sea servido de tenerlos en memoria en lo que hubiere lugar de hacerles merced. Guarde Nuestro Señor la ilustrísima persona de V. S. muchos años, para remedio de los pobres y consuelo de todo este reino. En Tlaxcala 27 de Abril, 1591 años.

XCI

CARTA PARA EL MESMO VIRREY SOBRE QUE NO HAGA CASO DE QUE MURMUREN, COMO ÉL HAGA LO QUE DEBE.

La que V. S. me hizo merced de escribir de Chicucnauhtla recibí, y con ella sumo contento, y va la gente de esta ciudad camino de Zacatecas tan bien aviada, y á contento de V. S.; y no puedo bien significar el que también recibí de que vayan guiados á las manos y gobierno de Rodrigo del Río, que cierto ha sido consejo del cielo, y ahora me aseguro yo de todos los temores y dudas que se ofrecían según la inconstancia de los chichimecos, y me prometo felice suceso de esta empresa: sea bendito y alabado Nuestro Señor que lo puso en el corazón de V. S. De los juicios y dichos de gente, de cualquier condición que sean, no hay que hacer caso, ni por qué recibir pena, pues ellos han de juzgar y hablar como hombres, y no se pueden poner puertas al campo. V. S. puede estar cierto que no hará cosa, por buena y justificada que sea, de que falte quien la murmure y juzgue fuera de la intención con que se hace, y así no hay que reparar, pensando dar contento á los hombres, sino procurar de darlo á solo Dios, siguiendo el camino de

15*

la rectitud y del bien común de la república, que con esto al cabo y á la postre Dios saca la verdad á luz y confunde la malicia de los detractores. Él guarde y guíe la ilustrísima persona de V. S. De Tlaxcala, 26 de Junio, 1591.

XCII

CARTA PARA EL VIRREY DON LUIS DE VELASCO, SOBRE EL ALZAMIENTO DE UNOS CHICHIMECOS, Y SOBRE LOS CUATRO REALES QUE QUIEREN AÑADIR Á CADA INDIO.

Nuestro Señor dé á V. S. muy alegres Pascuas con los dones de su Sancto Espíritu. Por no aumentar á V. S. la pena con la nueva de la desgracia de los indios tlaxcaltecas en la población de Sanct Andrés no escribí á V. S. lo mucho que penetró en mi ánima cuando llegó á mi noticia. Bien se acordará V. S. que en una de las cartas que de Tlaxcala escribí á V. S. cuando andaba solicitando el despacho de los cuatrocientos indios, decía que temía no me quedase de aquel negocio que llorar el tiempo que me durase la vida, lo que bien se ha verificado en este desgraciado suceso; y plega á Dios que no pase adelante, según lo poco que hay que confiar de gente tan bárbara y tan mal vezada á saltear, matar y robar, como son los chichimecos. Deseado he saber si tuvieron alguna ocasión para alborotarse, que si la hubo no es de maravillar de lo que hicieron, porque según ellos son, cualquiera, por pequeña que sea, basta para perder la amistad con sus aliados; mas si no la hubo, sino que de sola su malicia y ruindad se movieron, cierto son dignos de ser seguidos hasta que en sus guaridas no quede memoria de ellos. Y en los tales sería bien empleado el servicio perpetuo de las minas, redimiendo á los que siendo libres van á morir en ellas inocentemente. Y porque sería infiel á mi Dios (que así me lo da á entender) y á V. S. á quien tanta obligación tengo, si la callase, digo, Señor Ilustrísimo, que esta desgracia y otras mayores que podrían suceder, yo no las atribuyo á otra cosa sino á castigo y azote de Dios por los trabajos que en lugar de relevarlos de los presentes se van añadiendo á gente indefensa, muda y sin boca para hablar por sí. Una verdad tenga V. S. por cierta, y esta por los rodeos que se permiten procure V. S. como fiel vasallo poner en el pecho del Rey, nuestro Señor, y es que nunca S. M. hará buena guerra á sus enemigos con el dinero que sacare de general imposición hecha á los indios, antes lo que por aquí se allegare contaminará lo que por otras vías lícitas procediere. Si fuese pedir á los que lo tienen, tal sea mi vida, que bien justificada está la causa del empleo; y en tal caso yo diera por bien empleado ocuparme todo el año en andar de puerta en puerta por las casas de los indios solicitando y pidiendo para tan buena obra; mas que los gordos saquen el unto para el Rey y para sí de las ovejas flacas que de macilentas no se pueden rodear, téngolo por cosa recia. En todo guíe Dios á V. S., y su ilustrísima persona guarde como yo su menor capellán deseo. De Xuchimilco, 14 de Mayo, 1592 años.

XCIII

Respuesta del Virrey á la carta de arriba.

Siempre recibo las buenas Pascuas que V. R. me da con mucha confianza de tenerlas tales, y satisfacción del deseo y voluntad de V. R. A la mesma medida las dé Dios á V. R. y por muchos años en su sancto servicio. Bien se deja entender la pena que á V. R. habrá dado lo sucedido en la población de Sanct Andrés á los pobres indios tlaxcaltecas que allí estaban, por los muchos respectos que hay para sentirlo, y yo la he recibido mayor que puedo encarecer; pero los hombres no podemos prevenir los inconvenientes que en las causas que tratamos se pueden ofrecer. Acudióse á enviar estos y los demás indios tlaxcaltecas que allá están, con las consideraciones piadosas, cristianas y del servicio de Dios y bien universal que V. R. sabe, y con el buen celo que para todas ellas debía concurrir; y esto debe consolar y no perder la esperanza de que Nuestro Señor por quien es ha de permitir se consigan los efectos que en negocio de tan gran importancia y tan de su servicio como es el de la paz convienen; y yo estoy con mucha confianza y contento de que los quachichiles, que son muchos, estén firmes en la paz, y con mucho ánimo de llevarla adelante y procurar su aumento, y se han ofrecido con muchas veras de acudir al castigo de los indios que hicieron el daño en Sanct Andrés, y de todos los que estuvieren alzados con ellos, y así se trata de encaminar esto por su mano, y placerá á Dios se haga bien. Hasta agora no he podido entender que se les diese ocasión para acometer una maldad y hecho tan de gente bárbara y cruel, y tanto más lo he sentido, y deseo sean castigados como el caso lo pide. Hácense todas las diligencias para quietar y asegurar á todos los indios que están de paz y á los tlaxcaltecas, y se continuarán, y se les acude y acudirá con todo lo que han menester. En lo que toca al acrecentamiento de cuatro reales de tributo á los indios, yo creo que S. M. lo debe de haber considerado cristianamente, y asimismo los de su Consejo, y aunque yo he de ejecutar su voluntad, con todo eso miraré á lo que estoy obligado con cristiandad y conforme á mi conciencia, y advertiré de ello á S. M. y holgaré que las personas que pueden hacer lo mismo por su autoridad, létras y experiencia lo hagan, y siempre tendré por muy buena amistad el advertirme V. R. de lo que le parezca en todo, á quien guarde Nuestro Señor y le dé su gracia, como puede. México, quince de Mayo.

Considere V. R. que los cuatro reales no son por razón de tributo, sino de servicio, y por el tiempo que S. M. trajere armada en defensa de las Indias, á que sin ayuda de sus vasallos no puede acudir, por haber consumido su real patrimonio en defensa de la cristiandad, en que es solo el defensor y amparo; y todo esto no será parte para que no asegurando su real conciencia use de este ni otros medios; y pues esto es verdad, justo será que las personas de letras de este reino que sienten mal de este negocio le adviertan de ello, que yo sólo puedo tratar de esto por relación de los que en ello me hablan, como lo haré.—DON LUIS DE VELASCO.

XCIV

CARTA PARA EL MESMO VIRREY SOBRE LOS CUATRO REALES DE SERVICIO, Y REPARTIMIENTO DE LOS INDIOS.

No escribo á V. S. la respuesta de estos indios cerca del servicio que el Rey, nuestro Señor, les pide, porque me pareció que en dar esta relación me podía descuidar con el corregidor, aunque á la verdad no lo supe cuando él escribió á V. S. Antes que en público se relatasen al pueblo la Cédula de S. M. y los recaudos de V. S., traté del negocio en particular para tomar lengua del intento y pecho que cerca de esto tenía la república xuchimilcana, y entendí que persuadidos de la necesidad en que estaba S. M. y del efecto para que les pedía este servicio, no repararían en lo que eran los tomines para acudir á ello con voluntad, sino en que teniéndola ellos tan prompta para servir á su Rey y Señor, no veían que se hiciese memoria de relevarlos en mucho ni en poco de la pesada esclavonía en que están puestos del servicio forzoso para los españoles, de que al Rey, nuestro Señor, ningún provecho le viene sino daño, pues con esto le van acabando y consumiendo sus vasallos. Digo, Señor Ilustrísimo, que el clamor y queja que sobre este caso tienen en esta Nueva España los indios no es posible sino que tiene provocada la ira de Dios contra nosotros los españoles, como la provocó contra Faraón y los demás egipcios el clamor de los hijos de Israel afligidos por su mano. Y plega á su Divina Majestad que el castigo que yo he temido y temo no sea conforme á la culpa de tan grande inhumanidad como entre cristianos se usa con esta miserable gente, que es de tanta entidad (á lo que imagino) en los ojos de Dios, que á cuantos procuran de sustentar y llevar adelante este servicio personal forzoso de los indios en la manera que anda, los tiene dejados de su mano, y puestos en manifiesto camino de condenación. Y á esta causa, Señor Ilustrísimo, digo que aunque ninguno pudo recibir mayor gozo que yo en ver venir á V. S. por Virrey de esta tierra, ahora visto lo que veo, quisiera ver á V. S. libre de tan peligrosa carga, y le tengo más compasión que á cuantos hombres hay cargados y trabajados en el mundo, porque entiendo que estando en el lugar en que está no tiene la libertad que sería menester para seguir el dictamen de la razón y conciencia. Entendiendo, pues, este sentimiento intrínseco de los indios, este domingo pasado, cuando les hablé en público, después de leída la Cédula de S. M. vuelta en su lengua, los animé á que con toda voluntad acudiesen á lo que en su real nombre se les pedía, con las razones más eficaces que pude, y que en lo demás de su trabajo personal y repartimiento para él, en que se hallaban fatigados, V. S., como tan padre suyo, los favorecería, procurando de relevarlos en lo que fuere de su parte; y juntamente representando al Rey, nuestro Señor, la razón que hay para ello. Yo de la mía suplico á V. S., y de la de Dios le requiero, que ninguna cosa tanto quite el sueño á V. S., ni le ponga en cuidado, ni le dé pena, cuanto la sinrazón que se hace á estos naturales en traerlos tanto acosados sobre que nos sirvan, sin debernos ellos á nosotros más que nosotros á ellos. Y si se buscasen medios racionales con que se acudiese á la necesidad de los unos y al alivio de los otros, como decir, los labradores españoles han menester ayuda en solos dos tiempos del año, que son el de la escarda y el de la siega, vayan á ayudarles los indios un par de meses en cada uno de estos tiempos, y en lo restante del año descansen en sus casas y ocúpense en sus proprias labores, esto sería tolerable; pero todo el año y toda la vida andar en repartimientos y servicios ajenos sin cesar, y subjección á tantos jueces y tantas varas que los tratan peor que á sus esclavos, es un tormento que cansara á piedras duras, cuánto más á hombres tan flacos como ellos. Alumbre Dios á V. S. para que en negocio tan del alma descargue su conciencia; y su ilustrísima persona guarde como yo su menor capellán deseo. De Xuchimilco, último de Julio, 1592 años.

XCV

RESPUESTA DEL VIRREY Á ESTA CARTA.

La de V. P. recibí, y tengo en mucho el celo y buena voluntad con que V. R. mira por mi causa: págueselo Dios, que es el verdadero premio de todo lo que por su amor se hace; y crea V. R. que si en mi mano estuviera y fuera posible relevar á los naturales del servicio personal, que lo hiciera con mucha facilidad; pero lo uno, no conviene, so pena de destruir y asolar todo cuanto hay en la Nueva España, que como V. R. sabe, pende del servicio y ayuda que los indios hacen á los españoles; y lo otro, no puedo sin particular orden de S. M. que es quien lo ha de mandar; y crea V. R. que no se va en esto tan á ciegas como algunos piensan, que pareceres hay de muchas personas doctas y de conciencia que no lo condemnan absolutamente, antes afirman que es forzoso, porque la república no se podría conservar sin él; y siendo moderado, concuerdan en que no hay en él injuria ni agravio de los naturales, supuesto su ser humilde y servil que traen de naturaleza. Y si yo los sobrellevo y les hago pagar más que ninguno de mis antecesores, ellos mismos lo digan, con que se les alivia mucha parte de la carga que hasta aquí sufrían; y así hemos de pasar forzosamente antes que S. M. mande lo que fuere servido. V. R. los anime para que no se quieran eximir por aquí de socorrer á la necesidad presente del Rey, nuestro Señor, á que todos estamos tan obligados. Y si á V. R. y á ellos les pareciere hacer alguna diligencia por do le conste á S. M. de la impaciencia con que lo llevan, gustaré mucho de ello, y yo también lo haré y ayudaré la causa, y ningún día amanecerá mejor para mí, que el que S. M. los mandare relevar del servicio personal. Guarde Dios á V. R. en su santo servicio como deseo. En México, primero de Agosto, 1592.

XCVI

CARTA DE RÉPLICA PARA EL VIRREY, SOBRE
LA MESMA MATERIA.

Alabo á Dios, Señor Ilustrísimo, que da á V. S. paciencia para sufrir mis importunidades, conociendo que no me puede mover á tanto hablar sino el particular deseo que tengo de todo el bien de V. S. y mayormente del verdadero, eterno y único bien, que es el que todos sobre todo debemos desear y procurar, y juntamente con esto, que en común me mueve el celo de la justicia y equidad, porque no sea ofendido nuestro Señor Dios, ni damnificados ni agraviados los prójimos; por el cual celo prometo á V. S. que con grandísima voluntad perdería la vida por ganarla más de veras. Y aunque es verdad que palpablemente he visto cosas por donde me podría arrojar á condemnar absolutamente el servicio forzoso de los indios (á lo menos en el modo que ahora se usa), por ninguna vía lo hiciera de mi solo parecer, si no hubiera experimentado ser este el común de los que en sanctidad y letras han florecido en las Indias después que se descubrieron, y haber fundado suficientísimamente esta su sentencia y determinación con prueba de las leyes natural y divina y humana cristiana, que es lo que se ha de mirar en el seguir de los pareceres, y no en que haya letrados que sustenten lo contrario con razones aparentes, y por ventura siendo ellos los interesados, porque no hay cosa en el mundo tan ilícita que no haya doctores que la defiendan por justa, y de esto buen ejemplo tenemos en los herejes. Cuanto más, Señor Ilustrísimo, que yo no me pongo en el extremo de condemnar absolutamente esta violencia que se hace (aunque muchos grandes siervos de Dios y doctos lo han seguido) antes me llego al medio de que siendo este servicio moderado sería tolerable, y en esto suplico yo á V. S. descargue su conciencia favoreciendo al derecho y razón de los miserables indios, que ellos ¿qué diligencia pueden hacer de su parte que les

valga, pues ni pueden hablar, ni saben á quién ni cómo declarar sus quejas y necesidades? La obligación de mirar
por esto V. S. la tiene y esos señores del Audiencia, á quien
el Rey, nuestro Señor, tiene puestos en su lugar para que
descarguen su real conciencia, y dará crédito á sus palabras en lo que le advirtieren. El medio ni moderación ya
V. S. ve que no se guarda, porque el título que tiene algún
color para compeler á los indios es solo lo de los panes,
porque no falte la comida, y puesto que esto se proveía
bien facilmente con compelerlos á ellos que en todos sus
pueblos sembraran trigo, y lo hubiera en más abundancia
que ahora y con descanso de los naturales; pero pasemos
con que sean favorecidos los españoles: los labradores (como escribo á V. S. en la otra carta) no tienen necesidad de
ayuda más que en los dos tiempos de escarda y siega; pues
con qué conciencia, con título de los panes, los han de traer
todo el año y toda la vida arrastrados con perpetuo repartimiento, para que el repartidor y el alcalde mayor y el otro
á quien ellos los quieran dar tengan en los montes veinte ó
treinta y cincuenta indios cortándoles madera para ven-
derla, ó ocupados en otras granjerías que no son de panes
ni de necesidad de república. Y lo mismo digo de los que
reparten para las iglesias mayores, de las cuales ningún
beneficio reciben los indios, pues tienen por sí sus ministros que les dan todo recado; pero sea en buenhora que se
les den los indios que fueren menester para su obra; mas
si á la iglesia mayor de México le bastan para entender
en su edificio ciento ó doscientos indios, por qué han de
llevar allí millares de ellos con tanta violencia y pesadumbre para darlos el repartidor á quien se le antojare (ó á
quien el Virrey le mandare); y lo mesmo digo de otros repartimientos y cargas que tienen demasiadas, que se podrían cercenar, si se tuviese consideración de que los indios holgadamente ayudasen á los españoles, y no con tanta pérdida de sus vidas y pobres hacienduelas, que todo se
les acaba. Y qué moderación es que al indio le compelan
salir de su casa y fuera de su provincia diez y veinte leguas para servir á quien no debe nada, dejando el hijo ó la

16*

mujer enferma, y su casilla y labor perdida, que los hemos visto de desesperados y afligidos darles el mal de la muerte, y hallarlos muertos en los caminos. En esto, que es cifra de lo que pudiera decir, trato cuanto toca á lo general de la Nueva España.

En lo particular de este pueblo y provincia de Xuchimilco, la causa por donde mucho padecen los naturales es porque un fulano Farfán que hizo la última cuenta, como tenía pariente Oidor, no hubo quien le fuese á la mano, y cargóla mucho sobre los indios, contando muchachos y muchachas, y juntóse á esto que de veces les envió Nuestro Señor pestilencias en que murieron muchos, de suerte que ahora se hallan con mill y seiscientos indios menos de los que están en la cuenta, y á esta causa no tienen bienes de comunidad, porque en ellos han suplido el tributo de dinero y maíz que montan estos que faltan, y por la misma razón y por otras que se le juntan, no pueden dejar de hacer faltas en los indios que envían de repartimiento, y en verdad que yo me maravillo de que haya entre ellos quien quiera ser alcalde ni regidor ni gobernador, según lo que por esta ocasión padecen. Los que lo son de esta ciudad de Xuchimilco me dicen que van á la obediencia y mandato de V. S., y juntamente á pedir nueva cuenta de la gente. A V. S. suplico los reciba con entrañas paternales, oyendo benignamente sus justos descargos, y si se hubiere de contar el pueblo, sea servido de hacerles este favor y merced de que los cuente Alonso de Nava que está en este oficio bien cursado, y él también la recibirá de que se le dé este entretenimiento, mientras V. S. le hace otras mayores mercedes: cuya ilustrísima persona Nuestro Señor guarde. De Xuchimilco 4 de Agosto, 1592 años.

XCVII

Respuesta del Virrey á esta carta.

En mucha obligación me pone V. R. con el buen consejo y avisos que me da en la causa de los naturales que toca al servicio personal, que como ya escribí á V. R., quisiera yo quitarlo totalmente si estuviera en mi mano; pero ya que esto no es posible, haré lo que humanamente pudiere por relevallos, como hasta aquí lo he hecho. Ruegue V. S. á Dios me alumbre y enseñe como lo pueda hacer con menos perjuicio de ellos y del estado presente de las cosas de este reino, que como V. R. ve están pendientes de su ayuda. A lo de la obra de esta iglesia se acudirá con particular cuidado, y se pondrá remedio en lo que lo hubiere menester: V. R. descuide de ello.

Cuando vinieren los indios de esa provincia serán muy bien oídos y con muy buenas entrañas; y en lo de la cuenta, si se oviere de hacer, se procederá conforme á las consideraciones que V. R. lleva, que las tengo por tan justas como de V. R. se podían esperar. A quien guarde Nuestro Señor y en su santo servicio conserve, como deseo. En México, cuatro de Agosto, 1592.—DON LUIS DE VELASCO.

XCVIII

CARTA PARA EL VIRREY CONDE DE MONTERREY, POR LOS INDIOS.

Illmo. Señor: Yo soy un indigno é inútil fraile de la Orden de mi Padre S. Francisco, que en muchos años que he gastado en esta Provincia de México no he cesado de llorar duelos ajenos tomándolos por proprios, por parecerme resultaban en muchas y graves ofensas de nuestro Señor Dios, hasta que ahora por su inmensa bondad fué servido de enjugar mis lágrimas y quietar mi corazón con la llegada de la cristiana libertad, equidad, piedad, benignidad y caridad que V. S. Illma. trajo fijadas en el suyo, con que no me he hartado ni hartaré de dar infinitas gracias á Nuestro Señor; y no pasara punto de hacer esto con silencio, ni me atreviera á escribir á V. S., con cuanto me han encarecido la clemencia y afabilidad con que á chicos y grandes oye, si entre las muchas buenas nuevas que de palabra y por escrito he sabido de la gran misericordia y merced que nuestro Dios con la buena venida de V. S. nos ha hecho, no me hiriera y pasara el corazón una palabra que cierto Religioso, habiéndome referido en su carta muchas de gran consuelo, y entre otras la compasión que V. S. mostraba á estos naturales indios, añadió diciendo: Mas es tanta la guerra que le ha de dar la codicia de muchos de nuestros españoles, y el mucho mal y poquedades que á S. Sría. de los indios le han de decir, como suelen, que temo con la sitiación de semejantes pláticas, por ventura no le hayan de rendir. Yo no temo tal, Señor Ilustrísimo, pues puso Dios en el pecho de V. S. la fortaleza y sabiduría que ha mostrado y á todos consta; mas por no quedar con escrúpulo de la prevención, si alguna de mi parte podía poner, compelido del dictamen de la conciencia escribo estos renglones, primeramente para suplicar á V. S. esté siempre muy advertido en esta cuotidiana guerra que unos y otros le han de dar sin cesar, no considerando el gravísimo mal que hacen en acabar y consumir á esta miserable gente, á quien deben mucho y ella no les debe. La segunda, suplico á V. S. I. siga la natural piedad en oir de muy buena gana á los que en favor de los pobres indios hablaren, que pienso no serán muchos respecto de los pocos que hay en esta tierra desinteresados; mayormente teniendo atención á dos cosas: la una, que si los frailes en tiempos pasados no hubieran por ellos hablado, no hallara V. S. ni un solo indio en toda esta Nueva España: la otra, que de las dos repúblicas que ahora hay en ella, la nuestra española se sabe por su pico muy bien valer, y la indiana ella mesma se ayuda á caer, si no hay quien la levante: á lo cual V. S., que entrambas gobierna, no ha de dar lugar. Para efecto de este mi intento, envío á V. S. esas consideraciones, que son al propósito, como las envié en años pasados al Rey, nuestro Señor, y supe que S. M. las recibió y leyó; que aunque son algo larguillas, por pedirlo la materia, á ratos desocupados se pueden pasar. A V. S. suplico perdone mi atrevimiento, y sea servido de recibir mi voluntad, que es buena. Guarde Nuestro Señor la Ilustrísima persona de V. S. De Huexotla, 17 de Enero, 1596 años.

XCIX

RAZONES INFORMATIVAS

QUE LAS TRES ÓRDENES MENDICANTES, ES Á SABER, LA DE SANCTO DOMINGO, SAN FRANCISCO Y SAN AUGUSTÍN, DAN POR DONDE NO LES CONVIENE SUBJECTAR SUS RELIGIOSOS AL EXAMEN DE LOS OBISPOS; Y PUESTO QUE ESTO SE HAYA DE EJECUTAR INVIOLABLEMENTE, LES CONVIENE MÁS DEJAR LA DOCTRINA Y ADMINISTRACIÓN DE LOS INDIOS QUE TIENEN Á SU CARGO Y RECOGERSE EN SUS CONVENTOS Á LA SOLA GUARDA Y OBSERVANCIA DE SU RELIGIÓN Y REGLA; Y OTRAS COSAS CONCERNIENTES Á LA ADMINISTRACIÓN DE LOS INDIOS, Y COSAS DIGNAS DE SABER EN ESTA MATERIA; DONDE TAMBIÉN SE TRATA QUE TENER LA DICHA DOCTRINA LOS RELIGIOSOS NO ES EN AGRAVIO DE LOS OBISPOS, Y DEL PROVECHO QUE DE TENERLA Á LOS DICHOS INDIOS SE LES SIGUE, Y SERVICIO QUE Á DIOS EN ESTO SE HACE, Y Á LA CORONA DE CASTILLA.

RECOPILADAS POR FRAY JUAN DE TORQUEMADA.

Si como REZA la Cédula que tiene ganada ahora nuevamente el Señor Arzobispo se le hubieren de subjectar los Religiosos ministros de doctrina á su examen y aprobación, seguirse hía de aquí destruirse de todo puncto la Religión y Observancia Regular en esta tierra de la Nueva España, pues los súbditos no podrían conservar la obediencia de sus Prelados, y se sustraerían de ella teniendo recurso al Diocesano, y ocasión de ambición, procurando estas doctrinas por vías ilícitas á su estado y hábito, procurando adquirir dineros, contra su profesión, para ganar las voluntades de aquellos que tuviesen mano en los dichos exámenes, y los Provinciales no lo serían, porque en estas Provincias todos los más Religiosos son ministros de indios, y el ordinario cuidado y trabajo de los Provinciales es asignarlos y desasignarlos de una doctrina en otra, ó por necesidad que hay de ministros más en una parte que en otra, ó por mejor combinar á los Religiosos que viven de tres en tres y de cuatro en cuatro, y no todos convienen en las condiciones; ó por remediar excesos ó consolar desconsolados, que no son pocos los que lo están en desiertos y entre indios bárbaros; y coartar en esto y atar las manos á los Provinciales y dársela al Arzobispo ó Obispo es llanamente quitar el Provincialato y traspasarlo en el Arzobispo. Y pues S. M., y por él los Señores Virreyes, tienen potestad ordinaria y extraordinaria para el bien y pacificación de sus reinos, y con esta y con su prudencia suelen en casos singulares remediar los excesos de las Órdenes y Religiosos de ellas, no será bien entregarlos á quien pretendiendo solo su interés no reparan en que se acabe de relajar y perder la Observancia Regular, con notable agravio de las Religiones, á las cuales no fían la elección de sus Prelados, fiándosela con toda su solemnidad el Derecho común, y exponerlos á peligro de perderse, pues del acertar en las elecciones pende la conservación y destruición de ellas, y cometiéndolas á la voluntad del Arzobispo, lo más cierto será errarlas, porque ó las errará aprobando ó reprobando al que no conviene, por pasión ó por afición que tenga ó por ignorancia que como hombre puede tener, y cuando él las acierte con cristiandad y prudencia (que este es caso dudoso) las errarán las Religiones entonces con ocasión de tener al Arzobispo por examinador y confirmador de ellas. Y este es uno de los más ciertos peligros, que como son comunidades de hombres que mientras viven en carne mortal están subjectos á ley común de flaqueza que inclina á pecado, aun al Apóstol San Pablo (como él de sí lo confiesa), nunca falta en ellos quien teniendo ocasión con facilidad las perturbe, y teniéndola tan cierta como este examen y aprobación se la da, para procurar con personas fuera de la Orden y Religión las prelacías que por sus deméritos no alcanzaran en ella por sí mismos, es evidente el daño. Y como en todas partes (y más en la Iglesia) hay sepulcros de buena apariencia y lobos en piel de ovejas, será fácil que un fraile docto, buena lengua de indios (aunque profano), con un buen consejo, buena plática y mejor apariencia muestre celo del bien común, y ganar con el Arzobispo y Obispos crédito de buen gobierno, al cual si se le fiase en su Religión la profanaría con sus malas obras; y este daño se ha experimentado en muchas Provincias observantísimas, que habiéndoseles abierto este portillo, por él se han desportillado y perdido, convirtiendo la milicia de Cristo en negociación secular, y en seminario de discordias la pacífica heredad de Dios Nuestro Señor, que entre los de su casa desea y quiere tanto la paz y quietud con el buen ejemplo.

Seguirse hía también desto, quitar el gobierno á las Religiones, de lo cual también se seguiría venirse á perder la Religión, según está escripto: *Ubi non est gubernator, populus corruet;* como sea cierto que el principal gobierno consiste en poner á los frailes donde pueden mejor servir á Dios, y quitarlos de donde se les puede seguir algún daño é inconveniente, lo cual cómo se haya de hacer ó por qué se haya de hacer no puede constar á los Obispos, y muchas veces es necesario que no les conste.

Item: los que viven fuera de las Órdenes (como son los Obispos) no tienen ni pueden tener la noticia ni conocimiento que esos mismos Religiosos tienen entre sí mismos. Pues si el Provincial quiere remover alguno destos ministros, de qué servirá dar noticia de su remoción al Obispo, pues ni ellos saben ni pueden saber lo que es menester en la Orden, ni lo que el tal fraile puede ni vale en ella, ó si conviene que esté ó sea quitado de allí. Y será fuerza que no sabiendo las causas haga fuerza en sustentarle en la dicha doctrina, y no consentir que por ninguna manera se quite ni remueva, y seguirse desto algún escándalo público, que en sus principios fué culpa oculta y secreta y fácil de remediarla al Provincial.

Item: los Obispos tienen en su gobierno otro muy distinto fin del que tienen los Provinciales y Prelados de las Órdenes, de donde se sigue que obligándose los Religiosos á dar cuenta á los Obispos, y cumplir y guardar lo que por ellos les fuese proveído y ordenado, era necesario muchas veces negar la obediencia á los Prelados de las Órdenes; ó por el contrario no hacer lo que los Obispos mandasen; porque escrito está que ninguno puede servir á dos Señores.

Lo cual (según San Hierónimo) se entiende cuando tienen diversos fines y mandan cosas contrarias, que á la letra se verifica en este caso. Porque el Obispo, conforme al fin que pretende, había de querer que el Religioso (dejada su clausura y olvidado de lo que su profesión le obliga) entendiese á mirar por las ánimas de que se había encargado; y el Provincial, conforme al fin que tiene, le había de mandar estar recogido y que guardase lo que había profesado. Por lo cual los Religiosos andarían desasosegados y sin concierto. Y lo peor sería que los buenos y celosos subjectarse hían á sus Provinciales, como lo deben hacer según la Regla que profesaron, y los no tales holgarían hallar esta ocasión para vivir libres y no obedecer ni responder á sus Prelados, y así las Órdenes vendrían á perderse.

Item: que después que el Provincial haya dado esta noticia al Obispo, y dice que quiere quitar de aquí á este y poner aquel, ó le han de dar crédito por sólo que él lo diga, y para esto no hay para qué se le diga al tal Obispo; mas si no le han de dar crédito, sino que ha de mostrar la razón y dar la causa porque lo hace, no sería eso otra cosa sino abrir camino para que las causas de los Religiosos sean divulgadas, y traído en público y en las plazas lo que es necesario sea por todas vías muy secreto; porque los Obispos, no siéndoles manifiestos los delictos de los frailes, no permitirían fuesen mudados de una parte y puestos en otra, lo cual es tan necesario por la conservación de la Orden y bien de los Religiosos, que sin esto no se podrían conservar. Y acontece hacerse esto tan secreto, que si no es el Provincial otro ninguno lo sabe, y á las veces el mismo que es mudado no sabe la razón por qué. Pues en este caso, ¿qué razón podía dar el Provincial al Obispo, que acontece muchas veces no poderlo decir aun al compañero que consigo trae, sin pecar en ello mortalmente? Y aun habría aquí otro muy gran mal, que las causas de los Religiosos vendrían á hacerse como las de los seglares, y habría cargos y descargos, acusaciones y recusaciones, y vendrían á hacerse ordinarias y nunca acabarse, contra lo que expresamente tienen en sus leyes y constituciones, que todas las causas se determinan de plano, conforme al cap. qualiter et quando, de accusat. 2. Pero si conforme á esto se hubiese DE dar parte al Obispo, está claro que quitando un Provincial un fraile, y teniendo recurso al dicho Obispo, le había de oír sus razones y descargos, y á las veces saldría el fraile vencedor contra su Prelado, porque (como queda dicho) no todas veces los Prelados pueden dar razón de lo que hacen, de lo cual se seguiría que entonces los Prelados de las Órdenes perderían su autoridad, los súbditos el temor, los vicios no serían castigados ni los males remediados, porque teniendo esta mano en las Órdenes el Arzobispo y Obispo, los ruines (que se suelen ser más atrevidos) tendrían á ellos recurso, y con fingidas aparencias les harían creer que son injustamente castigados, y así vendrían los súbditos á perder la obediencia, y las Órdenes muy en breve á perderse. Pues entonces, ¿quién habrá que no quiera dejarlo todo, sabiendo que sus famas y honras han de andar por tribunales ajenos y en poder de notarios y escribanos?

Item: ¿quién habrá que quiera ni se atreva á tomar el gobierno destas Provincias con tanto gravamen y pesadumbre? Especialmente sabiendo que no pueden gobernar sus frailes conforme á las leyes que profesaron, sino al albedrío y parecer ajeno y de quien sabe muy poco ó nada de lo que para el gobierno de los frailes es menester.

Item: que en las Religiones que tienen estado de perfección se mira en algunos defectos y menudencias por las cuales son justamente castigados los que las cometen; y puesto el juicio de ellas en quien está fuera de la Religión, sería hacer burla de ellas y parecerle injusto el castigo por causa (á su parecer) tan pequeña, siendo, como es, tan necesario mirar en estas pequeñas cosas, que por descuidarse se viene á perder lo esencial de la Religión.

Item: los Provinciales no pueden desde México mudar los Religiosos ni proveer lo que para el buen gobierno y concierto de ellos es menester, sino que tiene necesidad de andar por toda la Provincia visitando los conventos, y allá ve y entiende cuál conviene sacar de aqueste y poner en aquel: pues habiendo conventos tan distantes desta dicha ciudad (donde reside el Arzobispo), cómo podrá el Provincial concertar el tal convento y poner remedio en lo que conviene, si primero que esto quiera hacer ha de dar noticia al Arzobispo, porque en idas y vueltas se ha de gastar mucho tiempo, y andaría el Provincial bueno con estas tardanzas y detenciones, ni tampoco podría, con estos embarazos, tener bien regida su Provincia y bien concertados los Religiosos, especialmente si después de todos estos caminos, idas y venidas, no quisiese el Arzobispo que el tal Religioso fuese mudado.

Item: dar mano al Arzobispo y Obispos á que traten de las vidas de los ministros, y que la tengan para hacer contra ellos informaciones, bien se sabe cuán peligroso es esto y fuera de toda razón, pues á todo el mundo consta cuán trabajosos y penosos son los Obispos á los Religiosos, y cuántas vejaciones les suelen hacer (como parece por el *Motu proprio* que el Papa Pío Quinto, de sancta memoria, hizo en declaración del Santo Concilio Tridentino, movido por los agravios y vejaciones que los Religiosos de los Obispos recebían), y es averiguado que en ninguna parte del mundo han sido los Obispos tan contrarios á los Religiosos como en estas Indias, como consta de casos atrasados y se manifiesta en algunos presentes del Arzobispo de México; y si no, tráigase á la memoria lo que no ha nada pasó en Sanctiago Tlatelolco con los Religiosos de aquel convento, hasta querer poner clérigos en aquella parte, que es á lo que los dichos Obispos siempre han atendido desde que comenzaron á multiplicarse en la tierra. Pero el Emperador, nuestro Señor, que está en gloria, y el catolicísimo Rey D. Filipo Segundo, de sancta memoria, viendo el fructo que hacían los Religiosos en estos reinos y de presente hacen, han ido á la mano á los dichos Obispos, impetrando de la Sede Apostólica Breves é indultos en favor de los dichos Religiosos, y han sido de SS. MM. amparados con Cédulas y Provisiones Reales, muchas de las cuales están por mandado del católico Rey Filipo Segundo impresas en México y mandadas publicar en aquestos reinos con trumpetas y atabales, para que á todos constase cuánta voluntad tenía el prudentísimo Rey, que los dichos Religiosos no dejasen el ministerio de los indios, y nadie se atreviese á los impedir ni estorbar. Pues si agora llegase á ponerse en ejecución el subjetar á los Religiosos á los dichos Obispos cuanto al examen de lenguas, vida y costumbres, ¿qué otra cosa sería sino abrir un muy ancho y cierto camino por donde los Obispos entrasen á echar los Religiosos de las dichas doctrinas?

La razón es, porque obligándoles á esto con el rigor que se manda, se desobligan ellos á sujetarse á ello por los inconvenientes dichos (y otros muchos que se callan), y es fuerza desamparar las doctrinas y aun los pueblos donde moran y tienen sus conventos, pidiendo á S. M. les dé de comer á los Religiosos en otras partes, pues le han conquistado y pacificado la tierra y se la conquistan y pacifican de presente en muchas conversiones que se van haciendo, y le hemos servido mucho mejor que todos los demás conquistadores que á título de justicia piden esto, y S. M. se sirva de ampararlos y darles de comer, pues de subjetarse al examen, aprobación, visita é informaciones de vida y costumbres que el Arzobispo y Obispos pretenden, no sólo perderían el privilegio tan grandioso de exempción de los Obispos que las Religiones ganaron derramando tanta sangre de sus hijos, amparando y sirviendo á la Iglesia tan valorosamente, que obligó (como dejamos dicho) á los Romanos Pontífices á sacarlos (con esto) de las perpetuas y continuas vejaciones y aflicciones en que los tenían puestos los dichos Obispos; y sin este privilegio fuera imposible el haberse conservado en el lustre que tienen, ni haber servido á la Iglesia Católica en tiempos de tantos herejes y enemigos de ella. Ni es razón que los dichos Religiosos estén subjectos á dos jurisdicciones. Porque la jurisdicción de su naturaleza es *res incorporalis*, ut ait Speculator, Lib. 4. de præscription. nu. 22. Y consiguientemente es individua, *ut ipse resolvit, et communis* in l. 4, § Cato, et in L. stipulationes non dividuntur, de Verbor. obligat., a. 66; in cap. Prudentiam, nu. 2. ibi quod jurisdictio non potest dividi, de Officio delegati; Marta de Jurisdict., 1 p. cap. 47, nu. 1. Porque las co-

sas incorporales *divisionem non patiuntur*, in L. Servus, §
incorporales, ff. de adquirend. rer. domin.; alii relati a Go-
mez., 2 to. var. resolut. cap. 10. num. 15 ad med.; y así se equi-
para al dominio, L. qui furere, et ibi Bart., Bald. et repeten-
tes de Stat. hom., y el dominio es indivisible, *quæ non potest
esse penes duos in solidum*, 1. si ut certo, § si duobus commo-
dati. Y lo mismo dice Speculator, ubi supra, ita, *jurisdictio
uno eodemque tempore integraliter non potest esse apud duos
judices et magistratus*, ut ait Menoch., Cons. 1156, nu. 50, vol.
12; Felin., in cap. cum ex officii, nu. 21. de præscript.; et in
specie Crabet., cons. 411, nu. 1 et 6, lib. 3; Curtius, sen. cons.
57, col. 8; Corn., cons. 189, col. 2; *sed sic est*, que jurisdicción total sobre los dichos Religiosos que tienen á cargo las
doctrinas pertenece á sus Prelados superiores debajo de
cuya obediencia viven, y de aquí se sigue que también su
corrección y visita, que según el Derecho son anexas á la
jurisdicción, como lo dice Altamiran., De visit., fol. 87, nu.
68, col. 1, y así son por ellos visitados cada año en todo y
por todo, como por sus jueces ordinarios, según la facultad
que les da el Concilio Tridentino en la Sesión 25, cap. 20,
donde dice: *Abbates, qui sunt Ordinum capita, ac cæteri præ-
dictorum Ordinum superiores Episcopis non subjecti, quibus
est in alia inferiora monasteria, prioratusve legitima jurisdictio eadem illa sibi subdita monasteria et prioratus ex
officio visitent:* luego, por el mismo caso, los dichos Regulares que NO están subjectos á la jurisdicción, visita y corrección de los Ordinarios y Obispos, porque dice *ex officio visitent;* y así, según el mismo Sancto Concilio, están los dichos
Religiosos (en cuanto sus personas y costumbres) exemptos de la jurisdicción de los Obispos.

Esta verdad consta de la razón alegada (tan fundada en
Derecho) que siendo la jurisdicción indivisible, *non potest
uno eodem tempore æque et in solidum ad diversos judices per-
tinere.* Ni es de creer que el Sancto Concilio quisiese hacer
á los Religiosos que con tan gran celo han procurado siempre y procuran servir á Dios Nuestro Señor en este ministerio de la conversión de las almas, y satisfacer á la real
conciencia de S. M., y viven debajo de la obediencia de

todos sus superiores, Generales, Provinciales, Priores ó
Guardianes, á quienes están subjectos y subordinados en
todo lo que pertenece á su vida y costumbres, visita y corrección de sus culpas,[1] que á los clérigos seculares; porque
habiendo subjectado y subordinado á los dichos clérigos á
sola la jurisdicción, visita y corrección de los Obispos, sub-
jectasen á los dichos Religiosos (que hacen el mismo oficio
de Curas) no sólo á la jurisdicción, visita y corrección de
sus superiores, sino también á la de los Obispos, siendo jurisdicciones tan encontradas, de donde siempre han procedido grandes controversias y escándalos. Lo cual siempre
han advertido con la debida ponderación los Romanos Pontífices (como ya hemos dicho) favoreciendo á los Religiosos
con sus privilegios, porque de lo contrario se seguiría qne
teniendo los Religiosos dos jueces de diferente estado, *circa idem* los visitasen y viniesen á ser corregidos y castigados dos veces, cosa que repugua á todo Derecho divino y
humano, pues *nemo potest puniri et jus non patitur ut bis
idem exigatur;* y se seguiría que ninguna cosa quedase bien
ordenada (como también hemos ya dicho) y asentada, des-
haciendo el uno lo que el otro estableciese.

Item, se seguiría (como también hemos ya dicho) que
por esta causa (con ocasión de la visita, siendo siempre, como lo han sido, muy infestos los Ordinarios á las Religiones) procurarían inquietar, molestar y turbar á los Religiosos, con intento de que les dejen las doctrinas (como de
presente lo hacemos por vernos libres de sus molestias y
no privados de los favores Apostólicos con que la Iglesia
Sancta, nuestra Madre, nos ampara y libra de sus pasiones),
que esto es á lo que siempre han atendido, como la experiencia agora lo enseña en la presente dejación que de ellas
hacemos, acosados de su importunación.

Y en caso que los dichos Ordinarios hiciesen agravios á
los dichos Religiosos en las dichas visitas, quedaban des-
tituidos de defensa, no teniendo jueces ante quien pudiesen
recurrir á pedir su justicia, si no es á los tribunales seculares por vía de fuerza, *quod esset nimis pernitiosum et Re-*

1 Parece faltar algo aquí, como *de peor condición.*

ligiosis durissimum que sus causas anduviesen en poder de notarios y fiscales seculares, que siempre llevan consigo los dichos Visitadores, que inquiriesen sus vidas, fijando edictos públicos, con grande indecencia del estado Religioso, y que sus causas fuesen traidas por tribunales seculares, con grande infamia de las Religiones *et irrisione sæcularium.* Por lo cual sanctísimamente determinó la Ley Real 40, tít. 5, lib. 2. de la Recopil., *Religiosorum visitationis causæ ad Regias Cancellerias non trahantur*, cuyas palabras son: Porque somos informados que los negocios eclesiásticos tocantes á visitación y corrección de Religiosos y Religiosas que se hacen por sus superiores trae inconvenientes traerse por vía de fuerza á las Audiencias, así por razón del secreto que conviene tenerse de lo que en ello se trata, &c. Adonde se ve el recato grande que los Reyes Católicos quieren que se tenga en las causas de los Religiosos, como tan devotos de las Religiones. Todo lo cual cesa siendo visitados de solo sus superiores en las cosas que tocan á delictos y culpas, pues dentro de la misma Religión tienen ya señalado su recurso, adonde se tratan las causas de los Religiosos con el celo, recato y secreto que se debe, quedando suficientemente corregidas las culpas de los que las cometen, y conservada la fama y honra de los Religiosos.

Ni tampoco es compatible decir que los superiores de las Religiones y los Obispos tienen en este caso, sobre los dichos Religiosos ministros de doctrina, jurisdicción acomulativa, porque si esto fuera así, para que no se encontrasen las jurisdicciones y se siguiesen turbaciones y escándalos, era fuerza que se diese lugar á la prevención y preocupación de la jurisdicción, visita y corrección, porque *in causa pari is qui prævenit præfertur*, como dice el Derecho, L. neganda, C. qui accusare non poss., ubi Bald. in 1. notabili; Vincent. de Franch., decis. 147. nu. 5. in 1. p.; de tal suerte que el otro juez (en tal caso) no se puede entremeter en la tal causa de visita y corrección. Ex cap. penult. de foro comp., Gloss. in cap. quoniam verb. Relationes de probation. et probat.; Text. in L. 1. de Offic. consul., et in L. 10 et L. 12, tít. 7, part. 7, in cap. complures de Offic. delegat. in 6, et tradunt doctores communiter. Roman., Cons. 422, nu. 4; Corneo., Cons. 66, nu. 1. lib. 1; Boer., cons. 22. nu. 26 et 49 lib. 1. *quam regulam, locum etiam sibi vendicare in judicio summario et executione*, ait Castrens., cons. 129 ad fin. lib. 2, et omnes concordantes et tradentes hanc materiam jurisdictionis comulativæ, Sayrus, pract. Observ., lib. 1, obser. 11, nu. 1, *et eam etiam procedere in diversis judicibus diversam jurisdictionem habentibus* probat text. ind. c. penult. de foro compet.; y así se siguirían entre los Ordinarios y superiores de las Religiones grandes turbaciones y diferencias, y muy gran detrimento en la observancia religiosa, porque se seguiría que cada uno pretendiera prevenir y preocupar la dicha visita y corrección, y á los Religiosos se daría lugar de negar la obediencia á sus superiores, reduciéndose al fuero de los Visitadores, con otros incómodos muy repugnantes al estado Religioso, para valerse de ellos por este medio y huir de su Ordinario. Y así más aína perderán los pueblos, no sólo de indios sino de españoles, y los conventos que en ellos tienen, y la Nueva España, y no sólo esto, sino también su sangre y vida, que subjectarse á lo dicho, pues sin esta inmunidad ó indulto no se pueden conservar en las Religiones que profesan. Y sería acabar de destruir la Religión y observancia regular en esta tierra, y de dos males es este el menor que escogen, y las dichas doctrinas se sirva S. M. de encomendarlas á otros ministros que sin estos inconvenientes puedan servirle, que el no hacerlo no es porque no quieren servir á S. M., sino porque con este gravamen no pueden hacerlo.

Lo dicho arriba se declara y prueba con lo que se dice en lo que se sigue.

Para esto pregunto: ¿cuánta es la obligación que los Religiosos tienen á conservar su Religión, y cómo deben acudir á la obligación que tienen de sustentar la doctrina de los indios, de manera que no destruyan ni menoscaben su profesión? Digo que cuánta sea esta obligación está claro por la profesión que hicieron á Dios Nuestro Señor de guardarla y conservarla. Y esto de necesidad, porque como dice S. Agustín: *Vovere est libertatis; vota autem reddere et persolvere est necessitatis.* Y lo segundo se prueba esta obligación de la sentencia de Sancto Tomás en su *Secunda Secundæ*, donde afirma que aun los Religiosos después de hechos Obispos están obligados á las observancias de su Religión que no repugnan al estado y dignidad episcopal ó á la ejecución de su oficio. Pues luego, si el cargo del Obispado siendo dignidad que parece que trae consigo grande excepción, no exime al Obispo Religioso de las observancias de su Religión en la manera dicha, ni de la obligación que antes siendo Religioso (y no más) tenía á guardarlas, luego mucho menos excusa á los Religiosos la obligación que tienen de acudir á la conservación del bien espiritual de los indios, de la obligación que por su Regla y Constituciones tienen de guardar y conservar su Religión y las observancias de ella; porque perdida la Religión son perdidos ellos, y perdidos ellos, ¿los perdidos cómo pueden ganar á otros ni conservarlos en lo ganado? Y ya que pudiesen ganar á otros para Dios, ¿qué les aprovecharía si ellos se perdiesen, como dice Cristo Nuestro Señor: *quid prodest homini si totum mundum lucretur, animæ vero suæ detrimentum patiatur?* Donde dice Cayetano, que da aquí á entender Cristo que el daño y pérdida del alma propia no se puede comparar con la ganancia de todo el mundo. Y aun declara allí más Cristo, que el daño de la pérdida del alma no se puede recompensar con ninguna humana compensación; y porque como también dice S. Agustín: *Iniqua et mala* compensación es que con pérdida de mi salvación trate yo de la salvación ajena. Pues si por no perderse conviene que los Religiosos guarden su Religión y Regla, luego la obligación que tienen de acudir á los indios no les excusa de la obligación de guardar su Religión y Regla.

Lo tercero se prueba porque la observancia de su Religión y Regla á los Religiosos no les impide ni estorba de la ejecución de la obligación que tienen de acudir á las necesidades espirituales de los indios, antes las Religiones, que tienen por fin la conversión y aprovechamiento de las almas, todas sus observancias fueron instituidas como medios muy acomodados para este fin de tratar de la salvación de las ánimas: luego no repugnan al fin y obligación de acudir á la necesidad de las ánimas; y si no repugnan al fin de la salvación de las almas, no quita esta obligación á los Religiosos de Indias la obligación que tienen á la observancia de su Regla, ni que por tal fin se pierdan. Porque unos Religiosos perdidos, si después de perdidos vienen á un menosprecio de su Religión y de su Regla, son pésimos y se hacen incorregibles, como lo dice Sancto Tomás; y después de esto ¿de qué sirve la sal infatuada? ¿qué adobo y gusto puede dar? ¿Y la candela apagada de qué sirve? quédanse los que antes eran con ella alumbrados, á escuras.

Estas y otras muchas razones que pudiera traer, prueban cuánto importa que por ninguna vía la observancia de las Religiones en la Iglesia de Dios se pierda, porque no se diga de la República cristiana lo que en el Deuteronomio: *Clausi quoque defecerunt, residuique consumpti sunt*: faltaron (dice) los encerrados en la observancia de su Religión, y los restantes, á quien con su buen ejemplo y doctrina edificaban fueron consumidos. Y á este blanco ha tirado principalmente la artillería de persecuciones del demonio y de sus satélites y ministros (que son los herejes luteranos) á derribar el muro, que es la observancia de las Religiones, porque concluido este negocio les parecía como cosa ya hecha desbaratar todo el fundamento de la Iglesia Católica, y dar con todo el edificio en tierra y asolarlo.

De aquí se entenderá cuánto importa para entretener y conservar en la fe á estas gentes recién convertidas á ella, y aun á los cristianos viejos que en estos reinos residen, que las Órdenes en la Iglesia de Dios, y en esta tierra particularmente, no falten en la observancia de su Religión.

También se sigue de aquí, que si los Religiosos estuviesen subjectos en el oficio de Curas que ejercitan, á los Obispos, en visitarlos, examinarlos, ponerlos y quitarlos, sería la total destruición de las Órdenes, observancia de sus Reglas y guarda de sus Leyes y Constituciones; ultra de que el privilegio antiquísimo de su exempción de la jurisdicción de los Obispos, siempre continuada hasta agora por la Sede Apostólica, lo prueba, por la experiencia que ha tenido de los inconvenientes que se han siguido y siguirán si los dichos Religiosos estuviesen subjectos á la dicha jurisdicción ordinaria de los dichos Obispos; ó si los tales Obispos tuviesen alguna mano de jurisdicción sobre los dichos Religiosos.

Esto está muy bien probado, y se ha hecho demostración de ello en esta Audiencia Real de México, por muchas razones jurídicas que en esta razón se han presentado y litigado, fundadas en experiencia. Y destas presentó muchas el meritísimo Religioso Fr. Domingo de Salazar, los años pasados, en el Consejo Real de las Indias, siendo procurador desta causa con los demás procuradores de las Órdenes de San Francisco y San Augustín, y dellas son algunas de las que al principio deste memorial pusimos; porque como siempre ha sido un mismo pleito el que los Obispos han tratado con las dichas Religiones, así también siempre han sido unas mismas razones las que á él se han respondido, variando en más ó en menos según los tiempos lo han ofrecido.

Y porque si algún descuido hubiese en los Religiosos acerca del oficio de Curas, fuera de los remedios ordinarios que los Prelados superiores (como son los Provinciales y Vicarios Provinciales) suelen poner en esto, si algún extraordinario remedio fuese menester ponerse en algún caso, presupuesto que los Religiosos son exemptos de los dichos Obispos (y conviene que lo sean), al Rey, nuestro Señor, que es Patrón, y aun más que Patrón, pues es Subdelegado Apostólico en estas Indias para poner ministros doctos, peritos, expertos y temerosos de Dios para los indios, convendría proveer sobre ello; y dejar mano sobre esto á los Obispos, es en alguna manera derogar el Patronato Real. Porque, ut habetur 26, q. 2, c. filiis vel nepotibus, al Patrón incumbe, cuando el sacerdote puesto en las iglesias de su patronazgo defrauda á las tales iglesias, si el tal sacerdote no tiene superior á mano que le corrija, como pone allí el texto ejemplo del Arzobispo y Metropolitano, si fuere él el que cometiere el daño y fraude, porque el Papa es su superior y no está á la mano, dice este texto *quod tunc patronus Regis hæc auribus intimare non differat,* para que el Rey ponga remedio. Luego si los Religiosos (por ser exemptos de la jurisdicción de los Obispos) son inmediatos al Papa, si cometieren los dichos Religiosos puestos en estas iglesias y doctrinas de indios (que son del patronazgo real) algún fraude ó descuido digno de remedio, si como el Rey, nuestro Señor, es el patrón lo fuere otro, ó otro cualquier patrón que fuera, por este texto lo debía denunciar al Rey y no al Obispo, pues en esta parte, por la exempción de los Religiosos, no es su juez, como ni tampoco el Metropolitano. Luego, pues S. M. en este caso es el patrón, á él incumbe remediar estas quiebras, si las hubiere, en los tales Religiosos, remitiéndolas á sus Provinciales ó al Papa, que son sus ordinarios jueces, para que á los tales Religiosos (si algunos hayan dado escándalo ó mal ejemplo, ó hecho mal su oficio entre estos indios) lo corrijan ó quiten de entre ellos, como siempre se ha usado en esta Nueva España, y los Virreyes lo han acostumbrado de ordinario, y esto sin hacer muchos procesos, ni sin muchas dilaciones como son menester para privar un Obispo á un clérigo beneficiado de su beneficio, sobre lo cual muchas veces se atraviesan los Obispos con las Audiencias, admitiendo informaciones contrarias contra la averiguación que tiene la Audiencia, y así es muy dificultoso de extirpar de las doctrinas de los indios un beneficiado cuando es por una parte escandaloso y por otra cauteloso para cohechar á cuantos Visitadores le enviare el Obispo, si no son de muy cristiano pecho. Y por la razón ya dicha es muy fácil remediar el mal ejemplo del Religioso, pues el Prelado no le hace agravio en quitarle luego, diciéndole: no quiero que esteis ahí. Ut patet cap. Reprehensibilis de appellationibus, et cap. qualiter et quando; el segundo de accusationibus.

De todo lo dicho se infieren dos cosas. La primera, que DE dar mano al Arzobispo y Obispos en el examen de los ministros de doctrina en esta Nueva España, resultaría la total destruición de la observancia regular, y por consiguiente manera grande escándalo, y mal ejemplo en los recién convertidos á la fe y á los demás cristianos viejos que están entre ellos, pues de esta visita resultarían casos ajenos al estado que los dichos Religiosos profesan, y más, averiguados por juez apasionado, que por la mayor parte lo es un Obispo, que por no reconocer por suyo al dicho ministro Religioso, y por echarle de la doctrina y poner un clérigo, haría informaciones sangrientas con testigos apasionados, que destos no faltan por nuestros grandes pecados, por vengarse del tal ministro, que por razón del ministerio están desavenidos y encontrados, y esto es en menoscabo de la Religión y descrédito del estado monástico y religioso; y habiendo de ser así, le está mucho mejor al dicho ministro alzar mano de la dicha administración y recogerse en su clausura, pues en ella conservará el honor que administrando los indios pierde, sólo por hacer bien al prójimo, y en tal caso, éntre en el oficio otro, que de nosotros no es juzgarlo, aunque lo será el sentirlo, viendo puesta á peligro la sancta diligencia con que hemos criado y sustentado esta nueva gente en la fe; y que si con tanta diligencia y cuidado ha sido menester y lo es, Dios y ayuda, qué será cuando esta falte con el fervor que agora corre. Mírelo Dios con sus piadosísimos ojos, y ponga el remedio que más conviene para la conservación y redempción destas almas que no le costaron menos que su sangre.

La segunda cosa que se infiere de lo dicho es que pues lo que S. M. pretende que hagan los Obispos cerca deste ministerio, que es que se tenga especial cuidado desta administración y que se castiguen los defectos que en ello hubiere, lo puede hacer él (por ser Patrón y Delegado Apostólico) por sí y por sus Virreyes y Gobernadores, dando dello aviso á los superiores de las Religiones (como hasta aquí se ha hecho), lo haga, que con esto se remedian las cosas, y las honras y crédito de las Religiones estarán amparadas y no juzgadas por ministros apasionados, y desta manera lo serviremos con alma y vida, como hasta aquí se ha hecho; y queriendo lo contrario es mejor (sin comparación) dejarlo todo, porque esto nos está bien, y lo contrario muy mal y contrapuesto á nuestro estado.

Declaración de otro puncto necesario en esta materia.

Dirá alguno: si es así como lo decís, que os importa á vuestra observancia el recogeros y dejar la administración de los indios que hasta aquí habeis tenido, ¿cómo no lo habeis hecho antes de agora cuando estábadeis en vuestra pacífica posesión, hasta que os obligan con las cosas á que S. M. os obliga por su Real Cédula? Porque si agora os está bien, también entonces.

A esto respondo que la obligación que los Religiosos tienen á los indios que convirtieron, y después de convertidos los sustentan en esa misma fe que á los principios de su conversión recibieron, es muy grande, por haber sido los dichos Religiosos instrumentos de su conversión, y esto se prueba por muchas razones.

Lo primero, por la notable necesidad que han entendido y entendemos los que tenemos experiencia de ello y que lo juzgan con pecho cristiano, que tienen los indios para su conservación espiritual en la cristiandad recibida, de la asistencia y ministerio de los Religiosos entre ellos.

La segunda es que como la fragilidad de estas nuevas plantas (tan tiernas en la fe) sea tanta, hay peligro probable, que lo conocen los mismos Religiosos por caídas que han visto en los indios y casos que han sucedido, de los cuales se infiere que si los Religiosos los dejasen peligrarían en la fe; y aun en esta ciudad de México donde tan ordinariamente tienen administración y doctrina tenemos por muy conocida verdad y larga experiencia, que si la solicitud y cuidado continuo de recogerlos los domingos y contarlos y hacerles oir misa no fuese con la solicitud que se hace, no dudo que en poco tiempo se olvidarían no sólo de rezar las oraciones cristianas que se les han enseñado, pero el oir misa y sermón, á lo cual vienen muchos violentados. Pues si esto corre aquí, mucho con más temor se ha de temer donde no hay tanto concurso de españoles, y donde también anda la conversión en su fuerza, que apenas han metido el pie en ella, que son muchas las partes donde esto corre.

Pues siendo esto así claro y manifiesto, también lo es lo que dice Sancto Tomás en sus Quodlibetos, que tienen obligación los Religiosos, *tunc ubi fides periclitaretur* no retirarse ni apartarse, *sed animam pro fratribus ponere, quoniam hoc est in præcepto in tali casu:* esto es de Sancto Tomás; *dummodo possent inter tales hanc patientes necessitatem fructificare,* como hacen los Religiosos de presente.

La tercera es porque los indios recién convertidos son corona de gloria y gozo de los Religiosos que los convirtieron, como dice S. Pablo á los Filipenses, por haberlos convertido á la fe: *Itaque, fratres mei charissimi et desideratissimi, gaudium meum et corona mea, sic state in Domino charissimi.* Y por esto es grande el amor y caridad que con los dichos indios tienen sus ministros Religiosos, y la caridad y amor obliga á los bienhechores (como son los Religiosos para con los indios) á llevar adelante el bien comenzado; porque, si como dice Sancto Tomás, *etiam ingrato non sunt beneficia subtrahenda, nisi ex talibus beneficiis fiat deterior.* Y si al ingrato no le han de privar ni excluir de los beneficios acostumbrados, mientras no se vuelve peor con ellos, ¿por qué á los indios que han sido gratos y reconocidos á los Religiosos en estos beneficios espirituales que de su mano han recibido, se les han de quitar estos beneficios y los han de defraudar de ellos? ¿No sería crueldad y poca caridad, que los Religiosos en esta parte no les acudiesen? Luego tienen obligación de caridad los Religiosos de acudir á este negocio, de no desampararlos en estos ministerios espirituales que en ellos ejercitan.

La cuarta razón es porque los indios recién convertidos son unos hijuelos pequeños espirituales de los Religiosos que los regeneraron en Cristo, como dice S. Pablo hablando con los de Galacia: *Filioli mei, quos iterum parturio donec formetur Christus in vobis.* Donde dice Sancto Tomás que la conversión del hombre á la fe es como un parto. Pues luego si los indios son hijuelos de los Religiosos que los convirtieron, y son hijuelos porque son tiernos en la fe y en la cristiandad, ¿cómo los pueden desamparar con buena conciencia y alzar mano de ellos? ¿Cómo el padre puede con buena conciencia desamparar en grave necesidad al hijo pequeñuelo? ¿Cómo, finalmente, *potest oblivisci mater infantem suum* (como dice Dios por Isaías) *ut non misereatur filio uteri sui?* Y si S. Pablo (como allí dice Sancto Tomás) á los de Galacia que había una vez convertido, viendo el bajo en que habían dado, dice que no los desamparaba, sino que los tornaba á parir con gran trabajo y dolor, hasta que Cristo quedase en ellos formado y del todo impreso y sellado en sus entendimientos y corazones, ¿qué ley de caridad sufre que estos hijuelos aun donde no está perfectamente formado Cristo ni tan impreso en sus corazones, que los desamparen y dejen, y que no traten de imprimir en estos dichos indios recién convertidos una forma y dechado de Cristo y de su fe y de su ley, que sea perfecto y acabado? Luego están obligados á morir en esta demanda.

La cuarta razón es: pregunta Sancto Tomás una cuestión curiosa y muy conveniente á nuestro propósito. Es la pregunta: ¿cuál suele amar más: el bienhechor á aquel á quien bien ha hecho, ó el que ha recibido los beneficios y buenas obras al bienhechor, por razón de haberlas dél recibido? A esto responde el Angélico Doctor, que aunque es así que el que recibió el beneficio está obligado á amar más al bienhechor y desearle más bien, que no el bienhechor á aquel que dél ha recibido el beneficio, pero con todo eso, por la gran conjunción de amor y afición con que el bienhechor está ya trabado con aquel á quien hizo algún bien señalado, viene á ser que (como dice Aristóteles) más es amado por esta vía (muchas veces) el que recibe el beneficio de su bienhechor, que no el bienhechor del que recibió el beneficio.

Esto prueba Sancto Tomás por tres razones. La primera es porque el que recibió el beneficio es como obra y hechura de las manos del bienhechor. Y así suelen decir algunos que suelen hacer algunos grandes beneficios á otros: á fulano y á zutano los hice hombres. Luego si los obligados con beneficios señalados son como hechura de las manos del bienhechor (y cada uno ama naturalmente su hechura), síguese que los Religiosos que con tantos beneficios espirituales tienen obligados á los indios convertidos (y con otros infinitos temporales), y que los tienen en reputación de hechuras de sus manos (después de Dios), no es mucho que acudan á este natural y más que natural amor con que se ven trabados con los indios convertidos por ellos, y sustentados en la doctrina y enseñanza que de presente tienen, para no dejarlos, reconociendo la obligación de caridad y amor que para ello tienen.

La segunda razón es porque el bienhechor reconoce en el que recibió el beneficio su perfección, y por eso naturalmente lo ama mucho. Pues cuánto más amarán los Religiosos (y con más fino amor) á estos dichos indios, que pusieron en ellos su perfección, el concierto, el orden y política que en las cosas tocantes al culto divino y religión cristiana han introducido en ellos, y se la conservan, lo cual se echa de ver y resplandece en esta Nueva España, en los pueblos destos dichos indios donde residen y administran Religiosos: y cómo no han de tener dolor y escrúpulo de desamparar este negocio, y que por alzar ellos la mano de ello, tanta perfección, tanta pulicía y tanto concierto haya de venir á menoscabarse por la poca curiosidad y cuidado de otros ministros. Y si en el Viejo Testamento mandaba Dios, que si uno yendo camino viese el jumento de su prójimo caído se lo ayudase á levantar (por ser esta obra de caridad debida al prójimo) ¿cómo se compadece ver los Religiosos las caídas que darán las ánimas de los indios con la carga de la obligación de la cristiandad que por haberlos baptizado les pusieron á cuestas y sobre los hombros, y que no acudan á poner los suyos para ayudarles á llevar esta carga para que no caigan con ella de todo puncto, sino que cobren ánimo para ir adelante con ella?

La tercera razón es porque dice Sancto Tomás y Aristóteles, que el que ha recibido el beneficio suele ser más amado de su bienhechor: esto obliga á los Religiosos á no desamparar voluntariamente y por su solo querer á los indios, en los cuales tantos beneficios y buenas obras tienen repartidas. Porque dice allí Aristóteles y Sancto Tomás que la tercera razón es porque *difficilius est bona impendere quam recipere.* Y si es más dificultoso hacer bien á otros que recebirlo, siempre lo que nos es más dificultoso y nos cuesta más trabajo *(cæteris paribus)* suele ser más amado. Y así Dios ama más á los hombres después que se hizo hombre y murió por los hombres, viendo lo mucho que trabajó, como él mismo lo dice: *in peccatis tuis servire me fecisti,* y viendo lo mucho que le costamos los hombres. Pues luego si la dificultad del beneficio ya hecho, por la dificultad que hubo en hacerlo causa estima, porque precia el hombre mucho lo que mucho le cuesta, síguese que los Religiosos, que tantos sudores y trabajos les cuesta la conversión de los indios y haberlos traído al conocimiento de su Criador, y haberlos puesto en el estado que están, que naturalmente preciarán esta impresa, y los incitará el amor de sus trabajos y beneficios, porque no se pierdan, á poner de nuevo los hombros á esta carga de sus trabajos y beneficios tan grandes que han hecho á los indios, para que se sustente y no se caiga.

La otra razón es sacada de Sancto Tomás, que dice que aunque es así que todos nos hemos de amar unos á otros en Cristo, mas en la conjunción y comunicación de soldados y de la guerra se aman más unos á otros; y los ciudadanos en la conjunción y comunicación que tienen de ser ciudadanos de una república y de una ciudad *(cæteris paribus)* se aman más unos á otros. Y la comunicación en el parentesco y la sangre, por ser primera y más fija, causa grande amor natural; pero la conjunción y comunicación en las cosas espirituales, en este género causa un excelentísimo amor. Por lo cual vino á decir San Ambrosio, con muy gran verdad y propiedad; *non minus se diligere quos in Evangelio genuit, quam si carnaliter genuisset quibus de spiritualibus bonis et favoribus providebat.* Luego si por ser tan grande esta conjunción de amor entre los reengendrados por el Evangelio y entre los padres espirituales que los reengendran, que vino á decir S. Ambrosio que no menos amaba á los que había convertido y engendrado en el Evangelio, que si los hubiera engendrado carnalmente, síguese que también los Religiosos son obligados á tener este

19*

amor que mostraba San Ambrosio tener á los hijos espiri- tuales que había engendrado en el Evangelio, que no me- nos los amaba que si fueran hijos salidos de sus entrañas; y si á los hijos salidos de las entrañas no es lícito desampa- rarlos, luego ni tampoco los Religiosos pueden lícitamente desamparar á estos sus hijuelos espirituales recién conver- tidos, porque clamaría la sangre de ellos el día del juicio delante del Juez y Redemptor Jesucristo Nuestro Señor, como contra crueles padres, si así en esta coyuntura se sa- liesen afuera de su propia voluntad y los dejasen. Y porque como el dicho común, *non minor est virtus quærere quam parta tueri*, la misma virtud de caridad que obligó á los Re- ligiosos á tratar la conversión de los indios les obliga ago- ra á conservarla y á mirar por ella.

De lo dicho se sigue que siéndonos forzoso, por lo ya di- cho, la asistencia con estos nuestros convertidos para sus- tentarlos en la doctrina que se les ha enseñado, no nos estaba bien hacer dejación voluntaria de ellos; pero que- riéndonos obligar á lo que contraviene á nuestra profesión y estado, nos importa antes acudir á nuestro bien que al ajeno, porque esta es caridad bien ordenada; y si las veces que lo hemos resistido con razones bastantes que para ello hemos dado no han valido, nos importa acudir á nuestro bien antes que al ajeno, y entregar este ganado á su due- ño, que es el Rey, para que él vea lo que mejor le estuviere, que nosotros con haberlos criado y tenido hasta agora he- mos cumplido, y de aquí adelante comerán el pasto que les dieren con su buena ó mala medra, que esto no será á nues- tro cargo, pues si hacemos dejación es porque nos quieren obligar á un imposible según nuestra Religión y frailía.

Pregúntase si el tener las Doctrinas de los indios á su car- go los Religiosos que residen en esta Nueva España es en per- juicio y agravio de los Obispos de ella: y cuánta es la potestad que la Sede Apostólica delegó á los Reyes de Castilla cerca de la propagación de la fe; y si S. M. usa en esta parte de mayor derecho que de solo Patrón, y si puede encomendar este minis- terio á los ministros que quisiere, sin hacer agravio en esto á los Obispos.

Para inteligencia desta materia hemos de considerar tres punctos: el primero es en qué consiste la plenitud de potestad que tiene el Papa, y la superioridad que tiene sobre los Obispos, y á qué se extiende más. El segundo es si el Papa puede eximir las iglesias baptismales y que son curatos, de la jurisdicción episcopal y de la potestad ordinaria que tiene el Obispo de proveer las tales iglesias, de ministros y Curas. El tercero es cuál fué y es la potestad que la Sede Apostólica delegó á los Reyes de Castilla cerca de la propagación de la fe y religión cristiana entre los indios y conservación de ella; y si S. M. en esta parte usa de mayor derecho que de solo patrón, por habérsele así concedido por las Apostólicas letras.

Cerca de lo primero digo, que porque es tan manifiesto y claro entre los católicos la autoridad Pontificia, y que de ninguna manera se duda de ella entre ellos, por esto no hay necesidad de detenernos mucho en su probanza, porque si la razón de la plenitud de potestad que Cristo Nuestro Señor dejó á su Vicario en la tierra (que es el Papa) algún curioso la quiere saber, la da Sancto Tomás diciendo que fué necesario que hubiese uno que como Vicario de Cristo presidiese en toda su Iglesia con plenitud de potestad, porque de otra manera no proveyera ese mismo Cristo á toda su Iglesia, si se levantaran cismas en la fe y en el gobierno de ella, si no dejara una firme regla y cabeza, cual es el Papa, á cuya determinación todos los demás inferiores, así Prelados y Obispos y los demás de todo el pueblo cristiano estuviesen subjetos, obedientes y rendidos.

Lo mismo confirma el mismo Angélico Doctor en otra parte donde pregunta: *Utrum supra Episcopos debeat esse aliquis superior in Ecclesia?* y dice que sí, porque sobre los particulares gobiernos conviene que haya un gobierno y régimen universal, para que como toda la Iglesia católica sea un cuerpo, la recoja y enderece á un bien común. Porque de otra manera la unidad de la Iglesia no se podría conservar, si sobre los Obispos, que tienen especiales y particulares gobiernos, no pusiera Cristo un Papa Vicario universal suyo *cum plenitudine potestatis*, que tenga todo el régimen de la Iglesia. *Unde negantes hanc universalem po-testatem schismatici dicuntur, utpote unitatis divisores.* Tam-bién confirma esta razón Soto en la materia De Clavibus, donde dice que la suma de la potestad eclesiástica la dió Cristo á S. Pedro, como cabeza, y á sus sucesores en la mis-ma Silla, cuando dijo: *Petre, amas me? pasce oves meas.* Y infiere Soto de aquí *quod omnes Episcopi et clerus ab una Sede Petri accipiunt potestatem.* Y dícese que esta potestad se deriva del Papa cuanto á la jurisdicción que los Obispos y Curas tienen, porque por el Papa son dedicados y man-cipados para sus ministerios, los Obispos en sus diócesis y los Curas en sus parroquias particulares.

Y porque esta plenitud de potestad y de jurisdicción es-piritual que el Papa tiene sobre los Obispos y otros infe-riores Prelados de las Iglesias es el fundamento y basis para decidir los tres punctos que en esta cuestión se pro-ponen (después de haber alegado las razones sobredichas, por las cuales la concedió Cristo Nuestro Señor á S. Pedro y sus sucesores), me pareció alegar los Sacros Cánones que la declaran y testifican. El primero es el capítulo qui se scit 2 q. 6, donde dice: *Qui se scit aliis esse praepositum non moleste ferat aliquem sibi esse praelatum; ipsa namque Eccle-sia quæ prima est, ita reliquis Ecclesiis vices suas credidit lar-giendas ut in partem sint vocatæ sollicitudinis, non in pleni-tudinem potestatis.* Donde declara el Derecho Canónico, que la Iglesia primera y principal (que es la Romana) comete sus veces á las demás Iglesias (aunque sean Obispales, como allí dice), y que son llamadas en parte de la solicitud, y no para la plenitud de la potestad. Lo mismo afirma en el cap. ad honorem, de auctoritate et usu pallii, donde dice que el Romano Pontífice donde quiera usa de palio, y da la razón por qué, diciendo: *quoniam assumptus est in plenitu-dinem ecclesiasticæ potestatis quæ per pallium significatur.* Y los demás no han de usar siempre ni en todo lugar de palio, y la razón que da es: *quoniam vocati sunt* (inquit) *in partem sollicitudinis, non in plenitudinem potestatis.* Donde claramente da á entender que todos los demás Arzobispos y Obispos solamente son llamados de la Sede Apostólica para la parte de solicitud y cuidado de las ánimas, que el Sumo Pontífice les quisiese señalar y no más, porque esta entrega es *in partem et non in totum*.

De lo dicho se infieren cinco cosas, las cuales sabidas se conocerá por ellas la verdad y conclusión de nuestra pregunta. La primera es que por esta plenitud de potestad que tiene el Papa sobre los demás Obispos y Prelados puede reservar algunos casos arduos para sí, como reserva la unión de dos Obispados en uno, ó la división de uno en dos, y la subjección de uno á otro, como se dice en el Derecho 16, q. 1, c. et temporis, et de excessu Prælatorum, sicut in jure; et de Officio delegat. quod translationem; ita Silvester, in Summa, verb. Casus, q. 2.

La segunda deducción es que desta plenitud de potestad se infiere que el Papa, cuando instituye á uno por Obispo, y le subjecta y pone debajo de su solicitud y cuidado algún territorio y diócesi, le puede moderar y limitar las cosas que tocan al patrimonio de la tal Catedral y Iglesia, y á la ordenación y promoción de los clérigos de ella. Esto consta del Derecho, q. 1, cau. 16, c. et temporis qualitas, donde el Papa, reduciendo dos Obispados á uno, dice que le concede *quod de illa Ecclesia Cathedrali tali Episcopatui de novo aggregata et unita, Episcopus talis sit proprius Pontifex*. Y para disponer y ordenar del patrimonio de ella, y de la ordenación y promoción de la clerecía de ella, *liberam* (inquit) *ex nostræ auctoritatis consensu atque permissione habebis licentiam*. De donde se colige que si para ordenar y promover los clérigos á beneficios se le concede al Obispo (cuando le subjecta el Papa el Obispado) licencia libre *ex consensu atque permissione auctoritatis Apostolicæ*, como aquí dice, que el Papa que de su conocimiento y permisión le dió la licencia, se la pueda también moderar, limitar y restringir. Porque como está probado, el Obispo no es llamado á la plenitud de la potestad Apostólica, sino para llevar la parte de carga y solicitud que el Papa le quisiere imponer, y no más.

La tercera deducción es que desta plenitud de potestad se infiere que el Papa puede muy bien eximir á los Obispos de là jurisdicción que por vía de apelación tienen sobre las causas que en su tribunal se tratan, los Arzobispos, y también pueden eximir los clérigos de la jurisdicción del Obispo, como exime las Órdenes Mendicantes, y las hace inmediatas á sí. Patet, frater. 16, q. 1, donde exime el Papa á uno, juntamente con su Iglesia, de la jurisdicción de un Obispo.

La cuarta deducción es que desta plenitud de potestad se infiere que el Papa puede *ex causa rationabili* privar á un Obispo de su Obispado, como lo afirmó el Mtro. Fr. Juan de la Peña, Catedrático de Prima en Salamanca, y lo prueba por esta razón: porque no menos potestad tiene el Papa sobre los Obispos, que los dichos Obispos sobre sus Curas. Luego si los Obispos *ex rationabili causa* (no restringiéndoles el poder el Papa) pueden privar sus Curas de sus curazgos y poner otros, luego también *ex causa rationabili et justa* podrá el Papa privar algunos Obispos de sus Obispados y poner otros en su lugar. Y añade y dice este sobredicho hombre docto, que si el Papa sin justa causa privase á un Obispo de su Obispado, quitándole la cura y solicitud de aquellas ánimas y cometiéndolas á otro, *factum teneret, quoniam alias sequerentur schismata et multa inconvenientia,* y porque el Papa que le pudo llamar á la parte de aquella solicitud, le pudo descargar de ella. *Tamen ille amotus (sine causa) a suo Episcopatu debet esse, secundum Divum Thomam, in præparatione animi ad curandas oves, si ad id admitteretur.*

La quinta deducción es que desta plenitud de potestad se sigue que al Papa pertenece mirar por la unidad común de la Iglesia *et de Pastoribus utilioribus providere.* Patet ex Concilio Tridentino, Sess. 6, c. 1, y también al mismo Papa pertenece dar los coadjutores. Ut patet in eodem Concilio, Sess. 25, cap. 7.

De lo dicho consta que el Papa puede eximir las iglesias baptismales y que son curatos, de la jurisdicción episcopal y de la potestad ordinaria que tiene el Obispo de proveer las tales iglesias de ministros y Curas. Esto consta de las deducciones primera, segunda, y tercera y cuarta. Porque

si como se dice en ellas y de ellas mismas consta, la plenitud de potestad del Papa para mirar por el bien universal
de la Iglesia, proveerla de Pastores más útiles para las
ánimas y proveer de coadjutores (como queda probado del
Concilio Tridentino, en la deducción quinta), y si puede reservar el Papa para sí los casos más arduos (como la división y unión de los Obispados), como queda probado en la
deducción segunda, y si cuando subjecta un Obispado á un
Obispo le puede moderar y limitar las cosas pertenecientes
al patrimonio de la tal Iglesia Catedral, y á la ordenación
y promoción de los clérigos de ella (como queda probado
en la segunda deducción); y si puede el Papa eximir á los
Obispos de la jurisdicción de los Arzobispos, y á los Curas clérigos de la subjección de sus Obispós (como queda probado en la tercera deducción): y si puede *ex justa et
rationabili causa* remover los Obispos de sus Obispados
y proveer otros en su lugar (como consta de la cuarta deducción), y si, finalmente, por ser llamados los Obispos á
parte de la solicitud universal que tiene el Papa en toda la
Iglesia Católica, y no para la plenitud de potestad (como
consta de lo dicho arriba), síguese manifiestamente que pudo lícitamente el Papa (sin hacer agravio á los Obispos de
estas Indias) ordenar y moderar la promoción de aquellos
ministros que habían de entender en estas partes indianas
en la conversión de los naturales de ellas, y en administrarles los Sacramentos, y que estos fuesen los que los Reyes
de Castilla escogiesen, eligiesen y enviasen á ellas; y pudo
el Papa (sin hacer agravio á los Obispos que para estas Indias provee) quitarles esta parte de solicitud de proveer de
ministros, y para todo lo demás que en su Bula Alejandro VI Papa señala á los serenísimos y catolicísimos Reyes
de Castilla, y en esto no hay que poner duda.

Pues siendo esto así (como queda probado), qué lenguaje puede ser de ninguno de los dichos Obispos decir: "son
mis ovejas, tengo obligación de mirar por ellas," porque
cierto no lo son, pues el que tiene omnímoda potestad los
ha eximido desta parte que los dichos Reyes de Castilla
tienen encomendada á los Religiosos que las administran

y tienen á su cargo, y á ellos los tienen excusados desta carga.

Y dado caso que fueran suyas (como ellos dicen) es necesario que sepamos en qué manera lo son (cuando las tienen á cargo), y para esto hemos de notar, que estas dichas ovejas no son de los dichos Obispos como es la hacienda de su dueño y señor propio. Porque desta manera estas ovejas son de Cristo que las redimió y compró con su propia sangre. Pero son del Obispo como suele ser la casa de un rey de su mayordomo mayor, en este sentido que es obligado á proveerla poniendo para ello oficiales competentes al servicio de la administración real. Y así estas ovejas son suyas para procurarles su provecho y pasto espiritual, y aun son suyas para poner la vida por el amparo de ellas cuando fuere necesario. De manera que todo el señorío del Obispado es ser mayordomo y pastor del ganado de Cristo, y toda su industria se ordena para bien y provecho del ganado, y no para esquilmarlo y destruirlo, y quererlo para servirse dél como de esquilmo que le aumenta la hacienda. Esto es (como digo) cuando las tiene encomendadas de la potestad suprema (que es el Papa); pero deste ganado que tratamos no puede decir que es suyo, por cuanto, cuando se le dió el Obispado, no se le dió entregándole estos indios que tienen á su administración los Religiosos, porque como están á cargo de los Reyes de Castilla, ellos se los tienen encomendados, y en este ministerio los han tenido y tienen amparados con sus Reales Cédulas y Letras Apostólicas que tienen ganadas de la Silla Apostólica, y mientras no les son entregados con particular entrega que los dichos Reyes les hagan, no tienen que matarse por el cuidado y solicitud de su administración, pues este cuidado está al patrón á quien se lo encomendaron, y él le tiene puesto en los ministros que los doctrinan y tienen á su cargo; y en el entretanto que los tienen á su ministerio los dichos Religiosos, no tienen que hacer escrúpulo de su doctrina y pasto espiritual, sino avenirse con los demás que reconocen sin esta pensión y carga.

De aquí se sigue luego saber qué potestad tiene S. M. del

Rey D. Filipe, nuestro Señor, acerca de la promoción del bien espiritual destos indios, y saber también si usa en esta parte de mayor derecho que de patrón; y digo al primer puncto, que de la Bula de Alejandro Papa VI consta el gran poder que acerca deste tan arduo negocio (de la conversión destos indios) á la Corona Real de Castilla y de León le fué (por la Sede Apostólica) delegado y cometido, por las palabras que el dicho Señor Alejandro dice en su Bula, por el tenor siguiente:

Cognoscentes vos tanquam veros Catholicos Reges et Principes quales semper fuisse novimus, et a vobis præclare gesta toti pene jam Orbi notissima demonstrant, nedum id exoptare solum, ut Fides Catholica exaltetur et ubilibet religio christiana amplietur, sed omni conatu, studio et diligentia efficere, ac omnem animum vestrum ad hoc jamdudum dedicasse, quemadmodum recuperatio regni Granatæ a tyrannide Sarracenorum hodiernis temporibus cum tanta Divini Nominis gloria facta testatur, hortamur vos quamplurimum, per sacri lavacri susceptionem qua mandatis Apostolicis obligati estis, et viscera misericordiæ Domini Nostri Jesuchristi attente requirimus proba mente orthodoxæ fidei zelo intendatis, populos in hujusmodi insulis et terris degentes ad christianam religionem suscipiendam inducere velitis et debeatis, nec pericula vel labores unquam tempore vos deterreant, firma spe fiduciaque conceptis quod Deus Omnipotens conatus vestros feliciter prosequetur, et insuper mandamus vobis in virtute sanctæ obedientiæ, sicut etiam pollicemimi et non dubitamus pro vestra maxima devotione et regia magnanimitate vos esse facturos, ad terras firmas et insulas prædictas, viros probos Deum timentes, doctos, peritos, expertos ad instruendum incolas et habitatores præfatos in fide catholica et bonis moribus imbuendum destinare debeatis, omnem debitam diligentiam in præmissis adhibentes.

Del tenor desta Bula parece bien claro haberse elegido la Real Majestad y Corona de Castilla y la industria de las Personas Reales, y habérseles confiado la predicación del Sancto Evangelio y conversión de aquestas gentes, por las insignes y grandes obras que los Reyes de España en au-

20*

mento y dilatación de nuestra sancta fe católica habían obrado: y no solo confiado y encargado, pero impuesta necesidad de precepto y obligación de hacello, á las dichas Personas Reales, lo cual por su propia voluntad, por jurídica policitación, prometieron. Y porque la dicha policitación aceptó y recibió la dicha Sede Apostólica, fué convertida en pacto y conveniencia obligatoria, como es manifiesto á los que saben Derechos.

De lo cual se sigue respuesta cierta á este tercer puncto desta cuestión, y es que está claro (como parece por el tenor desta Bula del Papa Alejandro) que los ínclitos Reyes de Castilla son inmediatos administradores desta dicha predicación y conversión y instrucción (de los naturales destas dichas Indias), de nuestra sancta fe católica y buenas costumbres, por la parte que toca á lo que puede proveer el Papa, que tienen facultad para esto. Porque para este fin fué elegida su industria real y su especial providencia, solicitud y cuidado, para poner todo su conato y diligencia real en este negocio, como lo dicta y manifiesta allí el Papa.

De lo dicho queda también clara y averiguada la segunda parte deste puncto, al cual se responde lo que de lo dicho se colige, que es que la Majestad del Rey D. Filipe, nuestro Señor, goza en estas Indias de mayor derecho que el derecho de patronazgo concede al patrón, porque goza de oficio de delegado del Papa para el fin de la conversión destos indios, y para proveerlos de ministros que en la fe y buenas costumbres los instituyan y industrien con potestad y obligación que tiene para poner en este negocio todo conato, solicitud y diligencia.

De aquí se infiere cuánta es la obligación que S. M. tiene en Dios y en conciencia acerca del mirar y solicitar el aprovechamiento espiritual de las almas destos indios, proveyéndolos de espirituales ministros que sean tales cuales conviene para este efecto. Porque la obligación que para esto tiene consta del precepto con que el Papa Alejandro obligó á los Reyes de Castilla en esta parte, y de la aceptación con que lo aceptaron, y que este es gravamen y obligación impuesto á todos los reyes sucesores del reino de

Castilla, porque *qui succedit in honore debet et succedere etiam monere.* Y esta obligación ha aceptado el Rey, nuestro Señor, de Castilla, y ha acudido hasta aquí al cumplimiento de ella, enviando á su costa ministros Religiosos, y sustentando en la misma tierra los que han tomado el hábito en ella, que se ocupan en este sancto y apostólico ministerio. Y con esto descarga su real conciencia acerca de la obligación que reconoce tener de acudir á esta alta y soberana impresa y favorecerla, y con esto están estas ovejas reconocidas por suyas, así en lo espiritual como en lo temporal, y no de los Obispos que en estas Indias residen, por cuanto hasta agora no se les ha hecho entrega de ellas, ni tienen que decir "son mis ovejas," pues el que se las pudo dar no se las ha dado hasta agora, acerca (como digo) de su administración y doctrina.

Alia Quæstio.

De lo dicho en la cuestión pasada se ofrece luego, si este cargo de administrar Sacramentos en los pueblos de los indios, cometido por S. M. (por la comisión apostólica que tiene para hacer esta comisión), si se puede decir ser en perjuicio y agravio de los Obispos destas dichas Indias, y de la obligación y derecho que tienen ellos á poner ministros. Item, si donde hay Religiosos que usen oficio de Curas entre estos dichos indios pueden los Obispos enviar clérigos para el mismo efecto.

Digo que en esto no se les hace agravio á los Obispos destas dichas Indias, por muchas razones. La primera, porque en este estado estaban los Obispados cuando los aceptaron, y de esta suerte el Papa, *de plenitudine potestatis quam habuit* (como en la cuestión pasada queda probado), los pudo instituir y con esta condición los instituyó el Papa á los Obispos, presentándolos al Rey, conque no se metiesen en intentar cosa contra el patronazgo tan privilegiado del Rey en estas partes, ni contra la facultad que por comisión apostólica tiene de poner ministros Religiosos entre los indios asignados ó asignandos.

La segunda razón es porque la Bula de la Cruzada, cuanto á la cláusula de ella donde se concede que los clérigos confesores por virtud de la tal Bula puedan absolver de los casos sinodales que los Obispos para sí reservan, no se dice ser en perjuicio ni agravio de los dichos Obispos, porque lo que puede el inferior puede el superior que le dió las veces, y mucho más. Luego tampoco se ha de decir que es en perjuicio de los Obispos ni agravio suyo, que el Papa cometa oficio de Curas á los Religiosos en los pueblos de indios.

La tercera razón es porque administrar Sacramentos los Religiosos en estas dichas Indias no es en disfavor de los Obispos, porque la jurisdicción que tienen los dichos Obispos para poner ministros *non est in ipsorum Episcoporum commodum sed in populi utilitatem,* como lo dice Sancto Tomás y Silvestro. (D. Tho. in 4. Sent. Silvester, Confessor. 1, § 5.)

La cuarta razón es porque la exposición de la Clementina dudum de sepulturis, donde concede á todos los Religiosos Mendicantes, que si sin causa razonable, siendo presentados al Obispo para confesar, los repudiare y no les diese licencia para oir de penitencia á los fieles, esta no sea tenida por comisión hecha en perjuicio de los Obispos. Luego tampoco la comisión de oficio de Curas hecha á los Religiosos por el Papa, y esto á petición del Rey D. Felipe Segundo, nuestro Señor, que está en gloria, no se ha de decir que es en agravio y perjuicio de los tales Obispos, pues *jure optimo* lo pudo cometer el Papa, *et nemini facit injuriam qui jure suo utitur,* como aquí lo usa el Pontífice Romano en esta parte. Y con esto se responde á la primera parte desta questión.

A la segunda que pide que si donde hay Religiosos entre los indios que usen oficio de Curas pueden los Obispos enviar clérigos para el mismo efecto, digo que no, porque el dicho Breve de Pío V impetrado por la Majestad del Rey Filipo Segundo (que esté en el cielo) concede á los Religiosos oficio de párrocos; y lo segundo porque manda en él expresamente Pío V que los Obispos no perturben á los dichos Religiosos en este ministerio; y porque si los Obispos enviasen otros Curas clérigos á los lugares donde los dichos Religiosos ejercitan este ministerio se siguiría gran confusión y perturbación, síguese que el Obispo no puede intentar nada desto, porque *Breve Papæ neque indirecte est frangendum*, según Panormitano, que dice que aquel que va contra la intención del legislador se dice ir contra la ley, cuando consta que va contra la dicha intención del legislador, *licet servet verba legis:* idem Joann. Andreas. Y el Papa Pío V. mandó allí *circa doctrinam et administrationem Sacramentorum inter indos in locis assignatis et assignandis non inquietari Religiosos neque perturbari per Episcopos: alias dat eis conservatores quibus se tueri valeant;* patet in Brevi Regi Philippo concesso. Y no se pueden en esta parte quejar los Obispos destas Indias al Rey, nuestro Señor, en que S. M. ponga Religiosos por ministros entre estos indios, porque si algún derecho en esto tenían era por Derecho común, y el Rey por auctoridad apostólica de comisión hace esto y lo demás, que es señalar lugares á los Religiosos donde hagan oficio de Curas, porque también por la misma apostólica comisión envía Obispos á estas tierras y les señala lugares. Dije arriba que los Reyes de Castilla en estas Indias usan de mayor derecho que el que concede el derecho del patronazgo, porque usan de oficio de delegados del Papa para poner los medios más convenientes para la conversión y manutenencia destos indios.

Alia Quæstio.

Pregúntase en esta cuestión, si los Religiosos pueden y deben ser elegidos ó señalados para la enseñanza y cuidado de las almas de los indios naturales de estas partes occidentales; y si conviene que para este efecto gocen del privilegio que se llama Breve de Pío V; y si es conforme á Derecho que este favor y otros muchos (que de tenerlos á cargo los dichos Religiosos se les siguen y han seguido) se les confirmen.

Esta materia (para su buena inteligencia) se divide en dos punctos, conforme á las dos cosas que en la pregunta se contienen: y digo al primero, que sí, porque por muchas razones pueden y deben los Religiosos ser señalados para este ministerio. La primera es porque para ello el Papa Pío V (á petición de S. M.) les ha dado facultad plena, diciendo, *officium Curati in locis assignatis et assignandis libere et licite exercere Religiosi prædicti valeant.* Donde por aquella partícula *libere* puesta en esta concesión se les da á los Religiosos libre licencia para que sin requisición de Obispos ni licencia suya puedan administrar los Sacramentos en los lugares sobredichos, porque *libere* en esta concesión esto significa, según Panormitano, cap. multa, de præbendis, num. 3, et cap. illud prætereundum, de Jure patrona., y en otros muchos lugares, y mucho mejor in cap. cum plures, de officio Delegati, in 6, et in cap. omnis utriusque sexus, de pænit., nu. 15. Vide etiam cap. licet, de præbendis in 6. juncta gloss. Vide glossam in Clemen. finali de ætate.

Y por la otra cláusula que allí en la dicha concesión se pone (es á saber, *licite exercere valeatis*) dispensa el Breve con las Constituciones ó Reglas de los Religiosos, si algunas hay que les prohiban ejercitar oficio de Curas, que es mucho de advertir esta razón, porque si este Breve del Papa en este caso no dispensara, no pudieran los tales Religiosos (si prohibido por sus Constituciones) aceptar el dicho oficio, y por eso dice el Breve *quod non obstantibus quibuscumque* puedan lícitamente ejercer el dicho oficio de Curas entre los indios de los pueblos asignados y asignandos.

Y si alguno dijere (como lo dicen los Obispos) que por lo menos no están exemptos los dichos Religiosos de la licencia y examen que manda el Sto. Concilio Tridentino en la Sess. 23, cap. 14, et Sess. 25, cap. 11, y en otros decretos, á esto respondo que aunque Gregorio XIII redujo á los términos del dicho Concilio Tridentino la Constitución de Pío V, en su Bula dada á instancia del Rey, nuestro Señor, Filipo II, en favor de los Religiosos que se ejercitan en oficio de Curas de almas, contra los Obispos que pedían que sin su licencia y examen no fuesen los Religiosos admitidos á las doctrinas; el cual ordenó y mandó que con sola licencia y aprobación de los Prelados, dada en los Capítulos Provinciales, *Ordinariorum locorum vel aliorum quorumvis licentia minime requisita*, sean admitidos al dicho oficio, quitando á todos la autoridad y facultad de interpretar en esto de otra manera, y derogando (cuanto á este punto) el Concilio Tridentino, con las no obstancias y cláusulas derogatorias suficientes: *ibi non obstantibus præmissis et quibusvis Apostolicis, ac in provintialibus et Conciliis editis, generalibus vel specialibus.* Y de la revocación deste indulto hecha por Gregorio XIII solamente hace mención la declaración de los Ilustrísimos Cardenales alegada por la parte contraria. Pero después de ella Gregorio XIV en la Bula que comienza *Quoniam animarum cura*, &c., pasada por el Real Consejo de las Indias, recebida y ejecutada por las Reales Audiencias y jueces destas partes de Indias, después de haber hecho especial mención de la dicha Bula de Pío V y de su reducción á los términos del Concilio Tridentino (por Gregorio XIII) *ibi pro eo quod Gregorius XIII illos motus proprios qui decretis Concilii Tridentini adversabantur*, &c.; y de como por esto los Obispos pretendían que sin su licencia y examen no fuesen admitidos los Religiosos al oficio de Curas, confirma el dicho indulto de Pío V, teniendo por expresas é insertas en su Bula *(de verbo ad verbum)* sus palabras, y manda que así se ejecuten; por lo cual es cosa clara que el dicho indulto de Pío V queda en su mismo vigor y fuerza, y que *Constitutio Gregorii XIV roborans et confirmans dictam Constitutionem Pii V debet intelligi secundum roboratam, et debet concludi illius terminis*, ut habetur in Jure et ibi gloss. et Cardinalis in cap. statutum de electione, *addens quod easdem limitationes et extensiones quas recipit corroborata debet recipere corroborans*, et docet Felin. in cap. 1. de jur. jur., nu. 37, et secundum jus. l. in testamentis, ff. de constitutionib. et demonstrat.

Ni obstará decir que habiendo sido el dicho indulto de Pío V revocado por Gregorio XIII *quantum ad ea quæ contrariantur Concilio Tridentino*, no se confirma por la confirmación de Gregorio XIV, *quoniam cum per confirmationem et innovationem nullum novum jus offeratur, sed antiquum confirmetur: solum confirmatur et conservatur quod actu erat validum,* ut probat text in cap. ex parte Abatissæ, et cap. quoniam intentionis, de privileg.; et in cap. cum dilecta, de confirmat. util. vel inutil.; et in cap. diversitatem, de concessio. præbend., ubi dicitur *quod confirmatio non conservat nisi quæ juste et pacifice possidentur.* A lo cual se responde con la común doctrina de los doctores teólogos y juristas, que aunque el Papa cuando *ad petitionem alicujus confirmat in forma communi et in dubio intelligitur confirmare privilegium quod actu valet, non autem quod invalidum est et nullum,* juxta declarationem Julii II in Bulla quæ incipit *In militantis Ecclesiæ agro,* quæ habetur in libro Monument. Minorum, fol. 125 et 126, concess. 277, et refertur a Manuele Rodríguez in Tom. Bullarum, pag. 570, quæ declaratio fuit data absolute et generaliter propter defectum relationis, quando interrogatione facta Pontifici Julii II nulla mentio facta fuit concessionis de novo ex certa scientia, sed tantum quod Sixtus IV confirmando privilegia, de novo illa concessit, nullam aliam circunstantiam vel qualitatem renovationis proponendo: ut constat aperte ex tenore indulti Julii II in Monum. Minorum fol. 125, ut bene advertunt collector Mendicantium, verb. absolutio, § 15., Cordu. ibi e Manuel Rodriguez, 1. To., q. 8, a. 2., Suarez de Legibus, lib. 8, cap. 18, nu. 9;, quando vero confirmat specialiter et scienter, exprimendo suam mentem esse confirmare id quod revocatum est, habens plenam notitiam et cognitionem de defectu revocationis litterarum quas confirmat, tunc confirmat id quod erat revocatum, ex plenitudine potestatis. Sic Panor. in cap. cum super, n. 4, de caus. poses. et propriet., ubi ait, *quod si confimatio facta est a Papa scienter, validatur id quod erat invalidum,* et Decius, in cap. ad hæc, nu. 6. de Rescript., postquam firmaverit suam conclusionem, inquit: *prædicta autem conclusio procedit in his in quibus princeps præsumitur habere notitiam,* et in cap. 2 de Transactionibus, et in rubrica de confirmatione util. vel inutil., nu. 1, in fine, *talis ergo confirmatio et innovatio vali-*

dum facit quod erat nullum. Ut in cap. 1, et cap. veniens, ubi gloss. in cap. quia diversitatem, verb. forma communi, de concess. præb.; Tart., in l. privilegia 6 de Sacrosanct. Eccles.; Cardinalis Tuscus, verb. confirmatio ex certa, per totum, quia *quod princeps facit scienter non potest in dubium revocari*, ut notat Bart. in lib. conficiuntur, § Codicillis, ff. de jur. Codicillor.; Paul., cons. 178; Oldrald., cons. 257. Alex., cons. 115, vers. 6. Esto se confirma: *sed sic est,* que en este caso Gregorio XIV confirma la Bula de Pío V, *non in forma communi et in dubio, sed in forma speciali et scienter,* non solum habendo plenam notitiam et cognitionem de indulto Pii V, illius tenorem de verbo ad verbum pro expresso habendo et in suo indulto inferendo: ibi quod licet felicis recordationis Pius Papa V per suas in forma Brevis *ad preces charissimi filii nostri Hispaniarum Regis confectas litteras, Religiosis apud indos existentibus* &c., et ibi litteris dicti Pii V prædecessoris quorum *tenores præsentibus haberi volumus pro expressis et de verbo ad verbum insertis, Apostolica auctoritate, aut tenore præsentium robur Apostolicæ confirmationis adjicimus* &c.; sed etiam habendo notitiam de defectu revocationis litterarum Pii V factæ a Gregorio XIII, et reductionis illius ad terminos Concilii Tridentini, ibi nihilominus Episcopi illarum partium prætendunt Religiosos prædictos id facere non posse absque eorum licentia et examine pro eo quod deinde *piæ memoriæ Gregorius XIII, prædecessor noster illos motus proprios qui decretis Concilii Tridentini adversantur ad ordinem ejus reduxit, et qui animarum curam sine Episcopi licentia exercent, his decretis ejusdem Concilii adversantur, propterea litteræ dicti Pii prædecessoris de novo servari non debent.* Ubi clare procedit Pontifex ex certa scientia et plena cognitione causæ, quando licet non exprimat per verba formalia clausulam ex certa scientia, perinde enim est quando tenor prioris indulti in posteriori inseritur et fit mentio de revocatione indulti; ut ait Suarez, loco citato, nu. 6 in fine, cum communi doctorum sententia. dec. in cap. porrecta, et in cap. venerabili de confirmatio. util. vel inutil., probat. text. in dict. cap. venerabili, a. 66. in cap. interdictos, col. 7 de fide instrum. in cap. examinata, de confirmatio. util. vel inutil., et in cons. 62.,; Roman. cons. 327.; Alex. const. 1, col. 14, lib. 5, ex quo n. (ut ait Dicius ubi supra) constat superiorem habuisse notitiam rei confirmatæ, per illam insertionem videtur facta confirmatio ex certa scientia. Anastas. Germo. de indul. Apostolic. § sed extra, et in nostro casu dicto defectu a Pontifice cognito, non obstante vult scienter illud confirmare. Unde non potest præsumi ignorantia de revocationis defectu, juxta cap. 1 de Constit. in 6. Luego la Bula dicha de Pío V queda en su fuerza, confirmada por Gregorio XIV, porque *alias* la dicha confirmación fuera frustratoria y ficta.

Confírmase lo dicho porque por la comunicación de los privilegios comunican todas las Religiones de los privilegios y exenciones concedidas á la Compañía de Jesús *ac si iis especialiter concederentur*, como consta de la Bula 1 de Paulo IV, pro Minoribus; Bula 2 de Pío IV, pro eisdem; Bula 7 de Pío V, pro Mendicantibus; Bula 1 de Gregorio XIII, pro Minoribus, et Bula 10, pro Cisterciensibus; et Bula 13, 14, 15, pro aliis Ordinibus; de Sixto V Bula 14, 18, 19 et 20; Bula 3 de Gregorio XIV, pro Cisterciensibus et pro Cruciferis. A los cuales absolutamente concede la comunicación de los privilegios de la Compañía de Jesús, y así gozando nosotros de los privilegios concedidos á las dichas dos Órdenes de cistercienses y crucíferos, gozamos también de la dicha comunicación absolutamente, dado caso que antes desta concesión de Gregorio XIV se hubiese concedido á la dicha Compañía de Jesús algún privilegio quitando la comunicación dél, ut docte docent Manuel Rodríguez Miranda y Fr. Juan de la Cruz; y así, defendiéndose la dicha Compañía de Jesús de la visita, corrección, licencia y examen de los Ordinarios en sus doctrinas, es también en nuestro favor, pues todas las doctrinas de los Religiosos, ó son conventos ó anexas á los dichos conventos.

La segunda razón porque los dichos Religiosos pueden y deben ser elegidos para los tales oficios de Curas es porque esta es sentencia del Angélico Doctor Sancto Tomás, donde pregunta *utrum liceat Religiosis docere aut prædicare aut similia facere.* Y responde que no les es ilícito, porque no repugna á su estado y profesión. Porque no profesaron de abstenerse de semejantes oficios. Pero podría (dice el Santo) serles ilícito si sin jurisdicción lo hicieren, ó sin comisión de jurisdicción. Luego si como está averiguado por la dicha Bula de Pío V (impetrada por S. M.), se les concedió á los Religiosos destas partes jurisdicción para predicar y administrar los Sacramentos á estos dichos indios, síguese que por S. M. pueden ser señalados para el dicho ministerio. Y que S. M. en señalar Religiosos para este dicho ministerio hace lo que más conviene y lo que es más conforme al descargo de su real conciencia, parece ser así por muchas razones.

Lo primero, porque la suave disposición pide que los Religiosos que convirtieron (y de presente convierten) los indios, y los trujeron y traen al gremio de la Iglesia, esos sustenten los indios en la cristiandad recibida. A los cuales obedecen los indios más en las cosas tocantes á su salvación, por el amor antiguo que les tienen; y la congruencia del ejemplo natural de los padres pide esto: que los mismos padres QUE por la generación natural dan ser natural á los hijos, ellos mismos los crian y sustentan mientras no se pueden valer por sí mismos ni tener fuerzas bastantes para bandearse. Luego si los Religiosos fueron los que regeneraron (y de presente en muchas partes regeneran) en Cristo Nuestro Señor á los indios, por la conversión ó baptismo, y todavía los indios por la ternura que tienen en las cosas de la fe, y porque en esto hasta los más antiguamente convertidos son como niños y imperfectos, lo uno por su nueva conversión, lo otro por su natural fragilidad y flaqueza con que siempre están necesitados de ordinaria doctrina, conviene que los mismos Religiosos que los reengendraron en Cristo perseveren con ellos para alentarlos más y confirmarlos más en las cosas de la fe y sanctos ejercicios de la cristiana religión en que los traen ocupados continuamente, conservándolos con ordinaria doctrina los que de presente los tienen á cargo y enseñan.

Y porque hay quiebras y las suele haber en las cosas de la fe (alguna vez) entre estos dichos indios, y estas las sueldan mejor y las remedian los dichos Religiosos, que como primeros maestros y expertos en este ministerio, tanto tiempo ha que se ejercitan en él, HAN aprendido unos de otros las cosas convenientes para el conocimiento deste ministerio, porque como los convirtieron conocen mejor su natural y condición, y les saben desentrañadamente sus vidas y ocupaciones, y por esto hacen ventaja los dichos Religiosos á otros cualesquiera ministros, si se les pusiesen ahora de nuevo los que sin esta experiencia nos enseña que en las partes que han estado y están no atienden á nada desto, y en muchas no los ven sino cuando les han de ir á decir misa, y se vuelven comos rayos á sus casas, habiendo recogido las obvenciones y otros percances á que sólo atienden, sin darles cuidado aprender su lengua un día más que otro, ni si hay quiebra en las cosas de la doctrina, y son raros los que les predican, y casi en todas partes se les pasa todo el año sin oír sermón, y en otras toda la vida; y sabemos y es cosa cierta que mejor repara la quiebra del vaso el artífice que lo hizo, que no el artífice extraño que de nuevo lo tomase entre manos; y por eso dice Sancto Tomás y lo afirma en su tercera parte, que convino que para la reparación de la quiebra y pérdida del mundo encarnase la persona del Hijo, como encarnó, y no la persona del Padre ni la del Espíritu Sancto. Porque la persona del Hijo fué el Verbo, ejemplar y dechado *per quem omnia facta sunt*, por eso convino que por el mismo Hijo fuese remediada esta dicha quiebra, y reparada la caída del hombre,

Así que, porque la Sede Apostólica Romana y el Rey, nuestro Señor, QUE en esta parte fué delegado, por solicitud y industria buena de los dichos Religiosos adquirieron estas gentes nuevas y las ganaron para Cristo, y las conservan de presente en el conocimiento de su Evangelio y fe, parece muy necesario y conveniente (pues se pretende, como es así, su más cómoda conservación) que no les quiten estos dichos ministros Religiosos autores de su conversión (después de Dios que fué el principal agente) ayudándoles para obra tan insigne y hazañosa con su gracia, ni les quiten estos reformadores de las quiebras que puede haber, ni les quiten estos principalísimos apoyos y estribos sobre que cargan tantas necesidades espirituales como estas pobres gentes indianas tienen, y tan conocidos favores como en lo temporal tienen de los Religiosos que les son escudo contra tantas calamidades como padecen, combatidos de tantos contrarios que les hacen guerra para aprovecharse de su servicio, y otras cosas que cada día los molestan, y no son para poner en escriptura; ni se permita que den estos pobres indios con la carga en tierra, como dieron los años pasados los moriscos de Granada.

La segunda razón es, porque como dice Silvestro en su Suma, y alega la sentencia de los Canonistas que dicen *quod secundum antiqua jura monachi non poterant præesse Ecclesiæ parochiali nisi ex necessitate: hodie etiam propter utilitatem quando magis probati sunt monachi esse utiles quam seculares.* Luego si la experiencia ha mostrado para este oficio de convertir estas gentes y tenerlas entretenidas y conservadas en la fe recebida y en el culto de la religión cristiana, haber sido los Religiosos más útiles que los otros ministros eclesiásticos seglares, síguese que no solamente pueden ser señalados por maestros, sino que también conviene que esta gracia que por comisión apostólica de S. M. les hizo á ellos y á los indios se conserve y se confirme por parte desta dicha Majestad Católica. Pues este Breve de Pío V no sólo no está revocado por el de Gregorio Terciodécimo, sino confirmado por Gregorio Décimocuarto, el cual está en el archivo del convento de Sancto Domingo en la ciudad de Lima en los reinos del Pirú, donde el dicho Pontífice de nuevo lo confirma, y prohibe á los Ordinarios las molestias que á los dichos Religiosos pretenden hacer de ordinario, como apasionados, por esta dicha doctrina.

La tercera razón es porque según los más acertados glosadores, en el capítulo último *de voto* determina que uno que primero ha hecho voto de ser Religioso, si después de hecho el tal voto, antes de cumplirlo le hacen Obispo está obligado de resignar el Obispado y cumplir su voto profesando la Religión que votó, con ser estado más perfecto el de Obispo, de sí mismo, que no el estado de Religioso (como dice

Sancto Tomás); y la razón y glosa que dan á la determinación de este texto es porque este tal, después de haber cumplido su voto y después de haberse hecho Religioso, puede
aceptar el dicho Obispado, si el Papa se lo da; y por ser entonces Religioso, si lo acepta tiene obligación de acudir con mayor ejemplo de vida y costumbres á predicar y edificar á sus
ovejas. Luego síguese de aquí que de su estado y profesión
están obligados los Religiosos con mayor ejemplo de vida
y costumbres tratar este ministerio, que es lo principal que
se requiere, y que cuando algún Religioso se descuidase en
este caso, el Prelado pondría remedio. Luego por razón desta obligación de su profesión y estado que á los Religiosos
les corre y les obliga más que á los clérigos á edificar las
gentes que administran, con vida y ejemplo, se sigue que
son más convenientes para este oficio apostólico de convertir nuevas gentes, como de presente andan ocupados en este
apostólico ministerio, en especial los padres Fr. Juan Baptista Mullinedo, por la parte del Río Verde, y Fr. Alonso
de Oliva por la de Zacatecas, en los conchos y otras naciones, y Fr. Miguel de Uranzu por la parte de Quiviquinta,
con otros sus coadjutores que les ayudan en esta sancta
obra, siendo ellos los principales conquistadores que sin armas ni presidios, con sola su humildad y menosprecio del
mundo, pospuesto todo temor humano, se ejercitan en la
enseñanza destas nuevas gentes que tienen reducidas á la
fe y conocimiento de Cristo, que son inmensas, y según dicen estos apostólicos varones, son en más crecido número
que los ya conquistados y doctrinados, á los cuales los dichos neófitos y recién convertidos aman y quieren como á
sus propios padres, y los acompañan siempre como á los que
los crían, amparan y enseñan en la sancta fe católica, y están
de presente en esta Corte pidiendo socorro y ayuda al Virrey
para edificar casas y iglesias donde con el ayuda de Dios
se pueden fundar muy copiosas Provincias y ocuparse gran
suma de ministros; y siendo esto así (como lo es) conviene
que Su Santidad y el Rey Filipo IV, que Dios nos guarde
por largos años, se sirvan más destos dichos ministros Religiosos, que de los clérigos, pues en esto hay dos cosas: la

una que en ello ni se hace agravio á los Obispos ni á los dichos clérigos (como dejamos probado), y la otra porque los dichos Religiosos administran á estas gentes con tanta más puntualidad que los otros ministros; y esto lo ven muy bien los dichos Obispos, si quieren hablar sin pasión.

Alia Quæstio.

Pregúntase si conforme á los diversos tiempos y condiciones y calidades y naciones y gentes y regiones y tierras se deben mudar ó variar las leyes, ó á lo menos dispensar en ellas.

Digo que la respuesta á esta cuestión está tan clara, que el axioma y dicho común de los juristas, tan celebrado, la hace llana, que dice: *Distingue tempora et concordabis jura.* Y esto es claro que se dice porque la variedad de los tiempos justamente pide variación de leyes; y la razón de que así convenga (conforme á los tiempos) algunas veces variar las leyes ES la de Sancto Tomás; hablando de las leyes humanas, que destas hablamos agora, pregunta en la cuestión 97 de la Prima Secundæ, si la ley humana es establecida por el arbitrio de la razón. Y la razón humana no es como el entendimiento del ángel, que no discurre sino que sin discurso, luego (de primer voleo) da el entendimiento del ángel en el blanco de la verdad. Pero el entendimiento del hombre no es tan ligero, y por ser más tardo entiende y va calando los bajíos de los negocios humanos por discurso, procediendo *de potentia ad actum*, y de lo imperfecto á lo perfecto, y de lo más claro á lo más oscuro. Y porque los legisladores humanos (con sus entendimientos discursivos) no pudieron penetrar de una vez todos los inconvenientes presentes ó sucesos malos y ocasionados que se podían seguir del establecimiento presente de su ley, después cayendo en la cuenta y mostrándoselo la experiencia (que es maestra de las cosas) fueron necesitados á revocar la ley ó mudarla ó variarla ó limitarla conforme convino.

La segunda razón que da el mismo Angélico Doctor es

porque la ley humana se pone para los hombres, y el estado de los hombres es mudable. La ley es regla, y el estado de los hombres es el que es nivelado por la ley, y así no puede haber una regla y medida misma para cosas mudables: luego ni puede siempre cuadrar la misma ley al estado del hombre mudable, que ya está diferente y mudado. Por esto dice San Augustín (in 1 de lib. arbitrio): *Si populus sit bene moderatus et gravis, communisque utilitatis diligentissimus custos, recte lex fertur qua tali populo liceat creare sibi magistratus per quos respublica administretur. Porro si paulatim idem populus depravatus habeat venale suffragium et regimen flagitiosis sceleratisque commitat, recte adimitur populo talis potestas dandi honores et ad paucorum redit arbitrium.* Este ejemplo pone el Sancto Doctor (1. 2, eadem q. a. 2) significando que conforme á las diversas condiciones de las gentes se han de mudar las leyes. Aunque dice Sancto Tomás que las leyes ya usadas en algunas partes y recebidas, no se han de mudar sin evidente utilidad, conforme á aquel dicho del jurisperito que alega allí mismo Sancto Tomás, que dice *quod in rebus novis constituendis evidens debet esse utilitas ut recedatur ab eo jure quod diu æquum visum est.* De donde infiero yo que si en estas regiones de Indias este derecho que dió el Papa á los Religiosos de doctrinar estas gentes y administrarles los Sacramentos, tan *ab antiquo* que es desde antes que el Papa pusiese Obispos en aquestas partes, y hasta agora ha durado aqueste derecho por mucho tiempo y ha parecido justo y muy conveniente ¿por qué sin evidente utilidad mayor que se siga de administrar estos curatos los clérigos han de tener por agravio los Obispos, que S. M. conserve en este derecho á los Religiosos, que de mano de S. M. por la comisión apostólica que para esto tiene les es concedido, que es ser asignados en los pueblos de los indios, donde el Papa les comete oficio de Curas?

Dirán que tienen clérigos suficientes que poner en los dichos curatos, y que sin ellos no les pueden dar de comer ni sustentarlos en la dignidad clerical, y que es suyo, y que se lo den para gozarlo. A esto respondo que si se hiciese precisa averiguación del número desta clerecía, se hallaría no ser muy calificada la respuesta. Y dado caso que haya número de ellos, no fué justo ordenarlos á título destos be. neficios que habían de aguardar á recebir, pues el que no lo tiene en acto no puede ordenarse á título dél; y ya se sabe (porque lo sabe quienquiera que sabe algo de Derecho) que nadie se puede ordenar al aire y sin título de beneficio ó de patrimonio ó capellanía, para que por este modo sustente la honestidad del estado clerical; y no siendo así no debe ser admitido á las órdenes, y el que lo admite vea (fuera de la culpa que comete) el modo con que debe sustentarlo: que no por el gusto de un particular Obispo es razón que se des- componga la máquina concertada de una Iglesia Indiana, tan antigua en el concierto religioso con que se ha conser- vado: y decir que es suyo se niega (por lo que atrás dejamos largamente probado), porque quien tuvo autoridad para dárselo á ellos, la tiene ahora también para conservarla en los Religiosos (que es el Papa), y no tienen que alegar pro- piedad.

Pero pasando adelante digo que la tercera razón es, por- que ya que no se quiten las leyes eclesiásticas antiguas, ni se muden para todos, pero Derecho es muy antiguo que para con los neófitos y recién convertidos no se guarden del todo estas dichas leyes, ni se extienda el rigor de ellas á ellos. Lo cual claramente significa el Papa en el Derecho, donde dice desta manera (36, q. 2, quædam lex): *Adhuc illis neo- phytis existentibus eos primum illicita docere vitare, et eos ver- bis ac exemplis instruere oportet (juxta illud 1 ad Corinth., 3: lac dedi vobis potum, non escam); ista illis modo, non poste- ris temporibus tenenda, indulsimus, ne bonum quod infirma radice plantatum erat erueretur, sed aliquantulum firmaretur et usque ad perfectionem custodiretur.* Donde por esta razón el Papa á los de la Iglesia Anglicana (recién convertidos á la fe) les concede contra el Derecho común, *quod in quar- ta generatione possint copulari matrimonio:* de donde se in- fiere claramente (lo primero) que los privilegios y faculta- des que á la instancia de la Real Majestad los Papas les han concedido á los Religiosos residentes en estas Indias

22*

para ejercer oficio de Curas en los pueblos de los indios que S. M. les ha señalado y quisiere señalar, no es privilegio contra el Derecho común, y por eso no es odioso, y así se puede interpretar latísimamente.

Que no sea contra el Derecho común *patet* por muchas razones, porque es conforme al Derecho natural y divino, y en favor de la fe, para que mejor se pueda dilatar y arraigar entre aquestas gentes. Lo segundo porque es conforme al Derecho común: luego no es contra el Derecho común. Porque desde el principio del Evangelio (que fué predicado por los Apóstoles) fué Derecho común que á los que vienen de nuevo á la fe se les hagan todos aquellos favores. Y la razón es (como dice el canon citado quædam lex), *ne metuendo austeriora novæ gentes conversæ recedant a bono quod cœperant.* Y harto austero se les hará á los indios ver que se les quitan sus padres espirituales, y que los que los convirtieron y de nuevo los convierten, y los han favorecido y los favorecen, y los trataron y los tratan de presente como á hijos, viendo que á estos les quitan, y les ponen otros que los han de tratar diferentemente por cosas muchas que saben y han visto en ellos.

De donde *apparet quod dictum privilegium est secundum jus commune parvulorum quod eis concedit Divus Paulus dum ait: lac dedi vobis, non escam;* aunque sea contra el Derecho común de los perfectos, que son los cristianos ranciosos et *ab antiquo.*

De donde se concluye que no hay que alegar que en esto se haya intentado alguna cosa contra el Derecho común, porque no lo es (como queda probado), y ya que lo fuera, la dispensación justa y razonable que por causas razonables y necesarias y útiles que ha habido para dispensar en el Derecho común (si este hecho fuera contra él) bastara para justificarlo antes y agora. Porque no solamente *necessitas sed etiam utilitas permanens* de la causa por que se concedió la dispensación, justifica la dispensación todo el tiempo que la dicha necesidad dura. Y los expertos y inteligentes en este negocio juzguen si hay más que utilidad, y si hay necesidad que los Religiosos persistan en este ministerio para descargo de la real conciencia y para la salud de aquestas almas recién traídas á la fe, y para que su cristiandad se conserve y vaya adelante en el servicio de Dios.

Digamos agora del culto divino y solicitud de los ministros, así clérigos como Religiosos.

No se me negará que importa mucho el ornato de los templos y culto divino para levantar el espíritu de aquestas gentes naturales destas Indias, para levantar el espíritu al cielo, y para aficionarlos á las cosas de la fe y del servicio del Criador que los trujo á ella. Y importa tanto esto, que no digo yo solamente entre estos indios, que son plantas nuevas en este jardín de la Iglesia, pero en los cristianos antiguos *ab initio* de otras naciones se ve esto claramente, que cuando por la perversión de los predicadores y maestros luteranos que les enseñaron la secta de Lutero, al mismo tiempo que vinieron á dejar las ceremonias de la Iglesia y el culto divino, vinieron á perder la fe, porque dependía uno de otro.

Oigamos á Sancto Tomás en su Secunda Secundæ, y en su tercera parte, que dice que el culto divino es protestación de la fe y de la reverencia que á Dios se debe. Y consta esta verdad por muchas razones que en la misma tercera parte da el Angélico Doctor, donde dice que por eso instituyó Cristo Sacramentos sensibles (que son la principal parte y fundamento de la religión cristiana y culto divino), porque en esto quiso Nuestro Señor conformarse con el natural de los hombres, que es *per sensibilia manuduci ad spiritualia.* Y en el artículo primero desta misma cuestión dice el sobredicho Sancto, que los Sacramentos (que son principal parte de la religión cristiana) y la Eucaristía que se consagra en la misa, y la misma misa, es el principal culto de la Iglesia Católica. El ejercicio de los Sacramentos dice ser necesario para la salvación de las almas, por muchas razones que allí pone.

La primera es porque tiene necesidad el hombre por estas

cosas y signos sensibles ser levantado á las cosas espirituales y celestiales.

La segunda, porque ocupado el fiel cristiano en estos
sanctos ejercicios del culto divino sea revocado del cri-
men de la idolatría en que pudiera caer. Y por este fin dice el mismo Sancto Tomás en otra parte, que convino que
el pueblo judaico le ocupase Dios en muchedumbre de ceremonias, porque aquel pueblo era inclinado á la idolatría
y á las ceremonias de los idólatras, para que ocupado en
esto se retirase de la idolatría y no extendiese sus manos
á los ritos de los gentiles. Pues quién hay que conozca á
los indios, que no vea que siendo ellos de su natural tan
inclinados á ritos y ceremonias, y tan ejercitados en las cosas del servicio de sus ídolos, y tan desvelados en esta ocupación, no vea y conozca que es muy necesario traerlos siempre ocupados en este ejercicio por parte de los ministros
evangélicos. El que no lo sabe, lea el segundo tomo de mi
Monarquía Indiana, y hallará desto inmensas cosas. Porque se ocupaban tanto en el servicio destos falsos dioses y
les hacían tantas ofrendas, que no contentándose con darles de los bienes que alcanzaban muy ordinaria ofrenda, les
ofrecían la sangre de todo su cuerpo. Porque se arpaban
las lenguas, agujereábanse las orejas, punzábanse las pier-
nas y brazos, y de todas estas partes y otras derramaban
sangre para el demonio. Y crecía esta bestial y indiscreta,
ó por mejor decir torpe y brutal devoción, á ofrecerles los
corazones de los hombres que para este fin sacrificaban sa-
cándoselo por los pechos, y palpitando y bulleudo se lo arro-
jaban al ídolo á los pies, y este tenían por uno de sus mayores servicios, y aun el mayor.

Pues quién no entiende (como digo) teniendo noticia de
las antiguallas destas indianas gentes, que por ser de su
natural tan ceremoniáticos que si no los ocuparan entonces
después de convertidos y agora en el estado en que están
y los ejercitaran en el culto divino y servicio de nuestro Dios
verdadero, que tan suave es en las cosas de su servicio y
en las sanctas ceremonias de la Iglesia, que es averiguado
que se volvieran entonces (y aun agora no sé qué diga) al

uso antiguo de sus sucias supersticiones y falsa adoración de sus idolatrías. Y es la razón porque si ellos tenían costumbre de andar ocupados en este contino ejercicio, faltándoles teniendo inclinación á él le habían de buscar, y si no le tenían de los ministros evangélicos lo habían de buscar en los suyos idólatras. Pues por esta razón y conocimiento que siempre se ha tenido de ellos ha habido tanto cuidado de tenerlos entretenidos y ocupados con el ejercicio de los Sanctos Sacramentos, ceremonias sanctas de la Iglesia y ministerio sancto del servicio de Dios. Luego bien se sigue que conviene mucho el ejercicio del culto divino entre ellos, y que las ceremonias de la Iglesia resplandezcan señaladamente entre ellos, por ser (como son) tan aficionados á ellas; por esto hay tanto cuidado entre los Religiosos, de que los Oficios Divinos se celebren (en especial los días solemnes y festivos) con la mayor autoridad que pueden, oficiando la misa con tantas músicas, así de voces como de instrumentos que para este fin hemos hecho que aprendan estos dichos indios, gastando de las limosnas ordinarias de nuestra comida y vestido con ministriles españoles lo necesario para que saliesen maestros en este ministerio; acompañado el Preste con sus Diáconos, lleno y rodeado el altar mayor y gradas de ciriales con hopas coloradas y sobrepellices blancas, incensarios y ruedas de campanillas, que al tiempo de alzar la Hostia y Cuerpo Sacrosancto de Cristo Nuestro Señor, parece todo aquel lugar con su adorno, personas y ruido de campanas un cielo abreviado en la tierra. Pues qué puede hacer un solo ministro que apenas le queda tiempo (después de otras ocasiones caseras á que como solo acude) para acomodarse á esta referida solemnidad, pues ni en su iglesia tiene Sacramento, ni altar que pase á más adorno que de un frontal viejo que desde la conquista de la tierra le cosió alguno de los soldados, y un retablo de lienzo tan viejo y desfigurado, que en algunos de ellos apenas se conocen qué sanctos son los que en él están pintados, y por tantas partes roto y agujerado, que puede servir de harnero.

La tercera razón que el mismo Angélico Doctor da en el lugar citado es que para humillar Dios á los hombres (porque por estas criaturas visibles dejaron á ese mismo Dios), quiso poner culto en estas ceremonias sensibles y exteriores, para que subjetándonos y humillándonos á las ceremonias que se ejercitan en la Católica Iglesia, en ellas y por ellas fuese Dios honrado y reverenciado, y le ofreciésemos culto, y le reconociésemos por Señor.

Otra es porque no quiso Dios sacar al hombre de sus quicios y de su natural, y el natural del hombre es dar y tomar y conservar con estas cosas corporales y sensibles su natural inclinación. Pues para que tratándolas, por ellas viniese á hallar á Dios, por eso Dios tomó cosas corporales y sensibles por instrumentos del culto divino y reverencia que se le debe dar como á Hacedor y Criador del ánima del hombre, y principio y fin de su felicidad. Luego por estas razones consta cuánto sean necesarias para elevar el espíritu de los indios al conocimiento de Dios y gusto de las cosas espirituales, el culto divino y ceremonias sanctas de la Iglesia, y que esto sea con autoridad y majestad, y no sobre peine y de repelón, diciéndoles una misa rezada con poco aparato de solemnidad, sin adorno ni pulicía; y en acabándosela de decir tratarles de las granjerías y cosas de mercancías, que son de los fructos ó esquilmos que la tierra ofrece.

Pues si vamos al ornato de los templos, digo que es tan necesario entre estos indios, que me atrevo á afirmar que es una de las mayores partes de su devoción y conservación en la fe, porque eran tan dados á la curiosidad de ellos, que los había en todos los pueblos, así grandes como pequeños, muy hermosos y curiosos y adornados de toda la más hermosura que su entendimiento podía alcanzar: y después de ser cristianos es tanto lo que en ellos se han esmerado, que pone admiración. Esto digo de los que son de los Religiosos que los tenemos á cargo, porque para ello les hemos dado ripio á la mano, con que han seguido en sus edificios y adorno su natural inclinación, y así son las iglesias unas de bóveda, otras de madera, tan grandes, tan capaces y tan bien obradas, que en toda la Europa no son mejores, y hacen mucho en ser tan buenas, llenas de alta-

res, cuajadas de retablos de talla y de pincel, y tan costosos, que vale cada uno gran suma de dineros; frontales,
frontaleras de seda, de terciopelos, sedas y brocados, como
en las más curiosas Catedrales: todo esto ó lo más hecho á
costa de las limosnas de los mismos ministros Religiosos.
Las torres y campanarios, y las campanas grandes y chicas puestas en ellos, no son de menor adorno y grandeza
para la solemnidad del culto divino y celebración de fiestas con que es Dios entre estos indios conocido y reverenciado. ¿Pues qué cosa destas hay entre los otros ministros
que no son Religiosos? Díganlo todos los destas Indias que
saben y ven lo uno y lo otro, y lo que los mismos Obispos
confiesan, y lo que alguno de ellos en razón de esta materia me ha dicho á mí, tratando de ello. Pero como la pasión de otros y el interés los perturba, aunque así lo conocen, callan este conocimiento y claman por lo que les puede ser de interés.

Pero volvamos á la razón de Sancto Tomás, que dice que
el ornato de los templos, especialmente entre la gente recién convertida á la fe es muy necesario, porque dice que
todo el culto exterior que se ofrece á Dios es principalmente ordenado á esto, es á saber, para que los hombres tengan en reverencia á Dios; y esto (dice) tiene propio el natural afecto de los hombres, que las cosas que son comunes
y no distinctas de las otras ordinarias, ni que en nada se
les aventajan á las dichas ordinarias, no las estima ni reverencia, ni las precia tanto. Pero aquellas cosas que con
alguna diferencia de excelencia se diferencian y distinguen
de las demás comunes, estas tales reverencia y acata el
afecto humano y se admira de ellas como de cosas particulares y que salen del paso común y ordinario, y por eso está recebido por costumbre y uso universal de las gentes,
que los reyes y príncipes del mundo (y porque es cosa convenible se les tenga singular respecto y suma reverencia)
anden adornados de más preciosas vestiduras, y se aven-
tajen en la grandeza y amplitud de sus reales casas y pa-
lacios, y en la hermosura y curiosidad de sus edificios. Porque estas cosas en este exceso y majestad causan reve-

rencia y admiración, como se la causó á la Reina de Sabá (como dice la Sagrada Escritura) cuando vido la grandeza de Salomón, la majestad y magnificencia de los edificios de su casa, concierto y orden de sus servidores, la pulicía y primor en la administración de su mesa, y todo lo demás de su real servicio, y quedó tan admirada de esta grandeza y pulicía, que encarece la misma Sagrada Escritura, que *non habebat ultra spiritum:* que todo ello la puso en un arrobamiento y éxtasis que casi la enajenó de los espíritus vitales.

Esta es, pues, la causa porque también conviene que en los templos cristianos que están en los pueblos de los indios haya especial ornato, especiales ornamentos, curiosos y preciosos cálices, rico aderezo de sacristía, limpieza en los vestuarios eclesiásticos, sumo cuidado en el adorno de los altares, que esté el Santísimo Sacramento en el altar mayor con la autoridad y grandeza que los Religiosos le tienen, donde á todas horas se les pueda administrar á los enfermos que por urgente necesidad vienen á recibirle, aunque sea después de haberse acabado de decir las misas que de ordinario se dicen en los monasterios é iglesias de los dichos ministros Religiosos; que haya lámpara encendida que de día y de noche arde ante la presencia deste Soberano Señor que en aquel lugar está dispuesto y aparejado (cuanto en sí es) á alumbrar las ánimas de todos los que con fe viva y devoción de buenas obras le reconocen y adoran; donde estos indios acuden á ofrecer sus lágrimas, arrepentidos del tiempo que al demonio conocieron, desconociendo á este verdadero Señor, á quien se debe todo servicio y toda reverencia.

Aquí querría preguntar si en los otros ministerios de otros ministros que no sean Religiosos hay algo desto. No trato de los particulares que ponen cuidado en esta obligación que les corre, sino en común á los que estando obligados á la misma curiosidad y limpieza tienen su administración con el descuido que corre y todos lo saben. Diránme que los Religiosos no son impecables, sino que también corren por este defecto, y digo que será proposición falsa, porque en la casa más pequeña que los Religiosos tienen hay más limpieza y aseo en el culto divino, que en todas juntas las que son de otros ministros; y dado caso que alguna falte en esto, este caso es singular, que no hace ciencia, y esto que es singular en los Religiosos es general en los otros ministros, y el descuido que es singular en el Religioso, es cuidado de culto particular en el otro ministro. Pues si esto (según Sancto Tomás) es tan necesario en el culto divino para levantar el espíritu de los hombres á Dios, y se halla en estos ministros Religiosos: luego mejor está en ellos que en otros.

Vamos agora á cuál es mejor: haber un solo ministro en un pueblo de indios, y que este ministerio esté administrado por dos y por tres y por cuatro, hasta llegar á diez y á veinte, y á más si fuesen necesarios. Claro es que mejor se administra una república con muchos ministros que con uno solo. El ejemplo tenemos de Moisén, que no pudiendo con todo el gobierno de su pueblo le repartió entre otros setenta y dos de sus familias. ¿Cómo se compadecerá que un solo ministro en un pueblo grande pueda acudir al consuelo espiritual de las almas del dicho pueblo, y que juntamente acuda á este mismo consuelo á los pueblos que están distantes de la cabecera? ¿Y siendo cosa cierta que por la mayor parte ó no sabe lengua ó es poca la que sabe? ¿Pues qué sería si este mismo ministro saliese de su partido por ocho y quince días, y aun un mes? ¿Quién dirá misa los domingos y fiestas de guardar? ¿Quién baptizará á los que nacen, que no es oficio el nacer que aguarda á que el Cura vuelva de la huelga y excusada jornada á que ha ido? ¿Quién confesará al enfermo? ¿Quién le dará el Sacramento, y quién le ungirá cuando ya está agonizando de muerte? ¿Cuántos se habrán muerto sin recibir estos Sacramentos, por no haber tenido ministro que se los haya administrado? Esto no lo digo yo, porque parecerá todo aquel día final donde cada cual llevará sus faltas ante su rostro, como lo dice Dios por boca de David: *arguam te et statuam contra faciem tuam*. Allí saldrán los niños que han ido sin agua de baptismo, que por negligencia de su Cura no están en el cielo gozando de la grandeza y majestad de Dios: allí el

23*

que se fué sin confesión y otros Sacramentos que no deja-
ran de recibirse si el ministro estuviera á la mano y no en
ocupaciones impertinentes; y en los Religiosos han de ser
estos casos singulares (si se los acumulan), porque jamás
falta ministro y ministros de los partidos y pueblos donde
son necesarios para la administración destos dichos indios.
Y bien sé que nos hacen información deste descuido, y no
hace poco quien su mal echa á otro. Pero digo que son informaciones falsas, y de conciencias que por solo interés
las posponen y el temor de Dios, y hallan testigos conforme á su pasión, y pintan el caso como Apeles pudiera pintar una imagen viva: pero mejor les ayude Dios que dicen
verdad en lo que pintan; todo á fin destas doctrinas y de
verse señores de ellas.

Entremos en el modo de doctrina que estos dichos ministros tienen, que ultra de ser apresurada (porque si es uno
el ministro ha de decir misa en la cabecera de su beneficio,
y salir luego á decir otra en otra que está distante dél cuando menos una legua) ¿cómo recogerá esta gente? ¿Cómo
los contará? ¿Con qué solemnidad les dirá la misa, y luego
los baptizará y confesará? Pero demos que esto se haga, y
que se juzgue por buen ministerio: pregunto ¿será lo bueno que estén estos indios subjectos á un clérigo, y que jamás les predique ni los cuente (como de ordinario se usa
entre los Religiosos), ni sepa el que falta, ni el que ha venido á la iglesia? Pues este no es cuento ni aventura de
libro de Caballerías, sino verdad de que se tienen muy grandes experiencias. Una es que en pueblos de españoles donde hay indios que llaman de barrios, y indios que llaman
laboríos, los que son de barrio corren por cuenta de los Religiosos, como son los de las ciudades de México, Puebla y
Atrisco, y los que son laboríos por la de los Padres clérigos. Pues en estas dos diferencias de gentes, los de los barrios se recogen y cuentan por los ministros Religiosos todos los domingos por las mañanas y fiestas que para ellos
son de guarda, y se les dice misa, y se les predica y toma
cuenta de la doctrina; y á los laboríos no se sabe que se
tenga con ellos este cuidado, ni jamás he visto que se les

haya predicado ni juntado en ninguna fiesta. Y como no son de los de barrio no acuden á la iglesia de los Religiosos, y así viven sin doctrina, y no sé aún si saben la cristiana y las oraciones en que deben ejercitarse, pues los de los obrajes y panaderías lo adoban. Lo que sé y se sabe es que un Arzobispo da licencia al obrajero para que en su casa ó fuera allí junto (digo en el zaguán) tengan una capilla, que siendo de obraje miren cuál será, y en ella les diga misa un clérigo, y acabada presto (porque es rezada) vuelven los indios á su mazmorra á sus oficios ordinarios. Y aunque es verdad que estos dichos obrajeros (si no son todos, al menos los más) hacen rezar á esta gente dentro de sus obrajes, qué les pueden enseñar más que la ley de Dios, pues ni son Curas ni predicadores para enseñarles las veredas de su salvación, y así es esta gente de la pésima que hay en el mundo, grandes ladrones, sumamente borracheros, desharrapados y desnudos, hediondos y sucios y tan asquerosos, que si no es los que de ordinario los tratan, otros no tienen ojos para mirarlos. ¿Pues qué almas tendrán cuerpos de tales condiciones? Y todo esto nace de no tener ministros Religiosos en estas dichas partes, que en otras (como es Tlaxcalla, Cholula, Huexotzinco, Tetzcuco y otros pueblos) como la doctrina de todo absolutamente está al ministerio de los Religiosos, cuando menos los traen los domingos á misa á la iglesia, y oyen el sermón que á los demás del pueblo se les predica.

Pues si el beneficio está cerca desta ciudad de México y otras á este tono que están repartidas por este reino, lo cierto que se sabe es que toda la semana se están en sus casas, y el domingo ó fiesta por la mañana se van á ver á sus feligreses y les dicen misa y recogen sus obvenciones, y se vuelven á comer á sus casas. ¿Pues cómo conocerán estas ovejas á su Pastor, ni sabrán cuál es su silbo, pues ni le oyen palabra sancta en el púlpito, ni aun tiene lengua para pronunciarla? ¿Pues quién los confiesa y administra los demás Sacramentos? Estos dichos Curas el día de fiesta que van allá, ó los Religiosos convecinos á quienes tiene rogado que les acudan entre semana; y de todos estos trabajos ajenos ellos se llevan el provecho de las obvenciones el domingo ó fiesta que van á decirles la misa. Luego mejor será el pueblo que tiene tres y cuatro ministros que de ordinario asisten y nunca faltan, así para la cabecera donde están asignados, como para los demás pueblos que llaman de visita, donde si hay algún defecto en la administración de los Sacramentos, no es por falta de los ministros, sino por la del negligente necesitado que por su negligencia no lo recibió, y son estas tan pocas veces, que pueden ser muy contadas, porque para esto es la diligencia que los ministros ponen de ordinario.

Pues si vamos á los matrimonios y baptismos ¿qué pudiéramos decir de los aprovechamientos que los unos ministros y los otros tienen? Al menos entre Religiosos no se llevan por un casamiento de un miserable indio (que apenas hubo que comer aquel día) siete ni ocho pesos, ni por el baptismo, si no hay capillo, otra limosna que lo equivalga. ¿Y de las confesiones y comuniones qué diremos? Díganlo los que lo hacen, que yo no soy censor de excesos ajenos. Sólo digo que los indios están bien doctrinados con los Religiosos, y que sacarlos de su doctrina es gran cargo de conciencia.

C

SERVICIOS QUE LAS TRES ÓRDENES HAN HECHO Á LA CORONA DE CASTILLA EN ESTAS TIERRAS DE LA NUEVA ESPAÑA DESDE QUE ENTRARON Á SU CONVERSIÓN HASTA ESTOS PRESENTES TIEMPOS; Y QUE LOS CLÉRIGOS NO SE OCUPAN EN ESTO; Y DEL POCO NÚMERO DE ELLOS; DEL NÚMERO DE LAS LENGUAS, Y AGRAVIOS DEL ARZOBISPO, Y OTRAS COSAS CONCERNIENTES AL OTRO MEMORIAL INFORMATIVO.

POR FR. JUAN DE TORQUEMADA, MINORITA, DE LA PROVINCIA DEL SANTO EVANGELIO DE MÉXICO.

El Sancto Rey David en el Psalmo 113 que comienza *In exitu Israel de Ægypto*, donde hace epílogo y suma de las maravillas de Dios cuando sacó su pueblo de Israel de Egipto, dice en el discurso de su canto estas palabras: *Non nobis, Domine, non nobis, sed nomini tuo da gloriam.* Esta maravillosa hazaña que habeis hecho no quiero, Señor, que se atribuya á fuerzas humanas ni á poder de hombres formados de polvo y tierra, sino á Vos que fuisteis el poderoso para hacerla, con otras infinitas que aquí callo. Y pues es obra de vuestras poderosas manos, á Vos y no á nosotros sea dada y atribuída esta gloria. Bien pienso que deste principio y palabras tomadas á la letra del Sancto Profeta Rey conocerán los que leyeren esta breve relación, que mi intención no es ni ha sido aplicar á hombres mortales la gloria que de sus hechos podían aplicarse, sino á solo Dios que es el motor y obrador de todas ellas; pero no se puede negar que fueron obradas por ellos, y que los tomó Dios por instrumentos de tan alta impresa, y que si la primera y principal gloria es de Dios que la hizo y ordenó, la segundaria deste hecho es destos ministros evangélicos por cuyo medio se obraron é hicieron tantas conversiones y maravillas. Entre las que en el mundo han sido memorables es la plantación de la fe católica de Jesucristo Nuestro Señor y conversión que hizo y hace destas indianas gentes occidentales, que comunmente se llama desta Nueva España y mundo que respecto del viejo conocido se llama nuevo, y tan nuevo, en este sentido, que no tenemos noticia de hombre de ninguna nación del otro (como tengo probado en el primer tomo de mi *Monarquía Indiana)* que supiese dél, ni que entendiese (ya que se persuadiesen á que lo había) que fuese de ninguna manera habitable (como allí digo), ni que hombres humanos pudiesen tener morada ni habitación en él; pero Dios que todo lo crió y dispuso suavemente, desmintiendo la cortedad de la capacidad y ingenio humano, lo hizo tan habitable y tan lleno de gentes políticas y racionales como vieron los primeros descubridores y conquistadores que en él entraron, pisaron su suelo, y subjetaron al imperio de Carlos V, Emperador cristianísimo y Rey católico de las Españas, como largamente decimos en la dicha *Monarquía.* Su conquista y pacificación fué desde el año de 1519 que llegó el valeroso capitán Fernando Cortés y su gente á desembarcar en el puerto de San Juan de Ulúa, hasta el de 21 que se apoderó desta Imperial Ciudad de México donde tomando posesión por el dicho Emperador, de gloriosa memoria, dejó rendidas sus gentes á su obediencia y señorío á 13 de Agosto del dicho año de 21.

Luego que el cristiano capitán se vido lugarteniente de su rey, y rodeado de millares de hombres (que aunque eran racionales y vivían vida política en ciudades y pueblos fundados, eran juntamente gentiles, idólatras y servidores del demonio, entregados á ley falsa y mentirosa), deseando reducirlos á la cierta y verdadera de Jesucristo nuestro Redentor, comenzó por sí mismo y sus compañeros y dos otros sacerdotes que traía en su compañía á predicarles esta verdad. Pero como para esto era necesario otro número mayor de ministros eclesiásticos (que como propios obreros deste oficio saben dar la sazón al ministerio), escribió sobre ello á la Católica Majestad de Carlos V para que proveyese de remedio, dando juntamente razón y cuenta de sus felicísimos sucesos. Y los ministros que pidió (como consta de su relación puesta en el principio del tercer tomo de la dicha *Monarquía)* fueron frailes de S. Francisco.

La venida destos apostólicos varones se fué dilatando desde el año de 21 hasta el de 24, por buscarse tales, y que viniesen con la autoridad apostólica que el mismo Carlos V impetró de la Sanctidad de Adriano VI que á la sazón regía la Silla de S. Pedro. Despachados, pues, estos santos obreros con licencia del dicho Emperador y autoridad apostólica, llegaron á tomar puerto en esta Nueva España, dos días antes de la Pascua del Espíritu Santo, el mismo año de 24. Fueron estos Religiosos franciscanos el santo Fr. Martín de Valencia.[1] Llegados á la tierra, y sabido por el noble capitán Cortés, fué sumo el gozo que recibió, y enviando por ellos los presentó á los infinitos indios que para este efecto tenía convocados de diversos pueblos y cabeceras deste distrito mexicano; dióselos por ministros y padres, y los indios los recibieron como tales, y los Religiosos comenzaron desde luego á entender en su conversión. Los

1 Omitió los nombres de los otros misioneros.

trabajos que pasaron, las dificultades que tuvieron, y cosas que solo por el amor de Dios toleraron, la oración que doblaron, y los deseos desta conversión que tuvieron, aunque adelante diremos algo, no es posible decirlo todo, porque solo aquel Dios por quien obraban es el que puede pesarlo y medirlo.

Luego el año de 26 (que fueron dos adelante) llegaron á la tierra los Religiosos de la Orden del gran Patriarca Sancto Domingo, que aunque pocos en número comenzaron la obra desta conversión con las mismas ansias y deseos con que ya la ejercitaban sus hermanos los frailes de S. Francisco. El de 33 adelante, que fué diez años después que los primeros, y ocho que los segundos, entraron en ella los de la religiosísima Orden del gran Doctor Augustino, y todos tales como los primeros y segundos; y como el celo que tenían era de salud y vida de almas muertas en la idolatría del demonio, pusieron manos al trabajo con emulación y invidia de los otros obreros, que veían que quitando al tirano poseedor la presa se la ofrecían á manos llenas á Dios, que era el propio y verdadero dueño.

Estos apostólicos ministros, como primeros cultores desta viña del Señor vendimiada por las manos sacrílegas de Lucifer y sus ministros, fueron los que plantaron esta Santa Iglesia Indiana Occidental, desterrando de ella al fuerte armado que con armas de mentira tenía tiranizadas estas innumerables y engañadas gentes. Crecieron en número, fundaron sus Provincias, repartieron entre sí la tierra: los primeros como primeros, y que como tales corrieron muy largamente las tierras: los segundos como segundos, y los terceros como terceros. Y había para todos tanto, que por muchos más que fueran, y después fueron, todos tenían que hacer abundantísimamente, porque hallaron estas regiones tan llenas de gentes, que más parecían enjambres de abejas y manadas de langosta, que hombres habitadores de la tierra.

Criáronse Obispos, y el primero fué el de Tlaxcalla, el sapientísimo D. Julián Garcés, de la gloriosa Orden de Predicadores, que vino á su obispado el año arriba citado de 26.

El segundo, de México, D. Fr. Juan de Zumárraga, de mi seráfica Orden Franciscana, y llegó á México año de 27, tan santo y apostólico como lo pedía el tiempo desta primitiva Iglesia. Otros se criaron después, como pareció convenir, en el modo que al presente están distribuidos los Obispados por esta Nueva España, y todos tales como eran necesarios para padres de nuevos convertidos.

En estos primeros tiempos no hubo clérigos, que se llaman hijos de S. Pedro, aunque todos lo somos, porque si no lo fuésemos no seríamos hijos de la Iglesia, que debajo de sus llaves todos militamos; pero como digo, entonces no los hubo, y si los hubo, fueron en número tan pocos, que apenas en esto pueden tener nombre. La razón no la sé; pero todos sabemos que á todas las conversiones, de muchos años á esta parte, siempre se echan los frailes por delante, y después entran con autoridad, diciendo que son propietarios; y esto no lo niego, pues este es el común uso de la Iglesia, y los frailes no son más que coadjutores después que en ella se fundaron sus Religiones.

Estos ministros destas tres Órdenes, para mejor proceder en su evangélico ministerio, aprendieron las lenguas de los naturales, fundaron escuelas donde criaban á los niños gentiles y á todos los que baptizaron en su niñez y infancia; catequizaron los grandes, baptizáronlos después, casáronlos conforme al uso y determinación de la Santa Iglesia Católica Romana, predicáronles y los redujeron al gremio católico que milita debajo de la verdadera fe de Jesucristo, único Señor de cielo y tierra. Pues para todas estas cosas que en la fe de ese mismo Jesucristo se contienen, qué medios no pusieron, qué persecuciones no pasaron de los sacerdotes del demonio, qué solicitudes no tuvieron, qué soles, qué hambres no toleraron, qué caminos á pie y descalzos no anduvieron, qué ídolos no quebrantaron, qué templos del demonio no quemaron. Y todo esto, qué fatigas no les costaron, y qué dolores no sufrieron. Dígalo la tierra que pisaron, las leguas que anduvieron, y el santo fruto que todos ven que hicieron, pues gozan de él todos los presentes: que si los pasados vivieran, todos á una voz dijeran que según lo que obraron no fué posible que hombres fuesen, pues fuerzas de hombres puros no bastaban para tan soberana y milagrosa impresa; y que si lo eran (como lo fueron) no eran ellos los que lo hacían y hicieron, sino Dios, que infundidos con su gracia en sus limpias y apostólicas almas, obraban y obraron impresa tan alta, y que sólo el dedo de Dios podía salir con ella.

Y para que se vea el fructo tan grande que estas tres Órdenes han hecho en esta tan extendida Iglesia, sepan que el año de 41 adelante, que fueron diez y ocho años después que los frailes de S. Francisco entraron en esta Nueva España, tenían estos mismos frailes baptizados en ella más de seis millones por cuenta. Pues consideren á los ministros de Sancto Domingo qué habrían hecho en diez y seis, y á los de S. Agustín en ocho, pues había tantas gentes y tantos con quien ocuparse. Verdaderamente son dignos estos apostólicos Padres de gran nombre, y de que los celebre la fama como á únicos Apóstoles desta Iglesia, porque desde S. Pedro acá no se lee de ninguna parte del mundo tan presta ni tan abundante conversión, pues en diez y ocho años de predicación y ministerio fueron más de un millón de millones los convertidos á Dios.

Esta evangélica predicación se fué continuando por otros que después de los primeros vinieron, y se va siguiendo por todos los que al presente vivimos; y cuando no sea en número tan crecido como lo fué á sus principios, ha sido al menos y lo es en el que de ellos ha quedado. Y vean los que de presente viven quiénes son los que en este ministerio se ocupan, y confesarán, aunque no quieran, que son los dichos ministros referidos; y así como es en un capitán famoso tanta hazaña conservar lo ganado como ganar lo perdido y conquistarlo, así es de alabanza en los ministros presentes conservar lo que sus antepasados les dejaron, como en ellos lo fué oponerse al enemigo y vencerlo, cantando la victoria con tan singular esfuerzo y osadía.

Pues si quisiésemos referir las persecuciones que desde sus principios estos ministros evangélicos han tenido por conservar á estas gentes en su cristiandad y libertad, aunque las quisiese contar por extenso y decir los tiempos y ocasiones en que han sucedido, no son creibles, pero muy ciertas y verdaderas; todo esto en fin de que Iglesia tan pujante y florida en cristiandad se conservase, y que estos nuevos vasallos de los Reyes de Castilla no se consumiesen y acabasen tan presto como los de las Indias de Barlovento, Santo Domingo y Cuba. Las veces que sobre esta defensa se ha escrito á los Reyes de España son infinitas, las jornadas que los Religiosos han hecho á los mismos reinos muchas, hasta ir en persona los mismos Provinciales de las Órdenes. Han sido estos ministros los principales que plantaron la fe y enarbolaron el estandarte de la Cruz en medio de esta gentilidad, y convertídola toda á Jesucristo, con grandísimo aumento del patrimonio real, de que los Reyes de Castilla se han dado y deben dar por muy servidos; y cuando estas Religiones no tuvieran otros títulos por donde merecer la singular protección que los cristianísimos Reyes de Castilla les hacen, era bastantísimo este para inclinar su real ánimo á que siempre las mirara con ojos de protector y patrón suyo, con las veras que lo son, pues es cierto que no hay pie de tierra en estas Indias que puedan pisar los Reyes, cuyo descubrimiento ó cuya conquista, conversión ó conservación ó pacificación no la deban á ellas.

Entre los muy grandes servicios que las Religiones han hecho en estas Indias á la Corona de Castilla es uno de los mayores el haberle dado más provincias y tierras con su doctrina y trabajos, que el Marqués Fernando Cortés le ganó y rindió con sus armas. Porque con llegar á esta ciudad de México y subjetarla, parece que se subjetaron la mayor parte destos reinos. Pero esto se ha de entender en lo exterior y público; pero en lo interior y secreto de los corazones de los naturales de la tierra nunca se rindieron ni pacificaron hasta que los ministros evangélicos de las tres Órdenes Mendicantes los fueron poco á poco introduciendo en el justificado servicio que al Rey de las Españas hacían; y tan alborotados andaban estos dichos indios por verse libres de la opresión que sobre sí cargaban de los españoles, que estuvieron muchas veces para matarlos (como consta de nuestra *Monarquía* en el primero y tercero tomo), y por industria de los Religiosos se pacificó todo. Porque como amaban á los Religiosos, les obedecían en todo lo que les persuadían.

Y fué tanta la importancia de que estos ministros se distribuyesen por los pueblos y cabeceras principales de las provincias desta Nueva España, que esta sola diligencia bastó para que estos indios se quietasen, y la Majestad del Rey de Castilla ni sus Virreyes en su nombre hiciesen mayores diligencias para conservarlos en la paz y cristiandad EN que se pretendía tenerlos.

Eso se prueba, porque informado S. M. de algunos de los nuestros destas Indias, que era necesario hacer algunos fuertes y presidios donde hubiese guarnición de soldados para la mayor seguridad de la tierra, y en orden á esto haberlo así mandado el dicho Rey, nuestro Señor, al Virrey D. Antonio de Mendoza que á la sazón gobernaba, y no habiéndolo ejecutado el dicho Virrey, fué de ello notado de los interesados que querían asistir en estos dichos presidios (porque siempre desea esto la soldadesca, porque en los desafueros que en ellos cometen viven), y le acusaron ante S. M. la rebeldía, y haciéndole cargo de este descuido (que los dichos interesados decían serlo), le hizo el dicho Rey, nuestro Señor, este cargo; pero el cristianísimo gobernador se descargó de él muy fácilmente, diciendo:

"Han engañado á V. M. en decirle ni escribirle que he tenido descuido en lo que era razón tuviese tanto cuidado; pues cuando no fuera éste remedio para la seguridad de la tierra, era para mí de muy gran momento obedecer á mi Rey y Señor, cumpliendo con su mandato. Pero certifico á V. M. que tengo hechos y fundados más presidios de los que se me han ordenado. Porque los que son y han sido necesarios para la pacificación destas nuevas gentes, según lo que yo he conocido de su condición y calidad, son conventos ó monesterios de frailes, porque con su doctrina y enseñanza los tienen más domésticos que palomas; y destos tengo fundados muchos por las provincias más principales é importantes desta Nueva España, y estos son los fuertes y presidios más necesarios que los de los soldados; porque los de los soldados son para inquietar lo que ya está pacífico y muy asentado, y estos monesterios son los presidios para conservar los servicios que á V. M. en estas largas tierras se le hacen; y vale más un soldado destos espirituales que los doctrinan y enseñan la fe, que todas las lanzas y armas con que los castellanos entraron á rendir la tierra." Esto baste para probar que los Religiosos que han administrado estos reinos en la cura y enseñanza destos naturales le ganaron á la Corona de Castilla todos estos reinos, pacificando y domesticando los ánimos furiosos y desasosegados de los indios.

Y porque entremos más por menudo en esta pacificación de provincias, pregunto: ¿luego que llegaron los primeros y segundos Religiosos, que fué año de 24, y el de 26 y el de 27 adelante, y el de 32 siguiente, no entraron por todas tierras y fueron á las provincias de Mechoacán y Xalisco, y por las costas de los mares Norte y Sur, unos por estas partes dichas, y otros por la Misteca, Huaxyacac, Chiapa, Quauhtemalan, y otros hacia Pánuco y Huaxteca y otras partes? y no corrieron todas las cuatro partes del Nuevo Mundo? Pues pregunto yo agora: ¿qué soldados los acompañaron, ni qué gentes españolas los defendieron? Ningunas por cierto. Pues pregunto también: ¿por ventura en todas aquellas provincias y hasta los confines de los mares habían entrado nuestros españoles? Digo que no, como es manifiesto y notorio, pues con rendir á México y otras así algunas provincias, como hemos dicho, los más de todos esotros se le vinieron de paz al capitán, Marqués que luego lo fué del Valle. Luego nuestros Religiosos fueron los soldados que lo pacificaron y rindieron. Pues tan buenos y provechosos soldados, que tantas tierras han dado á su Rey y tantos vasallos le han encomendado, no se han de tener en poco, ni es razón que en el tiempo de la paz no se reconozcan sus buenos y fieles servicios, y se traten como á extraños: mayormente que de presente se ocupan en asegurar mayores tierras que á los principios en este nuevo orbe descubrieron, y como decimos, andan ministros apostólicos en estos descubrimientos y conquistas ahora con tanta y más ocupación que á los principios.

No les engañe á los que han de mirar esto ver pacíficos y paciguados estos contornos mexicanos, para despojar á los ministros evangélicos que lo están conservando, por sólo el gusto ó informaciones de un Arzobispo que sólo atiende á su interés, con capa y color del celo del bien de las almas, que en esto Dios sabe lo que hay; pero pídoles que por amor de Dios pasen los ojos adelante y pónganlos en tantos reinos y provincias como de presente andan conquistando estos sanctos y apostólicos ministros, donde por su industria y buena diligencia (después de Dios) excusan á la Majestad de nuestro Rey tan continuos y excesivos gastos como en los años pasados se hacían con tantos presidios de soldados como había, que no sólo no defendían á los otros, pero ellos mismos morían á sus manos; y estos dichos sanctos Religiosos los tienen tan domésticos y acariciados, que no hay memoria de que hagan mal á nadie, y andan entre ellos como si fuera cada cual uno de ellos; y son tantas las naciones y provincias de gentes que han descubierto y dispuesto al conocimiento de Dios y gremio de la Iglesia, que si no son enjambres de abejas son más que hormigas en muy grandes hormigueros; de que están hechas por el Virrey y Audiencia bastantísimas y copiosísimas informaciones. Ayúdese á estas conversiones con sustentar á los Religiosos en su ministerio, porque de lo contrario se perturba este bien principiado y se pone á riesgo de perderse todo, porque los indios de estas conversiones no conocen más lenguaje que el de sus apostólicos ministros. Pregúntese al P. Fr. Juan Baptista Mollinedo (que es el que por la parte del Río Verde tiene su Custodia y conversión, que va ahora á esos reinos de Castilla con esta demanda) cuántas son las provincias que ha andado, y las innumerables gentes que en ellas ha visto, que como con un poco de paciencia y sufrimiento le presten oidos, oirán cosas inauditas y dignas de dar muchas alabanzas á Dios que tantas maravillas hace por manos de pobres y desnudos frailes, sin más aperci bimiento de guerra que la doctrina evangélica con que los enseña, y la señal de la cruz con que los tiene rendidos: el cual dicho Padre, cuando quiere comunicar con alguna nación de aquellas gentes, con solo enviarles una crucecita de palo que les lleva un mensajero, en enseñándosela se le vienen á su presencia, á la parte y lugar que los llama. Pues ¿qué escopeta, qué lanza, qué espada ofensiva es esta? Considérelo el que lo oyere, que yo digo que es la fuerza de la Cruz y Sangre de Jesucristo derramada en ella, que quiere Dios que ya tenga su eficacia en estas bárbaras naciones, por medio destos humildísimos ministros.

Pues decir, como dicen los Obispos, que con esto andan distraídos y olvidados del rigor de su instituto y profesión, es engaño manifiesto, porque en viendo sus personas conocerán retratos de S. Francisco, pobres, con su vestido ordinario, y aun menos de lo que su regla les concede; y si esto no es verdad, díganme los que no lo creyeren, ¿cómo andará un cristiano entre enemigos, y que sabe que cuando no todos, algunos le pueden quitar la vida? Diránme (si son cristianos), que muy ajustados con su conciencia, pues sabiendo la ley de Dios, es fuerza que sepan que esta es circunstancia y el todo de su salvación, pues sin este ajustamiento ni hay buena muerte, ni Dios, ni gloria: luego observantes serán de su profesión los que en este ministerio se ocupan. Pues trayendo la muerte al ojo, y sabiendo que no guardando su profesión se han de condenar, habrán de vivir ajustados con ella. Allí rezan el Oficio Divino; allí oran porque Dios los alumbre para la mayor disposición de la conversión y buen acierto en todas sus acciones; allí hacen sus disciplinas, y allí doblan sus ayunos y hacen todas las demás cosas á que están obligados: luego este ministerio no los distrae ni divierte de sus obligaciones; y lo mismo hacen los que de presente los tienen á su cargo, pues no contradice lo uno al otro, como ya en otra parte hemos dicho: que la caridad del prójimo no es impeditiva á las cosas de la profesión del Religioso, y desta manera administraron aquellos sanctos ministros que fueron primeros en esta conversión, y desta misma manera administran de presente los que en este ministerio les han seguido, y sucedido en este sancto y apostólico oficio.

Y porque la evidencia de las cosas es la que desmiente la opinión y duda, quiero probar con ella lo que al principio propuse, de que los monasterios de los Religiosos son los presidios que mejor defienden los lugares peligrosos entre estos indios, que los que pudieran ser de soldados. Para esto es muy conveniente traer á la memoria lo que pasó en años pasados en tiempo de D. Luis de Velasco, el segundo, en su primer gobierno, el cual habiendo comenzado á reducir los indios guachichiles de todas esas tierras chichimecas, por medio del capitán Caldera, que los comenzó á traer de paz (aunque este principio de reducción se comenzó en el del Marqués de Villamanrique), el dicho D. Luis no halló otro medio para tener seguras á estas dichas gentes chichimecas, si no era dándoles ministros de doctrina que con su conversación y asistencia los acariciasen y les hiciesen perder el rigor y fuerza del arco y flechas; y para esto ordenó que de la ciudad y provincia de Tlaxcalan saliesen algunos indios (por ser la república más poblada que entonces había), y fuesen con sus mujeres á las dichas tierras de los chichimecas y poblasen entre ellos. Esto cometió el dicho Virrey á la Provincia y frailes de Sant Francisco del Sancto Evangelio, los cuales sacaron de la dicha provincia de Tlaxcalla más de cuatrocientos casados con sus mujeres y hijos, y con grandes trabajos y cuidados los llevaron á la dicha tierra, y los poblaron entre los dichos chichimecas en partes distintas y apartadas unos de otros, en los puestos que pareció ser más convenientes para atraer y tener de paz á aquellas naciones que tantos daños y males hacían. Hicieron sus poblaciones, fundaron sus conventos, pusieron frailes de la misma Orden, juntaron todos los más chichimecas que pudieron, aprendieron luego algunos sus lenguas, y comenzaron á reducirlos á la fe; y con la continua enseñanza de los ministros y el ejemplo de los cristianos tlaxcaltecas, comenzaron á aquietarse y á domesticarse los dichos chichimecas, y hasta hoy lo están sin hacer ningún alboroto ni ruido.

Pues qué más averiguada verdad, para saber que los monasterios de los frailes son los más fuertes presidios que el Rey puede tener en estos sus nuevos y recién poseídos reinos, que lo que no pudieron acabar las fuerzas castellanas ó españolas (antes morían infinitos en esta demanda), acabó la astucia y maña de los Religiosos que fueron á vivir y morir entre ellos, y están hasta hoy convertidos y baptizados gran suma de aquellas bárbaras naciones; y con esta pacificación se pudieron descubrir y poblar aquellas las famosas minas que llaman de San Luis Potosí que tanto oro y plata han dado á nuestros españoles; y los caminos de las Zacatecas, y todos los de aquellas tierras convecinas y comarcanas están tan seguros que cada cual va á ellas y pasa por los caminos con tanta seguridad y descuido de ningún peligro, como si á medio día uno fuese por la plaza de esta ciudad de México; luego los ministros Religiosos son necesarios para estas cosas y son las que los indios estiman, y en tratándose de darles ministros clérigos, dicen: *Amotinequi clérigo;* que quiere decir: no queremos clérigos. Qué les mueva á decir esta palabra tan resoluta, yo no lo quiero declarar; pero lo cierto es que la dicen, y que no la dicen de los frailes.

Y diga desde aquí adelante cada cual de la suya en particular (que bien tienen qué), que de la mía prosigo, y digo que aunque las gracias se deben á Dios, á la Orden de S. Francisco se deben estos trabajos (como más largamente se contiene en nuestras *Monarquías*) y bien se prometía estos felicísimos sucesos la Majestad Cesárea del Emperador Carlos V cuando pidió á la Sede Apostólica esta Religión, con petición especial para la conversión destas Indias Occidentales, y el Papa Adriano VI se lo concedió, y nunca se rindieron del todo estos indios á las armas castellanas ni se quietaron hasta que vieron la humildad de los pobres frailes, la suavidad de su trato, cuán desinteresados entraron, cuán pobres y desnudos vinieron, y con cuánto celo de su salvación comenzaron la obra de su predicación y enseñanza. Y aquí en estos apostólicos se verifican aquellas palabras de S. Pablo, que escribe á los Hebreos en el cap. 11: *Per fidem vicerunt regna, operati sunt justitiam, adepti sunt repromissiones, obturaverunt ora leonum.* Con la fe en sus bocas y predicaciones vencieron estos reinos, obraron justicia, alcanzaron el fin deseado de ver convertidos á la fe de Jesucristo sus nuevos hijuelos, sacados de las bocas de los leones infernales, quebrándoselas para que no se los tragasen. Esto fué derribando altares, destruyendo templos y quebrantando tanto número de ídolos y figuras del demonio, que no hay lengua que pueda contarlos. De aquí nacieron sus grandes trabajos, sus persecuciones y desasosiegos, andar vestidos pobrísimamente por montes y sierras, dormir en despoblados, caminar por tierras ya frías ya calientes, comidos de mosquitos y abrumados de los calores, y en todo esto tan invencibles con su ánimo, que no había quien destos trabajos los desviase ni apartase. *Alii vero* (como prosigue el mismo Apóstol) *ludibria et verbera experti, insuper et vincula et carceres: lapidati sunt, secti sunt, tentati sunt, in occisione gladii mortui sunt: circuierunt in melotis, in pellibus caprinis, egentes, angustiati, afflicti: in solitudinibus errantes, in montibus et speluncis, et in cavernis terræ.* Que parece que el Sancto Apóstol tenía á estos ministros evangélicos delante de sus ojos cuando escribió estas palabras, aplicadas todas á su apostólica y evangélica vida, y á lo que se ha pasado y sufrido en la plantación de esta nueva Iglesia y en la conservación y amparo de ella.

Dirá alguno que ya pasaron estos tiempos en que se pudieron verificar estas verdades, y que en los presentes y algunos atrasados no hay nada desto que se representa. Pero ruego *in visceribus Christi* al que lo presumiere, que me preste atención y que me oiga desapasionadamente. El reino ó provincia que llaman el Nuevo México ha pocos más de cuarenta años que se descubrió, y para su pacificación y conversión fueron enviados frailes franciscos, y antes desto entraron en él tres, que fueron Fr. Francisco López, Fr. Juan de Sancta María y Fr. Augustín Rodríguez, que predicando y enseñando aquellas gentes murieron á sus manos. Después que se pobló aquella tierra de los españoles que allá han ido, se ha ido conservando su enseñanza y conversión por el ministerio de los frailes franciscos, y van cada tres años (que es el tiempo determinado de su despacho) frailes desta Orden y provincia del Sancto Evangelio; y este año de 1621 fueron el Custodio Fr. Miguel de Chavarría y otros siete compañeros, todos despachados desta dicha Provincia del Sancto Evangelio, como también se dan para cualquiera otra parte que se piden. Tienen convertidas á la fe infinitas almas, y van convirtiendo otros muchos que con su solicitud se vienen al baptismo.

En el Río Verde (que cae en los términos y jurisdicción de la provincia de Mechoacán á la parte del Norte y Occidente) está actualmente el P. Fr. Juan Baptista Mollinedo, gran Religioso por su persona y deseosísimo de la conversión de los infieles, y entre innumerables que hay tiene á su gracia y amistad muchos ya convertidos, y otros con ciertas y muy propincuas esperanzas de que entrarán en el número de los hijos de Dios y en la compañía de los sanctos, porque ya es servido de llamarlos á su obediencia por medio y industria deste apostólico Religioso. Tiene ya casa entre ellos, y anda solicitando con el Rey y con su Virrey y Audiencia las cosas convenientes para su mejor conversión y baptismo. No tiene consigo gente de guerra, sino indios de paz que le acompañan, y con sola su persona y la de otro pobre fraile compañero tienen rendidos los arcos y las flechas de aquellas bárbaras y incultas gentes. Por aquí se verá si está concluida la obra de la conversión destas tierras, y si los frailes que agora viven están ociosos, y si se les ofrece en qué entender.

Y no sólo han descubierto estas tierras estos dichos Religiosos hijos de mi Padre S. Francisco, sino que han derramado su sangre en defensa de la honra de Dios y propagación de su fe y conocimiento de su Sancto Nombre, y todas esas tierras de chichimecas que por el mal tratamiento de los españoles en años atrás se habían rebelado, ellos los han pacificado y reducido á la obediencia de su Rey, y han fundado casas y conventos en medio de sus tierras, donde los doctrinan y enseñan con gran cuidado y con grande aprovechamiento destas bárbaras y agrestes naciones.

Diga esta verdad la provincia de los Zacatecas, pues tiene tantas casas pobladas destas, para las cuales, por orden del Virrey D. Luis de Velasco el segundo, en su primer gobierno, se sacaron de la provincia de Tlaxcala muchos indios casados, que los sacaron y llevaron á poblarlas á las dichas tierras los frailes de S. Francisco, y allá los doctrinan y conservan en la fe, en compañía de los chichimecas, que en los dichos puestos los han ranchado y poblado, como son los de Tlaxcalilla en las minas de San Luis, los de San Miguel Mizquitic, el Agua del Venado, Colothlán y San Andrés; todos puestos y congregaciones diferentes y apartadas unas de otras muchas leguas, para coger en su comarca las muchas gentes que hay convertidas ya y otras infinitas que hay por convertir.

Y porque se vea el gran fructo que se ha ido haciendo estos años pasados y de presente en estas mismas tierras, donde la posibilidad de los españoles es poca y la fuerza de estos indios bárbaros es tanta, diré lo que ha obrado Dios y de presente obra por sola la persona é industria de un Religioso francisco, llamado Fr. Alonso de Oliva. Tomado el hábito en esta dicha Provincia de Zacatecas y criado en lo áspero y riguroso de nuestra sagrada Religión, este dicho Religioso ha veintiocho años que anda entre los indios conchos (que son como los más valientes y más estimados de todas aquellas naciones, hacia la parte del Poniente y Norte, á los cuales reconocen los demás y los obedecen en cosas que se les ofrecen), y no sólo ha tenido su asistencia entre estos dichos conchos, sino también ha entrado por otras muchas naciones destas dichas gentes, con tanta pacificación y buen cogimiento de los indios como si fuera nacido y criado entre ellos. Porque como todo su pío ha sido siempre ganar almas para el cielo, se ha arrojado entre estos desnudos indios sin temor ni miedo de recibir muerte de sus manos, antes viéndolo tan pobre, tan humilde y despreciado de sí mismo (que cierto lo es, y en su ejemplo y espíritu un Apóstol) lo han acariciado y oído en todo cuanto les ha dicho, y les ha ganado la gracia de manera que lo que Fr. Alonso les dice, no sólo lo creen, lo reverencian y estiman, pero están persuadidos á que no hay otra verdad, sino lo que su sancto maestro les enseña y predica.

Su trabajo ha sido inmenso, porque demás de predicar á estas sus nuevas plantas la verdad del Evangelio, se ha ocupado también en edificar pueblos, así de indios como de españoles, por haberle parecido convenir para mayor seguridad de su enseñanza, como para que congregados en puestos conocidos, la tierra tenga la seguridad que conviene para el pacífico comercio de la vida. Los pueblos son la Villa de San Bartolomé, que es la población donde de presente están y asisten los españoles, y es población también de los indios conchos, naturales de la dicha tierra; y aunque algunas veces se ha despoblado por enfermedades grandes que á manera de pestilencia han tenido, lo ha vuelto á poblar el dicho Religioso, de gente nueva que para ello ha traído de la misma comarca concha, y al presente lo está como á los principios, y los indios mansos y pacíficos, no habiéndose criado en esta mansedumbre y pacificación, antes en crueles guerras y en grande enemistad de nuestros españoles. Otra población es la de Atotonilco, otra la de San Francisco y sus comarcas, otra la de San Luis, otra la del Xacal, otra la de Abamonoyaba y la de Tobolabahopa.

Fué de los primeros Religiosos que entraron con D. Juan de Oñate en el Nuevo México, y fundó en el Real de Sancto Domingo república de indios, y eligió gobernador y alcaldes, y todos los demás oficios de república, á los cuales todos confirmó el dicho Gobernador y Adelantado D. Juan de Oñate. Ha entrado en el Valle del Águila y pasado mucha tierra adelante, hasta topar con los confines de los pataragues, y es más de cien leguas distantes de las poblaciones de españoles, que son naciones incultas y destituidas de doctrina, porque aun todavía se estaban en su infidelidad, por no haber entrado entre ellos ministros evangélicos, ni haber habido orden ni manera para ello, hasta que Dios ha movido el espíritu deste sancto hombre, que posponiendo la vida por su servicio, va á buscar la muerte por la plantación de su Sancto Nombre; y donde piensa tenerla muy cierta, allí lo reciben con más agasajo y amor que entre los muy conocidos, y oyen su sancta doctrina, y para estas jornadas y otras muchas no lleva más compañía que la de su solo hábito y sombrero, con algunos indizuelos de paz que le acompañan.

Habrá doce años (pocos más ó menos) que se amotinaron los indios conchos y mataron á un español llamado Urbina, y pusieron la tierra en muy grande alboroto (y esto por malos tratamientos que los nuestros les hacen), y se redujeron y retiraron los dichos conchos á la serranía, que es su natural defensa cuando así se alborotan, y este bendito Religioso fué á los puestos donde se habían hecho fuertes, y los redujo á la obediencia de nuestro Rey, y los volvió á bajar á los llanos y los pobló como de antes estaban, en el pueblo de San Luis, sin tener más ayuda para esto que la palabra de Dios y su sanctísima gracia.

En el alzamiento grande que hubo de los tepehuanes (donde estuvieron comprendidos todas las naciones chichimecas), luego al principio deste dicho alzamiento, se halló este apostólico varón cuarenta leguas la tierra adentro (casi ya en el riñón destas ya encrudelecidas fieras) en un valle que se llama Tobolabahopa, en un pueblo que había fundado de indios conchos, donde tenía edificada iglesia y colgadas campanas para la administración política de aquellos nuevos convertidos y congregados, y sacadas acequias de aguas para los riegos de los panes de aquel dicho valle. Y estando en la labor desta nueva gente, enseñándoles la Ley de Dios y trabajando por traer otros á ella, le vino nueva desta revolución y motín; y saliendo del dicho puesto, armado con la confianza que siempre tiene puesta en Dios, que le librará de semejante peligro, se vino al pueblo de San Francisco, donde halló á los Religiosos que en él estaban harto afligidos, porque los indios moradores dél, con miedo que habían concebido de los amotinados y temiendo la muerte, los desamparaban y huían á otros puestos más seguros; y este dicho Religioso, consolando y alentando á los ministros evangélicos, y animando á los moradores del dicho pueblo, los volvió del camino que ya habían tomado en busca de su defensa, y no hizo esto solo, sino que también despachó sus correos por todas aquellas vecindades, y comarcas, pidiéndoles no ofendiesen á Dios con alborotar las tierras de los cristianos y amotinarse tan fácilmente, que él los defendería de cualquiera agravio que hubiesen recebido. Anduvo Fr. Alonso tres meses entre estos amotinados, en el cual espacio los quietó y volvió á su antiguo sosiego; y aunque en este medio le escrebían y rogaban los españoles y indios amigos del Valle de S. Bartolomé, que se retirase á tierra de paz, no lo quiso hacer, recelándose que si los dejaba en aquel conflicto se habían de amotinar y rebelar también como los demás vecinos, y desta súbita mudanza resultaría daño general en toda la tierra. Porque como los dichos conchos son los más temidos de aquellas tierras, si por ventura estos (que lo eran) dieran un grito á los demás, es cosa cierta que todos aquellos contornos lo padecieran, y no parara el daño en sólo aquellas naciones, sino que pasara hasta cuasi S. Juan del Río (que está poco más de veinte leguas desta ciudad de México), y son los términos de las gentes chichimecas, porque todo estaba de secreto contaminado y inficionado, deseando los dichos indios verse fuera de la opresión y molestia de los españoles que en muchas partes destas dichas tierras están entre ellos.

De aquí salió este animoso soldado de Jesucristo y le llevó al Gobernador D. Gaspar de Alvear un socorro de cien indios amigos y cuatro recuas de harina al Real de Indehé, y con este socorro rescató á Guanacebí, y luego volvió á Sancta Bárbara, y cuando volvió del dicho socorro halló que habían quemado los indios alborotados un ingenio de metales de plata, que era de un fulano del Castillo, en el pueblo de San Juan, juntamente con el Real de Sancta Bárbara y una estancia, y él solo se fué á estos indios alborotados y los redujo y trujo de paz, porque fueron por todos los que entonces bajó de la sierra, más de quinientos conchos.

Llevó luego tras esto un socorro á Guadiana de harinas, cuyos moradores, así indios como españoles, se estaban fortaleciendo en la dicha villa con temor de los enemigos, sin osar ninguno de ellos á tomar armas contra los contrarios, por ser muchos en número. En esta sazón vino á esta ciudad de México este sancto Religioso á tratar con el Virrey Marqués de Guadalcázar los medios de aquella pacificación, al cual despachó el Virrey por la posta, porque no faltase tal ministro de entre aquellas gentes; y por prisa que se dió en llegar á la tierra, la halló alzada, y con su llegada y vista se sosegaron y pacificaron los indios naturales.

Dió un socorro luego al capitán Mosquera, y él fué con ellos con doscientos indios soldados, con que en la entrada que hizo tuvo muy buen suceso, y desta entrada sacó este apostólico varón doscientas almas de entre aquellos bárbaros, y las pobló junto á San Francisco, río de Conchos.

Tras esto dió otro socorro de indios á cuatro capitanes, que eran Aguirre y Hontiveros, con otros dos cuyos nombres no me acuerdo; y como el socorro fué de doscientos indios amigos, tuvieron los dichos capitanes muy buen suceso en esta entrada que hicieron, acompañándoles este su ministro para animar á los amigos y atemorizar y atraer á los enemigos, y convocando á estas gentes las redujo y puso en sus lugares donde quedaron pacíficos y quietos; y apartándose de los dichos capitanes, se metió él solo entre aquellas gentes, y les sacó más de quinientas almas que se trujo consigo y congregó y dió á los soldados de socorro cincuenta para que los acompañasen.

Tras esto dió otro socorro al mismo Gobernador D. Gaspar de Alvear, con que pudo entrar seguramente á la cañada que llaman del Diablo, y otra vez lo volvió á socorrer con más gente, y le llevó él en persona otras cuatro recuas de harina, habiendo distancia de una parte á otra de cuarenta leguas, las cuales anduvo el valeroso Fr. Alonso sin miedo de los enemigos que andaban por la misma tierra, confiado en Dios, que era siempre el escudo con que en estos peligros y riesgos se amparaba, y siempre trujo el dicho Gobernador á su lado al dicho Religioso sin permitir que se apartase de él, hasta la entera pacificación de los tepeguanes, que eran los alzados, y son en número muchos, y que fácilmente quebrantan la fe.

Para la jornada que hizo el Almirante y Gobernador Mateo de Vesga al Valle de San Pablo le ayudó este dicho Religioso con doscientos soldados conchos, y él mismo los fué capitaneando, porque como lo tienen por padre se alientan con su vista en todas las entradas que han hecho. Esta Navidad pasada deste año de 1622, por ruego del dicho Gobernador, ordenó el Padre Provincial de la Provincia de Zacatecas al dicho Fray Alonso, que fuese á reducir la gente de cierta provincia que se había alzado; y obedeciendo el humilde siervo de Jesucristo, hizo lo que su Prelado le mandaba, y la pacificó y quietó, y sacó de entre ellos ochocientas personas, de las cuales bautizó seiscientas y cuarenta y tantas y las advocó al convento más cercano de la dicha Provincia.

Ultimadamente este dicho año se metió este varón apostólico entre los tepehuanes, camino de Caponeta, y pobló y congregó destas mismas gentes cinco pueblos en la misma sierra, con sus iglesias formadas, y les bautizó número de criaturas, y quedan ahí poblados, cuyos caciques y Señores los llevó al Gobernador Mateo de Vesga y los confederó con él. Los pueblos se llaman las Milpillas, las Lajas, Ayora, Ilamatepec y Tagicaringa, todos estos pueblos de indios tepeguanes.

Todo esto ha hecho este sancto Religioso con grande riesgo de su persona, con solo el amparo de Dios y el escudo de su gracia, sin que al Rey nuestro Señor le haya sido molesto ni embarazoso de interés de un maravedí, con solo el trabajo de su persona y ayuda poderosa del cielo. Si estos ministros son de desechar, véalo quien puede remediarlo. Y si esto no es ocuparse los frailes agora en conversiones como se ocupaban antes, díganlo los que más pasión tuvieren; que los que sin ella hablan dicen que no solo es conversión, sino también ministerio apostólico; y estas gentes las he visto yo en sus propias rancherías tan desnudas y pobres, que su comer es un poco de maíz cocido, y su vestir un pedazo de cuero con que las mujeres cubren sus partes verendas, y con sus arcos y flechas en las manos; y con ser esta su vida, pasan la suya entre ellos con sosiego angélico y celestial, sin miedo ni recelo de la muerte, aunque pueden estar á riesgo y peligro de ella; y con sola esta compañía y administración de Religiosos está toda la tierra pacífica y quieta, y no hay aquellos peligros, sobresaltos y muertes que había en otros tiempos, antes que estas gentes se redujeran, ni son menester ya fuertes ni presidios de soldados, como antes los había, donde se gastaba gran suma de dineros de la Caja y Hacienda Real.

Los primeros años de la conversión desta Nueva España se hizo jornada para la Florida, y fueron con la gente de ella dos Religiosos desta misma Orden, un sacerdote llamado Fr. Juan Suárez, y Fr. Juan de Palos, lego, de los doce primeros que vinieron á esta conversión, y después de haber padecido muchos trabajos por la predicación, murieron de hambre en ella. Otros Religiosos ha habido y hay, que tienen fundada una Provincia en ella, que se llama de Santa Elena, y el año de 1602 fueron martirizados y asaeteados cruelmente siete Religiosos, cuyo martirio y sangre derramada ha movido las entrañas de Dios para que se sirva de ir sazonando aquella gentilidad para traerla á la fe de Cristo nuestro Señor, y así han ido entrando los Religiosos y ganando más de cien leguas la tierra adentro, y han fundado diez conventos y baptizado muchos indios que tienen ya de paz; y últimamente, al fin del año de 1610, fueron muchos los caciques que vinieron al gobernador que allí está en nombre del Rey, á darle la obediencia, pidiéndole Religiosos que los administrasen, y particularmente los de la gran provincia de Apalache, adonde hay indios innumerables, y de donde vino el mayor cacique de ella, con ser muy viejo y distar más de cinco[1] leguas del Real de San Augustín donde reside el dicho gobernador, á sólo dar la obediencia y pedir Religiosos, el cual le dió dos, porque no había más que poderle dar; y queriendo dilatarle el baptismo hasta bien catequizado, dijo el dicho cacique que él era viejo de ochenta años, y venía en busca de su salvación cien leguas de camino, y que á la vuelta no llevaba seguro de que

---

1 Así el MS.; probablemente el original diría *cient*, como se lee abajo.

llegaría con vida, y que quería asegurar su salvación, y que los sucesores en su estado quedasen ya cristianos; y así pidió instantísimamente le baptizasen á él y á un hijo y á un sobrino suyo que traía consigo, como lo hicieron, y se volvieron llevando los dos Religiosos á su tierra, donde de presente se va haciendo grandísimo fructo, y convirtiendo innumerable multitud de indios, y para esta y otras nuevas conversiones pidió el gobernador al Real Consejo de Indias más Religiosos, y pasaron á la dicha Provincia otros veinte. Esta conquista se va haciendo no á sangre y fuego, como se han hecho otras, sino con sola la diligencia de los pobres frailes de S. Francisco, desnudos y descalzos, por cuyo medio convierte Nuestro Señor aquellas almas no solo á la sancta fe, sino también las reduce á la obediencia del Rey Católico de Castilla.

En la provincia de la Galicia ó Xalisco, por aquella parte de Guaynamota, hay conversión de indios tepehuanes y coras, y en ellos SE ocupan apostólicamente Religiosos que dejando la quietud y sosiego de su celda, andan por asperísimas serranías buscando estas gentes y bajándolas de sus rancherías para doctrinarlos y enseñarlos en la fe. La vida que pasan los que en este apostólico ministerio se ocupan es muy pobre, y con un costalillo de maíz al hombro para comer andan muchas leguas á pie y trabajosamente; y desta manera hacen fructo en aquellas bárbaras naciones. Mataron en esta dicha provincia de Guaynamota (los caciques de ella) en años pasados al sancto Fr. Andrés de Ayala y á Fr. Gil, su compañero (cuya vida escribo en nuestra *Monarquía*), por estar cansados de verse reprehendidos de sus vicios, de estos benditos Padres. Está otra vez poblado el monasterio y se prosigue en su enseñanza y doctrina, que es de grande trabajo, aunque como se hace por amor de Dios y bien destas almas redimidas con su sangre, se tolera todo con alegría.

El P. Fr. Miguel de Uranzu, hijo de aquesta misma Provincia, ha entrado por los coras, que es adelante desta dicha provincia de Guaynamota, y tiene convento fundado en Quiviquinta, y ha traido á la fe de Jesucristo muchos de aquellos idólatras, y tiene toda aquella tierra á su devoción y á gracia, y le respetan los indios como á padre, y con su asistencia se hace mucho fructo en aquellas almas, porque hay paso abierto (con esto) para que otros Religiosos con menos riesgo se ocupen en el ministerio de su doctrina.

El P. Fr. Pedro Gutiérrez se ocupó muchos años por aquellas tierras nuevas de la provincia de Zacatecas, y trujo al regazo de la Iglesia infinitas gentes, donde al fin vino á morir á manos de indios, defendiendo y sustentando su apostolado, porque era un sancto y menospreciador de las cosas de la vida, por solo el celo del aumento de la sancta fe católica. Fué su muerte crudelísima y fiera: murió con un crucifijo en sus manos, defendiendo una imagen de Nuestra Señora que los indios bárbaros maltrataban. Mataron á este sancto Religioso habrá tres ó cuatro años; y antes, el año de 1609, mataron en la misma tierra de Zacatecas otros indios al P. Fr. Martín de Altamira.

En la provincia de Yucatán (Campeche por otro nombre) se ha descubierto de pocos años acá una grandísima conversión, que llaman de los montes, donde han fundado los frailes de S. Francisco tres conventos, y el número de los indios es muy grande. Está veinte leguas adelante de la última casa de la dicha provincia, que se llama Champotón, subiendo los montes arriba hacia la parte del Sur. De tres Religiosos franciscos que descubrieron estas gentes, el uno murió á manos destos infieles asaeteado, y el otro de hambre y trabajos insufribles con que trabajó en su espiritual conquista, y ambos predicando el conocimiento de Dios y la suavidad de la ley cristiana y evangélica. Corre esta tierra y cordillera de sierras por muchas leguas, y confina con la Verapaz, donde los Religiosos de Sancto Domingo tienen administración por la parte de Guatemala, y también por allí les van entrando la tierra, y la doctrinan y convierten como apostólicos varones, y que no atienden en esta obra más que á la exaltación de la fe católica y conocimiento del Nombre de Cristo.

Esta Provincia del Sancto Evangelio de México, por la parte que corresponde al Norte, tiene la gente que llaman los pamíes, desde el Cerro Gordo adelante; y aunque andan pacíficos, algunas veces se amotinan y hacen daño en pueblos comarcanos y en Reales de minas que tienen en su contorno; y el año de 1615 se alborotaron de manera que dejando sus rancherías se subieron á las sierras, y aunque las justicias comarcanas procuraron haberlos á las manos, no fué posible, hasta que un Religioso que se llama Fr. Juan de Sanabria, gran lengua otomí y mexicana, se entró por la serranía adentro sólo con dos ó tres compañeros indios otomíes, y no pudiendo llegar al lugar donde los alzados estaban, les envió á requerir de paz, rogándoles que viniesen donde él estaba, prometiéndoles perdón de parte del Rey; y no asegurándose ellos de la promesa por sólo la palabra de los farautes, les envió dicho Religioso la capilla de su hábito, como por seguro de la palabra que en nombre del Rey les daba de que no serían en nada molestados, y en viendo los dichos indios la capilla del dicho ministro, como si fuera Provisión Real se vinieron á sus pies y se pusieron en sus manos, pidiéndole el seguro de su palabra, y más mansos que corderos se vinieron con él adonde la justicia los aguardaba, y hechas sus treguas se volvieron á sus puestos, para que se vea lo que valen con estos indios los pobres frailes de S. Francisco, que no sólo estiman sus personas, las aman y las quieren, por el buen tratamiento que les hacen, pero aun sus capillas pueden tanto con ellos como sus mismas personas. En este mismo tiempo, que era yo Provincial de esta dicha Provincia, traté con el Sr. Marqués de Guadalcázar, que era Virrey de Nueva España, se sirviese de darnos permiso y ayuda para fundar tres conventos en partes distintas y necesarias en aquella tierra, aunque por entonces no hubo lugar, porque como se trataba la población y conversión de los del Río Verde, querían que todo junto se determinase. Entran frailes desta Provincia entre estos indios, y los acarician y halagan y no les hacen mal ninguno, y los traen á los conventos más cercanos, como son los de Alfaxayuca y Tecozauhtla; y cerca deste de Alfaxayuca hay algunos rancheados por la solicitud y cuidado de los Religiosos, y vienen á misa y acuden á lo que se les enseña de la fe cristiana; pero para su total seguro era muy necesario la fundación destos tres conventos dichos.

Los Padres de la Compañía tienen un convento en el pueblo que llaman San Luis de la Paz, donde tienen poblados muchos de estos chichimecas, y los administran apostólicamente; y en la tierra adentro de Zacatecas, en los llanos de Cíbola y sus tierras comarcanas, tienen muchas poblaciones y conversiones y han muerto los indios naturales de la tierra algunos destos dichos Padres, por dotrinarlos y traerlos al conocimiento de Dios. Hacen su apostolado como verdaderos hijos de la Iglesia, trabajando con solícito cuidado con aquellos nuevos hijos y plantas tiernas que cultivan para Dios.

En este estado están el dia de hoy (que es el año de 1621) las cosas de la conversión desta Nueva España, por donde se verá que si EN esta tierra de México y algunas leguas en contorno de su comarca hay paz y quietud y estado conquistado y convertido, no al menos lo está toda la tierra, pues tiene tantos jirones por donde el demonio hace sus poderíos para entrarse á sembrar cizaña y hacerse señor de la mies que no sembró, y hay tanta necesidad hoy de ministros apostólicos que cuiden deste soberano ministerio como la había en los primeros años de la conversión deste nuevo y dilatado mundo, si no para este contorno (como digo) al menos para las partes y lugares que quedan referidos en estas relaciones, y las Majestades de los Reyes de Castilla, y los Virreyes y Gobernadores en su nombre, acuden á esta provisión como católicos cristianos, y como los que están obligados á mirar por ello como cosa de que se han encomendado y tienen obligación de dar cuenta á Dios desta obligación que echaron sobre sus hombros, que en esto muestran cuán hijos son de la Iglesia, y lo que desean servir á Dios.

En todo esto que hemos dicho no hallamos que ningún Padre clérigo se ocupa, porque donde tienen sus partidos y beneficios está la tierra pacífica y quieta y no tienen que convertir, ni tampoco sabemos que desde que se descubrió toda ella y se comenzó á tratar de su conversión ha habido ninguno que por ella se haya puesto en los brazos de la muerte, y no pienso que dejaría de haber algunos que en aquellos primitivos tiempos tuvieran, espíritu para hacerlo, sino como siempre los Religiosos han ido por delante á todos estos trabajos y peligros, les ha parecido bastaban para convertir este mundo y otros muchos que de nuevo se descubriesen, como cada día lo va mostrando el que los crió (como por lo dicho atrás lo vemos), y así se están en sus casas sin más cuidado que decir misa y rezar el Oficio Divino, y cuando mucho, ya que hubiesen de tener algún cuidado de indios, querrían que fuese en este contorno del Arzobispado de México y Obispado de la Puebla y Mechoacán, en pueblos asentados, quietos y pacíficos, y que los quitasen á los ministros Religiosos que de presente los tienen, sin atender á más de decir que de derecho es suyo y no de los frailes, no siéndolo sino de los Reyes Católicos de Castilla á quienes está encomendada su doctrina, y que si hasta aquí se ha hecho ha sido por la falta que ha habido de los dichos clérigos, y que habiendo ya ministros en número suficiente para entrar en ellos, es razón que se haga.

Pero preguntarle hía yo de buena gana á estos señores Curas de deseo y gobernadores en seco, cuántos son en número, y cuántos también los que son necesarios para distribuirse por estas tres Provincias que agora ocupan los Religiosos de Sancto Domingo, S. Francisco y S. Agustín. Diránme, por ventura, que en el Arzobispado de México y Obispado de la Puebla hay más de ochocientos clérigos que se pueden ocupar en ello; y á esto digo que sacados los de las Catedrales, que sirven las dichas iglesias (que en entrambas partes serán ciento ó casi ciento), conventos de monjas, hospitales y otras iglesias donde tienen sus curatos y beneficios, que quiero que sean otros ciento, más ó menos alguno ¿cuántos quedan? Dirán que seiscientos. Pues agora vuelvo á preguntar: ¿los frailes cuántos serán? No quiero tratar los que en las tres Órdenes son en número, sino de los forzosos que administran en las doctrinas los Sacramentos: son más de mil. Pues pregunto: ¿cómo suplirán seiscientos que dicen que están desocupados para este ministerio, por mil, pues con seiscientos no llegan al número necesario! Y porque se vea que no hablo á poco más ó menos, sino con muy gran cuidado, y como aquel que ha de ser censurado cuando esta razón se oiga, quiero hacer demostración clara y distinta desta verdad propuesta.

La Provincia del Sancto Evangelio, que incluye en sí el Arzobispado de México y Obispado de la Puebla, tiene más de setenta casas, entre chicas y grandes: la de Sancto Domingo tiene cincuenta casas y más, que deste número menor no estoy cierto de las que son: las de S. Augustín son cincuenta y más, que todas juntas hacen número de ciento sesenta y ocho, algunas más por las que no sé cuántas son. Pues á un ministro cada una son otros tantos. ¿Pero quién dirá que solo un ministro basta en cada convento para la administración de los Sacramentos? Casa hay donde son necesarios cada domingo ocho y nueve, y donde menos tres. Esto es en esta Provincia del Santo Evangelio, que numerados por este número menor de tres veces setenta, son doscientos diez ministros. Y estas casas de á tres son las menos, y las más son de á cinco hasta ocho y nueve (como dejamos dicho): luego bien llegarán á número de cuatrocientos. Pues considérense las otras dos Provincias de Sancto Domingo y S. Agustín, y rátense y verán si serán entre ambas seiscientos, que juntas todas tres hacen número de mil, y esto es acortando mucho la cuenta destos ministros. Luego bien digo que si son mil no pueden suplir seiscientos clérigos (y sean algunos más los que andan baldíos, que no lo son) por mil, porque estirando la cuenta á los seiscientos aun faltan cuatrocientos para llegar á lo muy necesario de la administración. Pues cómo quieren entrar estos Padres en ministerio donde con tanta cortedad han de administrar, ni qué Prelado podrá con buena conciencia introducirlos, habiendo de venir á tanta baja la administración y doctrina. Y ya que el Prelado eclesiástico, por acomodar á sus clérigos, quiera tragarse esta gran falta, qué rey cristiano querrá permitirlo, estando tan obligado en conciencia á dar pasto y doctrina á estas almas que tanto le costaron á Dios, y que tan encomendadas las tiene de los Pontífices Romanos y Silla Apostólica. ¿Pues cómo que de más vengan á menos, sólo porque entren clérigos en ellas, sin que se repare en lo bien acomodados que están? Pues si tratamos de lenguas, ¿cuántas son en estas provincias? Digo que son la mexicana, la otomí, la matlatzinca, popoloca y otras que corren por las demás provincias apartadas de México en que los Religiosos del gran Patriarca Sancto Domingo y los del sanctísimo Augustino se ocupan, y de todas estas lenguas son ministros todos los Religiosos de todas tres Religiones, y muy pocos los que no lo son; ¿pues cómo entrarán en estas doctrinas ministros que carecen destas dichas lenguas? y decir que los hay es engaño, porque muy pocos de los clérigos saben apenas la mexicana y otomí, y de las demás ninguno, y los Religiosos para saberlas bien las están aprendiendo y estudiando desde casi luego que toman el hábito de la Religión que profesan, y otros luego que acaban sus estudios; y aun con todo este cuidado suyo y de los superiores que los obligan á ello, es menester particular favor del cielo; porque lenguas extrañas no tan fácilmente se aprenden, y sabemos que éste es don particular de Dios, como dice S. Pablo, *alii genera linguarum;* y sabemos también que los clérigos no se dan mucho por ello, y en entrando en el beneficio procuran ganar de comer y ocuparse en sus granjerías, y si trujo sabidos dos vocablos, con aquellos se contenta y no pasa á más; y yo sé de beneficiado que ha más de quince años que está en el beneficio, y no ha pasado á saber hacerles una plática á los indios; y aunque lo ha tenido amenazado su Obispo, no sabe más un día que otro, no porque no pudiera, sino porque el tiempo es corto para otras cosas; y si á los indios se les ha de predicar ha de ser por algún ministro Religioso.

Y destos Religiosos hay muchos que no sólo han aprendido una lengua sino dos, y otros tres, y predican en ellas elegantemente y á satisfacción de los oyentes; y en un púlpito (al menos de los de mi Orden) he visto predicar juntamente á un ministro en lengua castellana á los españoles, y en la mexicana á los mexicanos, y en la otomí á los otomíes; y á otros á otomíes, mexicanos y matlatzincas, y á otros á los popolocas y mexicanos, de manera que destos ministros frailes hay muchos, y no ninguno clérigo. Dirán que las aprenderán puestos en la ocasión, y desto digo que *dubitat Augustinus*, porque de los que de presente hay se infiere los que habrá en lo futuro, mayormente cuando se saben sin opositores, y que sepan que ellos lo han de gozar sin que los entiendan los Obispos, porque pocos saben lenguas.

Pues juntemos á lo dicho que siendo estos ministros los forzosos y necesarios, es fuerza que alguna vez haya de faltar alguno ó algunos de ellos en su ministerio, ó ya por enfermedad ó ya por otras ocasiones que se ofrecen, y que estando así impedido es fuerza que falte el ministerio por entonces de aquel ó de aquellos ministros que tienen el tal impedimento. ¿Pues no es cierto que será mejor que jamás falte? Es fuerza que me digan que sí. Pues esto suplen los demás Religiosos que en el dicho ministerio son sobresalientes, porque faltando el uno suple el otro, y así la doctrina y ministerio anda cabal y entero, y no con ninguna falta, que es lo más á que se ha de entender, y esto hacen los frailes destas tres Provincias, que no sólo tienen los mil ministros necesarios, sino otros muchos más que ayudan á los forzosos.

Pues consideremos ahora todas las otras Provincias desta Nueva España, así de Santo Domingo, S. Augustín y S. Francisco en Mechoacán, Xalisco, Zacatecas, Yucatán y Chiapa y Guatemala, y también los Obispados, y clérigos que hay en ellos, y cotéjense los frailes que hay en ellas y clérigos que hay en ellos, y véase si se puede hacer el trueque de los unos con los otros. Esto tengo por cosa de risa, porque apenas tienen las Catedrales quien las sirva. Pues luego ¿cómo podrán entrar donde no pueden? Si parecen clérigos baldíos por las calles, á pie y á caballo, es sólo en estas calles de México y de la Puebla; pero en las demás diócesis es falso. Pues pensar que se han de entrar en las que quisieren y dejar las que no pueden, también lo es: ó todo ó nada; que aunque los frailes son humildes y deben serlo, no al menos los han de sobajar y tratar cada cual á su antojo y albedrío; y pues se hacen los Prelados tan celosos

27*

de la doctrina, tomen también á cargo las conversiones y mueran en ellas, como aquellos que están obligados, y no gasten el patrimonio de la Iglesia en cosas impertinentes.

Y para que se vea que los frailes franciscos desta Provincia de México trabajan como los demás, y que también salen á conversiones como los otros de las otras Provincias, consideren que el Nuevo México se ha fundado de ella, y que más de veinte Religiosos que allí se ocupan en aquel ministerio sancto y apostólico son de ella, y que cada tres años van ministros á ella, y si viene alguno de los que allá han estado, luego se suple otro de los que acá están; y la Custodia de Tampico es subjecta á esta Provincia, y los frailes della son desta, y cuando allá los han menester se proveen de ella, y así acuden al uno y al otro con mucho cuidado, y cuando se hace alguna misión ó hay algún descubrimiento nuevo de conversión, esta dicha Provincia de México da los Religiosos necesarios para ello; de manera que no están baldíos ni comen el pan de balde, pues demás de la puntualidad que tienen con que acuden al ministerio destas gentes que tienen á su cargo, hacen también todo lo que dejamos dicho; y todo esto no hay niño que no lo sepa.

Bien sé que todos los Señores Obispos desta Nueva España están enterados desta verdad, y así se están en sus Iglesias con quietud cristiana, sin alterar cosa en sus Obispados, porque de la manera que hoy los tienen distribuídos saben que están suficientemente proveídos, y con la devoción y rectitud cristiana que se debe. Y también saben que alterar las cosas de como agora están, es dar gran baja en este tan alto ministerio, y así callan y comen sus rentas como Dios se las ha dado, y duermen sin los escrúpulos que pudieran causarles lo contrario, y deben dar muchas gracias á Dios por tan soberana merced como les ha hecho en darles coadjutores tales como los que tienen, los cuales, deseando salvar sus almas como lo hacen (pues tomaron el hábito de las Religiones con este propósito), es cierto que desearán salvar las ajenas, habiéndose encargado de ellas, y saben que no haciendo de su parte todo lo que deben para que se consiga este fin, tampoco conseguirán el primero, pues descuidándose de su encomienda pecan en ello, y este pecado será parte para que su buena vida, ayunos, oración, disciplinas y penitencias no les valgan nada; pues es cierto que si de diez mandamientos (como dice Cristo) se quebranta uno se pierden los nueve, aunque estén bien guardados. Y así acuden á este ministerio como aquellos que están obligados á dar cuenta destas almas de que se han encargado (como dice S. Pablo), y en esto no hay duda ni es razón que la haya, y no ha de ser parte que uno falte á su obligación para que se diga que todos faltan, porque no porque un ratón se coma el pan ó el queso, hemos de decir que los ratones: que en gente de razón es muy mala inferencia ésta; que las Religiones en común ayudan á sustentar la Iglesia de Dios en la tierra, y si hay un desacertado en ella, hay cien mil que no lo son; y para un malo (como yo lo puedo ser y lo soy) hay muchos buenos que con su buena vida reprehenden y castigan la mía mala: y vemos que ha cien años que se descubrió esta tierra, y todos ellos se han sustentado las Religiones en ella con gran lustre y nombre de su sanctidad, y en todos ellos no se ha faltado en la buena administración de los Sacramentos y en la doctrina y predicación que se debe á los cristianos que hay en ella.

Sólo el Sr. Arzobispo D. Juan de la Serna es el que en estos tiempos SE ha querido mostrar más particular que otro, y ha pretendido inquietar y afligir estas sanctas Religiones, como si no fuese padre de ellas, porque el que es padre ese quiere y ama á sus hijos, y cuando alguno sale travieso lo castiga y corrige en secreto con amor de padre, y no procura echar sus faltas en la calle; y cuando entre cuatro que tiene en casa sale el uno tal como hemos dicho, no abarraja á los otros tres, si no le han ofendido. Pero en nuestro caso no sólo se estrella con el que parece tal, sino con todos en común, como si todos le hubiésemos ofendido. Ha hecho informaciones secretas contra los Religiosos, y las ha inviado al Rey y á su Real Consejo de las Indias, como consta de la Cédula última que S. M. le invió; y según las palabras de la dicha Cédula, son las cosas que se nos acumulan muy graves, de lo cual se puede colegir ser falsas, pues que Rey tan cristiano se abalanza por ellas á que se pervierta el orden que hasta agora se ha guardado; y si estas informaciones hàn sido bastantes para condenarnos, no sé cómo se deba hacer en religión cristiana, pues que *contra partem inauditam non est proferrenda sententia.* Y parece que es así, pues nos condenan por ellas. Y habiendo de valer, es justicia que nos den los cargos, para que respondamos, porque como se dijo por los Padres de un Concilio: *satius est relinquere facinus impunitum, quam innocentem condemnare;* y informaciones hechas en secreto, y de hombre apasionado ¿qué verdades pueden contener que todas no sean mentiras? Y esto es probabilísimo, porque como tenemos los frailes la administración de los indios, y por esta causa hayamos de contender ordinariamente con los españoles, contra quienes los defendemos porque no los maten y se los coman (como hacen en los extraordinarios trabajos con que los oprimen) es fuerza que sean nuestros contrarios, y que por vengar en nosotros por mano ajena lo que no pueden con las propias, juren lo que quisieren, pues con un juramento falso pueden hacer lo que no pueden con la espada; y esto se ha verificado estos días en esta parte de Tlatelolco, como por informaciones contrarias de las que el Señor Arzobispo hizo se ha visto y averiguado; y todas estas informaciones que hace las envía á España al Real Consejo, sólo por desdorar lo dorado y quitar el lustre al que lo tiene, que como ve que las cosas de la doctrina no las puede desbaratar y hacerse señor absoluto de ellas como piensa que lo es, ha tomado para el seguro de sus pretensiones estos malos medios; y que este sea su intento está muy claro, pues ha dicho que como él salga con este pleito de poder visitar á los ministros de doctrina, él saldrá con ellas, porque por no verse los frailes subjectos á su jurisdicción las dejarán, y en realidad de verdad que es así, porque no sólo las doctrinas sino también la tierra dejaremos, sólo por guardar la inmunidad de nuestras Religiones. Pero si sólo por dar gusto á un Arzobispo es bien que esto se haga, véalo el Rey, nuestro Señor, y su Real Consejo, y hágalo norabuena, que á nosotros NOS BASTA una celda y un pedazo de pan en ella, y entonces se verá como el de la doctrina falta, y la carestía llegará á tanto, que se verifique aquello del Profeta: *Pueri petierunt panem, et non est qui frangeret eis.*

Y no dejaremos de sentir esta falta, porque si no los hemos convertido á todos (los que de presente vivimos) hémoslos al fin conservado y servido, predicándoles, doctrinándoles y acudiendo á todas sus necesidades, como padres que somos. Pero es fuerza que nos cause muy tierno sentimiento el ver que porque nos ocupamos en este sancto ministerio anden nuestras personas corridas, nuestras honras ultrajadas, y las buenas obras de nuestros rincones pregonadas por malas en las plazas; y esto nace de que un Prelado eclesiástico, con el celo que él se quiere (séase bueno ó malo) ha querido tomar entre los dientes el nombre de frailes, y dar lugar á que borren su buena fama y crédito, para destruir con esta astucia todo lo que en este nuevo mundo se ha edificado. Y no es justo que para condenarnos y desacreditarnos á todos se eche mano de un exceso particular, ni de un mal ejemplo de un fraile, que no estamos confirmados en gracia, ni es posible que todos acertemos en todo, y debemos ser mirados y juzgados por la masa común y cuerpo universal de nuestra comunidad y Religión, y no por el exceso particular de uno; que no es bien que Religiones tan sanctas sean tenidas (por estar entre indios administrándoles los Sacramentos) en menos opinión que las que corren por todo el mundo del mismo hábito y instituto. Pues la misma obligación que por los otros corre, corre también por nosotros; y si profesamos una misma Regla, no hemos de ser juzgados por tan malos que se entienda de nosotros que como olvidados ya de todo punto de la ley de Dios quebrantamos también la de nuestra profesión y Regla, que esto no se debe pensar ni asentarse en pechos cristianos, y no es razón que callemos, pues callando nos hacemos hechores, y para esto será muy justo que nos oigan á todos, y haya persona diputada para esto; que como el Sr. Arzobispo tiene mano para probar lo que quiere, lo hace con facilidad, y como nosotros no la tenemos, perece nuestra justicia. Y no sé qué enemistad es esta que algunos han tomado con las Religiones, si ya no es que se pueda decir de ellos, *odio habuerunt me gratis*, no más de porque siguen su mala inclinación y el engañado desorden de su antojo. Y si son celosos de la perfección del estado religioso, y les parece que los frailes agora son relajados, digo á esto que todos los estados de los hombres han ido decayendo y han caído de su perfección primera. Considérense los cristianos de la primitiva Iglesia, y después muchos años: miren las obras que hacían y las que agora hacen; la devoción con que de día y de noche asistían á los Oficios Divinos, y el modo que de presente tienen en oir una misa y asistir á un sermón; el temor de las conciencias pasadas destos primitivos cristianos, y el que agora corre por las plazas y calles; consideren asimismo el clero secular pasado en sus principios y después en sus medios y el que en este presente corre, y no por esto se condenen los buenos, y fuera gran locura pensar que no está la cristiandad llena de ellos.

Adviertan también que aunque los Religiosos hayan decaído de aquella su primitiva perfección, que de esos mismos Religiosos han salido varones esclarecidos, como de fuentes limpidísimas y claras, y siempre lo están manando y produciendo, los cuales nuestra Sancta Madre Iglesia los recibe como á sanctos que en los gozos de la gloria participan de la visión beatífica, y como gente colocada en el cielo los recibe y escribe en su catálogo; y bien sabe el mundo todo que de muchos años á esta parte no vemos canonizado ningún sancto, sino aquellos que subjectándose á la obediencia y yugo de las Religiones, se criaron y doctrinaron en ellas: que es señal manifestísima y clara de que el alto y poderoso Dios se da por muy contento y agradado de tenerlas en la tierra, honrándose y magnificándose en ellas, como en huertos y jardines donde de ordinario se recrea, no obstante que en este estado religioso haya algunos relajados: y es cierto que estas sanctas Religiones son de su divino gusto, pues tantos y tales hombres ha escogido y de ordinario escoge de ellas para que en el cielo gocen de su bienaventuranza, honrándolos con tantos y tan maravillosos milagros como por sus merecimientos cada día hace.

Y en estos tiempos, en los cuales por la poca devoción de algunos y menos afición con que miran las causas religiosas, y que les parece que están las Religiones en las heces de su religioso estado, prosigue con este mismo soberano beneficio, para que esos mismos hombres vean que están ciegos y que juzgan con pasión, pues en ellos ha dado ese mismo Dios, y da cada día, hombres sanctos y apostólicos, que no todos los que han merecido su justificación, por los merecimientos de Jesucristo Nuestro Señor y están gozando de él en la bienaventuranza están canonizados en la tierra, porque el canonizarlos es favor particular de ese mismo Dios con que quiere que los tales sean conocidos y que de su santidad no haya ninguna duda; pero de los que no lo están tenemos llenos los rincones; lean esas mis *Monarquías* y verán los apóstoles que estas sanctas Religiones han tenido en este nuevo Orbe; lean las corónicas de esas mismas Religiones, verán los varones insignes y valerosos que no sólo en lo pasado sino también en lo presente son muros y fortaleza de esa misma Iglesia militante; que ya con la sangre de sus cuerpos y venas, por defender la inmunidad de la que Jesucristo Nuestro Señor derramó por nosotros, la han vertido ellos entre infieles, ó ya entre sarracenos y moros, ó ya en la China entre aquellas bárbaras naciones, ó ya en estas Indias Occidentales entre crueles é inhumanos chichimecas.

Vean tantos confesores que con el Nombre de Jesucristo en su boca han dejado esta vida mortal y perecedera, arrastrando sus honras, ultrajando sus bienes, y coceando sus gustos y deleites; y cargados de ayunos, de penitencias, disciplinas, mortificaciones, desnudez y desprecio de todo lo que el mundo ofrece, han corrido por el camino seguro y cierto de la bienaventuranza, á celebrar en ella las bodas con el soberano Esposo. Vean los que con sus escritos y libros han defendido siempre y de presente defienden la fe sancta de ese mismo Dios, y vean que de entre esos mesmos relajados (que agora juzgan por tales) han salido un sancto Aparicio, cuyo cuerpo está entero en el convento de S. Francisco de la ciudad de los Ángeles, á quien Dios ha ilustrado con tantos milagros, que pasan de cientos á miles. Y en el Perú, en la ciudad y convento de S. Francisco de Lima, murió habrá poco más de seis años el Padre Fr. Francisco Solano, sacerdote y gran predicador de los más perfectos que nuestra sagrada Religión ha tenido, y gran ministro de la conversión de aquellos reinos, acompañando Dios su muerte con música celestial de ángeles, cuyos milagros también son sin cuento. Vean á S. Jacinto, de la Orden del gran Patriarca Sancto Domingo, canonizado en estos tiempos: vean á nuestro S. Diego, vean á Sancta Teresa, reformadora de la religiosísima Orden de los Carmelitas: vean á S. Ignacio de Loyola, fundador de la muy esclarecida Orden de la Compañía de Jesús, beatificado y dado por sancto conocido de la Iglesia: vean al sanctísimo Francisco Javier, apóstol de la India y Japón, que goza deste celestial beneficio: vean nuestros seis mártires que allí fueron crucificados por la defensa de la fe y sustentar el estandarte de la milicia de Cristo: todos estos nacidos y criados en estos nuestros tiempos, y hijos de las sanctas y apostólicas Religiones.

Vean á esos mismos relajados, ó al menos á los que juzgan por tales los que con poca devoción los miran, las obras en que se ocupan. Considérenlos que viven debajo de obediencia, viven en comunidad, rezan juntos las divinas alabanzas de dia y de noche, predican la palabra de Dios, enseñan á los ignorantes, confiesan á los pecadores, administran todos los demás Sacramentos, y favorecen y amparan las causas de los pobres: considérenlos dentro de sus monasterios, cuando los otros andan paseando las calles; y en esos monasterios considérenlos también ejercitando obras tales cuales son las que profesan, y como ya dejamos dicho, no juzguen el común de la Religión y Religiones por los particulares que descaecen desta perfección; que si entre doce hay uno que no sea tal, entre mil y millares no es mucho que haya diez ni quince ni ciento.

Y pregunto yo: ¿solos nosotros somos los malos? ¿No hay, por ventura, alguno de los Padres clérigos que haya faltado en algo de sus obligaciones, así en su persona como en su ministerio? No debe de haberlo, pues dél no trata el Señor Arzobispo, que siendo tan sancto en su vida, en su persona tan recogido (como se debe presumir que lo ha de ser), tan quieto y pacífico en sus acciones, y por ventura tan desinteresado en sus pretensiones, que sólo atiende á castigar los malos y á premiar á los buenos; si hubiera alguno destos tales que desdijera de su obligación, pienso yo que lo castigara luego con público castigo; pero pues no lo hace (como digo) no debe de haberlo. A esto no quiero responder: basta que el cielo lo entienda y toda la república lo sepa; y cosas que andan en bocas de tantos, bien sabidas serán de todos, y no es menester que los frailes se hagan delatores de lo que publican las calles, la claridad del dia, y las tinieblas de la noche, y las paredes de la ciudad, y los jardines de las huertas; y quien no deja á nadie en su quietud y sosiego no aguarde á tenerle él, especialmente cuando tiene el tejado tan de vidrio.

No se ha visto en este nuevo mundo, desde que la fe entró en él, EL descrédito que la Orden de S. Francisco ha pasado en este Señor Arzobispo, pues ha llegado á ultrajarla tanto, que se ha atrevido á fijar descomunión contra el Padre Guardián de Tlatelolco, y contra Fr. Felipe de Valdés, su ministro y lengua, todo porque sin ser su juez ha querido llevarlos á su presencia para examinarlos en el ministerio, y porque lo han resistido se ha atrevido á lo que ningún Prelado ha hecho ni hiciera, sabiendo la limitación que acerca de esto tienen en sus instrucciones y Reales Cédulas. De aquí han resultado murmuraciones, detracciones, falsas imposiciones, acusaciones, menosprecios y vituperios, porque como el vulgo no sabe más de lo que se dice, ni juzga más de lo que ve, habiéndolas visto en las iglesias y plazas, cree que son justificadas, y como todo él es behetría, ha soltado la rienda al decir, sentenciando á su antojo aquello que es exempto de sus bárbaros y mal considerados estrados. Pero los que bien sienten, como saben la inquietud deste Prelado, hanse reído de todo. Pero es caso lastimoso que no seamos más buenos ni más malos de cuanto se suelta ó reprime la furia desbocada deste dicho Prelado. Remédielo Dios, que puede, pues el tiempo así corre, y el remedio de nuestras calamidades no tienen amparo para ahora.

Dirá alguno: *quorsum hæc?* que ¿á qué propósito digo todo esto? Respondo que lo que contiene la primera parte desta relación lo he dicho para que todo el mundo sepa lo que las Órdenes han trabajado en esta nueva Iglesia desde sus principios hasta agora, los trabajos que han tenido y muertes que han pasado á manos de infieles, y lo que la Iglesia Católica se ha acrecentado, y lo que los católicos Reyes de Castilla han sido servidos, y lo poco que los ministros evangélicos desta tierra le han sido costosos y molestos; la fidelidad con que estos apostólicos obreros han tratado á estos sus nuevos hijos, cómo los han amparado y defendido y dádoles la doctrina que ha sido necesaria para su cristiandad y para llevarlos al cielo: lo segundo que se sigue, para quejarnos del mal pago que de algunos se nos ha dado y la persecución que pretenden hacernos, sólo porque no somos subjectos al Ordinario como los otros clérigos. Y esta culpa no la tiene el católico Rey D. Filipo, pues como sanctísimo que es nos ha defendido siempre y amparado, sino de los que nos acumulan culpas que ni lo son ni nos pasa por el pensamiento cometerlas, haciendo informaciones falsas con que podían enconar el pecho de nuestro católico Rey, no siendo tan cristianísimo como es, para que no nos tenga en la reputación que hasta agora con su Católica Majestad hemos estado; y desto dará cuenta á Dios quien fuere la causa de que perdamos reputación donde tanta, por la misericordia de Dios, hemos ganado.

Pregúntase si los privilegios apostólicos concedidos á las Órdenes Mendicantes que son contra los Sacros Cánones, ó contra los decretos del Concilio Tridentino, están por este mismo Concilio ó por algunos Sumos Pontífices revocados.

Esta duda tiene su fundamento, lo primero en que el mismo Concilio en la Sesión 25., c. 22, *De Reformalione*, dice estas palabras: *Hæc omnia et singula in superioribus decretis*

contenta, observari Sancta Synodus præcipit in omnibus cœ-
nobiis ac monasteriis, collegiis ac domibus quorumcumque
monachorum ac regularium, necnon quarumcumque sancti-
monialium virginum ac viduarum, etiam si illæ sub gubernio
militiarum, etiam Hierosolymitanæ, vivant, et quocumque
nomine appellentur, sub quacumque regula vel constitutioni-
bus, et sub custodia vel gubernatione, vel quavis subjectione
aut annexione, vel dependentia cujuscumque ordinis, mendi-
cantium vel non mendicantium, vel aliorum regularium mo-
nachorum aut canonicorum quorumcumque: non obstantibus
eorum omnium et singulorum privilegiis, sub quibuscumque
formulis verborum conceptis ac mare magnum appellatis,
etiam in fundatione obtentis, necnon constitutionibus et regu-
liis, etiam juratis, atque etiam consuetudinibus vel prescriptio-
nibus, etiam immemorabilibus. Las cuales palabras parece
que dan á entender ser revocados por ellas todos aquellos
privilegios concedidos á las dichas Órdenes, que contradicen á cualesquiera decretos del dicho Concilio.

Lo segundo, hace mucha fuerza á esta revocación, que
Pío IV en una Bula en que confirma todo lo ordenado y establecido en el dicho Concilio, que comienza *In principis*
Apostolorum &c. su data en Roma *apud Sanctum Petrum,*
Anno Dominicæ Incarnationis 1565, 13 Kalend. Martii, Pon-
tificatus sui anno 6, motu proprio et ex certa scientia ac de apo-
stolicæ potestatis plenitudine revocat omnia et singula privi-
legia, exemptiones, immunitates, facultates, dispensationes,
conservatorias, indulta, confessionalia, mare magnum et alias
gratias in his omnibus et singulis in quibus illa statutis et
decretis ejusmodi Concilii contrariantur ac ipso jure revocata,
cassata et annullata, ad ipsius Concilii terminos atque limi-
tes reducta sint et esse censeantur, neque quidquam adversus
ipsa decreta et statuta quominus ubique et apud omnes obser-
ventur in aliquo suffragari posse, sed ea perinde haberi et re-
putari debere ac si nunquam emanassent auctoritate apostoli-
ca declaravit, statuit et ordinavit. Estas son las palabras de
la confirmación del dicho Concilio, con que quedó en su
fuerza y vigor, derogando todo lo concedido en contrario
por la Sede Apostólica.

Lo tercero, se prueba el mismo intento, porque dado caso que Pío V, de santa memoria, sucesor del dicho Pío IV, en una otra Bula suya que comienza *Etsi Mendicantium,* su data en Roma, *apud Sanctum Petrum, anno Dominicæ Incarnationis 1567, Kalen. Julii, Pontificatus sui anno 2,* de cierta ciencia y plenitud de potestad hubiese confirmado los dichos privilegios de los dichos Mendicantes, y los innovó y dió nueva fuerza y valor, y mandó que como tales válidos y nuevamente confirmados, así se guardasen, en los cuales concedió de nuevo muchas cosas contra lo ordenado y mandado por el dicho Concilio Tridentino: empero Gregorio XIII, su sucesor, por otra su Bula que comienza *In tanta rerum et negotiorum mole &c.;* su data en Roma, *apud Sanctum Petrum, anno Dominicæ Incarnationis 1573, Pontificatus sui anno 1,* determinó *de prædicta Bulla et aliis omnibus litteris et Constitutionibus quæ ab eodem suo prædecessore eisdem de rebus pro quorumcumque Regularium, etiam Mendicantium Ordinibus, quomodolibet emanarunt ac omnibus et quibuscumque in eis contentis, eam deinceps dispositionem atque decisionem pro subjecta materia futuram esse quæ sive ex jure veteri, sive ex sacris dicti Concilii decretis, sive alias legitime ante dictarum litterarum et Constitutionum editionem erat, et si ipsæ non emanassent futura fuisset, ad quam dispositionem et decisionem suumque pristinum statum illa omnia reduxit, irritando omnia alia decreta suo præsenti statuto adversantia:* como más largamente se contiene en el dicho su Breve y Constitución.

Y aunque después, en otra su Bulla que comienza *Ex benigna Sedis Apostolicæ provisione,* su data en Roma, *apud Sanctum Petrum, die 21 Martii anno 1575, Pontificatus sui anno 3,* confirmó los privilegios de los frailes, menos monjas de Sta. Clara y los de la Tercera Orden, esto hizo añadiendo y poniendo esta cláusula: *quatenus sunt in usu et Sacris Canonibus et decretis Sacri Concilii Tridentini non adversantur.* Y después Sixto V, que le sucedió en la misma Silla de Sant Pedro, confirmando los dichos Breves de los frailes Menores, en el año 3 de su Pontificado, aunque es verdad que calló aquellas palabras que su antecesor en la dicha confirmación había puesto, es á saber, *Sacris Canonibus et quatenus sunt in usu*, empero no exceptó el Concilio Tridentino.

De todo lo dicho parece que los dichos privilegios de las dichas Órdenes Mendicantes están derogados y no tienen fuerza alguna para poder por ellos hacer cosa que contravenga á la determinación y disposición del dicho Concilio.

Y ahora el Arzobispo de México, instando en las dos dichas Bulas de Gregorio XIII, alega (en el pleito que trata contra las tres Órdenes Mendicantes sobre el examen que pretende hacer de los ministros) que el Breve de Pío V que hasta aquí han usado en la administración de los Sacramentos estaba derogado y que no era de ningún valor ni efecto, por cuanto por las dos dichas Bulas arriba alegadas estaba sin fuerza y derogado.

Pero para que conste de la falsedad desta proposición y alegación dicha, y también cómo se engañan los que con error y pertinacia quieren contradecir verdad tan manifiesta, quiero poner aquí lo que hombres muy doctos y entendidos han dicho sobre este caso, y dar razones claras y evidentes del engaño con que en esta materia proceden, para que ya que los contrarios no acaban de quietarse, al menos nosotros los Religiosos que usamos de ellos, *tuta conscientia* los usemos y nos aprovechemos dellos como de cosa que en realidad de verdad nos es concedida, y que por ningún derecho se nos derogan y contradicen, si no son aquellos que con expresión del dicho Concilio están derogados.

Y para prueba desta verdad digo que los privilegios que están derogados por el Sacro Concilio Tridentino son aquellos solamente que se contienen en aquellos mismos decretos en los cuales formal y expresamente se derogan y revocan, y aquellos que se oponen á esta cláusula *non obstantibus quibuscumque privilegiis in contrarium existentibus*; pero todos los demás á que no hace contradicción esta cláusula no, aunque por alguna manera parezca hacer contradicción á los dichos Cánones y dicho Concilio.

Esta sentencia es de hombres muy graves, y el Padre

Fr. Manuel Rodríguez en el tomo primero de sus *Quæstiones Regulares*, en la cuestión octava, artículo 6, donde largamente trata esta materia, dice haber sido ésta resolución de hombres doctísimos, así teólogos como canonistas y legistas. Y añade el mismo Emanuel, que consta esta verdad de muchos lugares del dicho Concilio Tridentino, donde se hallará que en un mismo capítulo se ponen (á las veces) diversos decretos, unos absolutos y sin derogación ninguna de privilegios ni revocación dellos, y otros destos dichos no puestos por este modo arriba dicho, sino con derogación y revocación expresa de los dichos indultos y privilegios.

Primeramente, en la Sess. 23, cap. 8, *de Reformatione*, hablando el dicho Concilio en la primera parte de aquel decreto, de los sacros Órdenes, pone estas palabras formales: *Ordinationes sacrorum Ordinum statutis a jure temporibus ac in cathedrali ecclesia vocatis, præsentibusque ad id ecclesiæ canonicis publice celebrentur.* El que con cuidado y advertencia leyere estas palabras verá como en este decreto no pone contradicción á ningún privilegio ni hace mención de él, ni hay cláusula revocatoria que se le oponga, lo cual se hace luego en el decreto que se sigue, cuando dice: *Unusquisque autem a proprio Episcopo ordinetur. Quod si quis ab alio promoveri petat, nullatenus id ei, etiam cujusvis generalis aut specialis rescripti vel privilegii œprtextu, etiam statutis temporibus, permittatur; nisi ejus probitas ac mores Ordinarii sui testimonio commendentur.* Aquí se ve claramente como respecto de este segundo se deroga los privilegios y cualesquiera otros rescriptos que puedan hablar en esta materia, ora sean generales, ora especiales, de cualquiera condición que sean: de lo cual parece colegirse que diferente juicio se ha de hacer del decreto del dicho santo Concilio que pone derogación de privilegios, que del otro decreto donde no la pone; y fundados en esta razón tan fuerte, los doctores de la Universidad de Salamanca, así teólogos como canonistas y legistas, decretaron y firmaron de sus nombres los años pasados (como lo afirma Emanuel en el lugar citado) que los Religiosos regulares podían agora después del Concilio como antes dél ordenarse *extra tempora* por

virtud de los dichos sus privilegios, porque en el dicho decreto no se ponía ninguna cláusula revocatoria dellos. Pero
que no se podían ordenar por otro Obispo sino por el propio diocesano, *etiam statutis temporibus, et etiam prætextu
cujusvis generalis aut specialis rescripti vel privilegii, nisi
ejus probitas ac mores proprii Ordinarii sui testimonio commendentur.* Porque dicen que respecto deste decreto todos
los dichos indultos y privilegios se revocan y anulan. Por
lo cual muchos Señores Obispos en los reinos de Castilla,
siguiendo este parecer y sentencia, ordenaron algunos Religiosos *extra tempora.*

Ultra del lugar ya dicho, hay otros muchos en el mismo
Concilio que prueban la misma razón alegada, en los cuales se mandan muchas cosas sin la dicha cláusula revocatoria de indultos y privilegios, como consta en la Sesión 4ª
en decreto *de editione librorum,* donde se dice *quod non liceat etiam regularibus imprimere libros de rebus sacris sine
approbatione Ordinarii et licentia suorum superiorum :* sobre
lo cual dicen los dichos doctores, que como no lo prohibe ni
manda el dicho Concilio debajo de esta cláusula derogatoria podrán los dichos mendicantes, teniendo privilegio que
los exempte dello, imprimirlos sin presentarlos al dicho
Ordinario; y la misma razón se ha de decir de otro decreto
puesto en la Sesión 5, que se sigue luego, donde dice (en el
cap. 1 *de Reformatione) quod in monasteriis monachorum, ubi
id commode fieri potest, habeatur semper lectio Sacræ Scri-
pturæ ad quod possint cogi per Episcopos et Prælatos,* donde
tampoco se pone la dicha cláusula derogatoria que revoque
los dichos privilegios, de lo cual se sigue que si los dichos
Religiosos tienen privilegio contrario, no podrán los dichos Ordinarios obligarlos á esto, porque los dichos privilegios en cuanto á esto por el dicho decreto no se revocan.
A este mismo propósito, y para comprobar la misma sentencia, hace mucho al caso lo que en el mismo Concilio se
dice en la Sesión 22, cap. 4, donde se ponen estas palabras:
*quod careat voce in Capitulo Ecclesiarum qui sacris non fue-
rit initiatus et saltem constitutus in subdiaconatus ordine,
etiam si hoc sibi ab aliis libere fuerit concessum :* el cual de-

creto manda que se observe y guarde en cualquiera iglesia Catedral ó Colegial, así secular como regular; y porque no incluye en sí este decreto cláusula ninguna derogatoria y revocatoria, diceu los mismos doctores, que si en alguna Religión tuviesen los dichos Religiosos privilegio para que el que no es ordenado pueda tener voz activa y pasiva, valdrá el dicho privilegio *eo quod jure optimo uti possint*, acerca de lo cual añaden *quod in facti contingentia* es expresa declaración de los Cardenales diputados para la explicación y declaración del dicho Concilio Tridentino (como lo refiere Paracelso, General que fué de la Orden de los Mínimos), que siendo preguntados estos dichos Señores Cardenales el año de 1573, desta misma materia, declararon *quod dictum Concilium non contrariatur Constitutionibus Regularium, si in aliquo Ordine, etiam non in sacris constituti, de consuetudine aut Constitutione ad actus capitulares admittantur.* La cual respuesta se dió al dicho Padre General, porque en su Orden y Religión todavía permanece esta costumbre; y lo que aquí se dice y declara de la costumbre que vale donde quiera que la ha habido, se ha de decir también del privilegio donde quiera que lo hubiere, acerca de que puedan tener voz activa y pasiva los que no tienen Orden ninguna, *nam si non revocatur per decretum supradictum consuetudo aut Constitutio, nec revocabitur privilegium, cum eadem sit utriusque ratio.*

Esto mesmo se debe decir de otro decreto puesto en la Sesión 23, cap. 11, donde se dice el orden que se ha de guardar en recibirse los Órdenes sacros, donde también se ponen y expresan las cualidades que han de tener los que así se ordenaren, y se manda que no pasen de unas Órdenes á otras, sino después de pasados los intersticios, en el cual decreto, como no se pone ninguna cláusula derogatoria ni revocatoria, parece poderse hacer, que teniendo los dichos Religiosos privilegios en contrario, pueden los dichos Religiosos ordenarse sin estas condiciones por razón de sus indultos y privilegios, por la razón dicha, como después acá del Concilio no haya Bula que lo contradiga, como es la de Sixto V *contra male promotos et ordinatos*, que desto no se trata aquí, que lo que se ha dicho no ha sido sino para probar que los privilegios de los Mendicantes que por el dicho Concilio no están revocados por cláusula particular revocatoria, están en su vigor y fuerza como lo estaban antes del dicho Concilio. Porque cuando el dicho Concilio pretende lo contrario *expresse ipsa revocat et clausula ibidem apponitur*, lo cual se colige clara y manifiestamente, porque añade estas palabras: *privilegiis quibuscumque in contrarium non obstantibus*, ú otras semejantes. Lo cual parece ser necesario, porque así como los privilegios insertos in Corpore Juris *non derogantur sub generali derogatione aut revocatione*, como dicen comunmente los jurisconsultos, y lo concluye del parecer de muchos Enriquez, to. 1, lib. 7, c. 28, n. 9, littera 1; et cap. 31, n. 5, littera 5, así, ni más ni menos, se debe decir lo mismo de los privilegios de los Regulares, *neque revocantur, nisi de ipsis specifica et specialis mentio fiat et apponatur aliqua clausula ex qua idipsum liquide et manifeste possit colligi.*

Y para mayor fuerza desta verdad decimos que los argumentos que por la opinión contraria se hacen no son de ninguna fuerza, ni la hacen contra lo que tenemos dicho. Y así respondemos á sus razones lo siguiente.

A las palabras que se alegan del Sancto Concilio Tridentino en la Sesión 25, *de Reformatione*, cap. 22, decimos que en el dicho capítulo solamente se revocan los privilegios que son contra los decretos y determinaciones allí puestas en la dicha Sesión 25, *de Regularibus;* pero no los privilegios que son contra los decretos de las otras Sesiones, en los cuales no se pone ni hace mención de la dicha revocación expresa, ó otra cualquiera cláusula que sea semejante y tenga la misma fuerza de derogación y revocación, y consta ser así esto por las palabras puestas y expresadas en el mismo dicho capítulo, donde dice: *Hæc omnia et singula superioribus decretis contenta observari præcipit Sacrosanta Synodus &c. et non obstantibus*, donde se deben notar aquellas palabras *contenta in superioribus decretis*, que es como si dijera *non autem in superioribus sessionibus*, de lo cual se infiere que quiso el Santo Concilio que todo lo contenido en aquella Sesión 25 y decretos della, que se guardasen inviolablemente, aunque fuese derogando y revocando los privilegios de los Mendicantes y otras cualesquiera Órdenes que los tuviesen; pero no lo contenido en las otras Sesiones en las cuales no se manda con semejante cláusula revocatoria, habiendo por otra parte privilegios por los cuales se puede hacer, no habiendo cláusula expresa que los derogue.

A lo segundo que se alega de la Bula de nuestro muy Santo Padre Pío IV, puesta en la confirmación del dicho Sancto Concilio Tridentino, de cuya generalidad de palabras parece que se colige que por su dicha Bula no sólo se revocan, anulan y se casan los privilegios que en los decretos del dicho Concilio se halla su revocación expresa, sino también los otros que en cualquiera otra manera parecen ser contrarios á los dichos decretos del dicho Concilio, aunque en los dichos decretos no se haga expresa mención de los dichos privilegios; á esto responden los dichos doctores alegados, diciendo que según sentencia de los Doctores Jurisperitos *in dubio*, en las cosas dudosas, *mens et intentio principis semper præsumitur talis fuisse qualis et esse debet de jure.* De aquí se sigue que las palabras revocatorias de los dichos privilegios que el dicho Pontífice Pío IV pone en la dicha su Bula confirmativa del dicho Concilio que son contrarias á los decretos del dicho Concilio, han de ser entendidas, restringidas y determinadas según los términos de los dichos decretos, y en sola aquella razón y manera que los dichos privilegios son prohibidos, revocándolos ó no revocándolos, conforme los revocan ó no los revocan los dichos decretos, *et non est extendenda etiam ad illa quæ quamvis per ipsum sunt prohibita, non tamen cum privilegiorum derogatione et revocatione.*

Que esto se deba ENTENDER así, consta porque la causa final de la dicha Bula (como della manifiestamente consta) fué la entera y cumplida guarda y observancia de los dichos decretos del dicho Concilio, *cujus quidem observantiæ satis locus datur quoad ea quæ in ipsis decretis specialiter revocantur.* Pero los demás que con especial revocación y expresamente no se revocan, como por esta razón no quedan revocados, se colige claramente que quiso el dicho Pontífice y el mismo Concilio que se guardasen los dichos decretos, no habiendo algún privilegio concedido en contrario, y de aquí es que *cessante causa finali* (de la sobredicha Bula) cese también en la disposición della, según lo que se dice y dispone en el Derecho, L. adigere, § quamvis, ff. de jure patronatus, et cap. cum cessante de appellat., lo cual se confirma porque la Constitución que se hace para corroborar y dar fuerza á otra *(secundum Jus et omnes communiter doctores)*, se debe entender según la misma, es á saber, Constitución, y se debe incluir en sus mismos términos y no exceder dellos, como se dice en Derecho in authen. constitut. quæ innovat, § inde verum, in illis collat. 3, y lo trae la glosa y el Cardenal in Clement. statutum, verb. consuetudine de delic., y Felino en c. 1 de Jure Jur., n. 5, los cuales todos dicen que todas las limitaciones y extensiones que recibe la Constitución roborada, *debet etiam recipere et eadem corroborans*, porque, según Derecho in l. in tota, ff. de condit. et demonstrat. *referens se ad aliquid, intelligi debet secundum illud ad quod refertur;* y como esta dicha Bula fué hecha para confirmar y validar y dar fuerza al dicho Concilio Tridentino, debe ser entendida según sus términos, y no revoca si no son aquellos privilegios que en ese mismo Concilio por sus decretos se ven revocados.

A lo que se dice de la Bula de Gregorio XIII acerca de la confirmación de los dichos privilegios de los Mendicantes, y de la de Sixto V, decimos que han de ser entendidas al mismo sentido de la Bula ya dicha de Pío IV, es á saber, que confirman los dichos privilegios en cuanto no contradicen á los dichos decretos del dicho Concilio Tridentino: aquellos decretos, digo, que irritan y anulan los dichos privilegios por las dichas *non obstancias* allí puestas de los dichos privilegios, quedando en su vigor y fuerza siempre los demás acerca de los cuales no habla la dicha cláusula revocatoria, ni se halla que los contradiga; y que esto sea ansí, queda probado por todo lo arriba dicho; ni se debe entender la mente del dicho Gregorio XIII por aquellas palabras que en la dicha su Bula añade, es á saber, *et Sacris Canonibus*, que quiere comprender en ellas todos los Sacros Cánones en general, porque si así se entendiese, diriamos que no confirma propiamente ninguno de los dichos privilegios; porque el privilegio (como de sí mismo consta) *nihil sit aliud quam privatum jus*, ó indulto concedido del Príncipe *contra jus commune*; y esto es cierto, que los privilegios todos, ó en la parte ó en el todo, son contra los Sacros Cánones. Y así se ha de entender de aquellos Sacros Cánones que se contienen en el dicho Santo Concilio Tridentino, como lo advierte y nota el Padre Fr. Hierónimo de Sorbo, capuchino de nuestra sagrada Religión, en el compendio que hizo de nuestros privilegios, título *Privilegia fratrum Minorum*, f. 329, donde dice que el dicho Concilio consta de cánones y decretos, y que aquella adición copulativa *et*, cuando el dicho Pontífice dijo que confirma los dichos privilegios *quatemus sunt in usu, et decretis Concilii Tridentini et Sacris Canonibus non contradicunt*, et *copulat prædicta omnia*, es á saber, *et Sacros Canones et Concilii decreta* en el dicho Concilio contenidos, porque si no se entendiese así, y quisiésemos decir que quiso entender ó decir otra cosa, expresamente lo dijera, y pusiera que confirmaba los dichos privilegios en cuanto *non contrariantur Sacris Canonibus Summorum Pontificum et decretis præfati Concilii Tridentini.*

Pero dejada esta dificultad á una parte, ya por Sixto V que le sucedió en la dignidad se quitaron aquellas palabras *Sacris Canonibus contraria*, y solo se puso que *confirmat privilegia dummodo Concilio Tridentino non adversentur.* Lo que también hizo en la confirmación de la Orden Cisterciense hecha *Anno Domini 1586, die 25 Julii, Pontificatus sui anno 2*, como se ve en el Compendio de los privilegios de la dicha Orden; y con esto se quita aquel escrúpulo que pudiera tener la razón contraria acerca de los Cánones comunes y Derecho común compilado de los mandatos Apostólicos.

El Padre Fr. Luis de Miranda, en el 2º tomo de su *Manuale Prælatorum*, q. 42., a. 3, que trata esta duda por ambas partes, no se resuelve en elegir ninguna de las dos opiniones, y la conclusión que de todo hace es decir que se debe remitir á la declaración de S. S. ó á la de los Señores Cardenales que están diputados para resolver las dudas que en esta materia del Sacro Concilio se ofrecieren; pero yo no lo tengo por muy gran valentía, porque donde tan claramente consta ser las razones de nuestra opinión tan concluyentes, no sé qué causa haya para causar cobardía. Mayormente que en estas cosas, cuando hubiese duda, debemos acostarnos á la parte más favorable, y esta lo es darles vida á nuestros privilegios, pues los Sumos Pontífices no nos atan las manos para que así no lo hagamos.

Aunque por lo dicho queda probado la confirmación de los dichos privilegios de las Órdenes Mendicantes, y que por ningún Derecho ni Bula Apostólica están derogados más de aquellos que como dejamos dicho revoca el Concilio con cláusula derogatoria y anulante, en la manera arriba referida, ofrécese ahora tratar en particular si el Breve de Pío V concedido á instancia del católico Rey Philipo II, nuestro Señor, para los Religiosos destas Indias que ejercitan oficio de párrocos, está revocado en todo ó en parte, ó si está en su fuerza y vigor como lo estaba antes que expidiera su Bula revocatoria de la de Pío V, Gregorio XIII.

Digo que no está revocado el dicho Breve de Pío V concedido al Rey Católico Philipo, porque dado caso que Gregorio XIII hubiera revocado por su Breve revocatorio los privilegios de las Órdenes Mendicantes, lo cual negamos por lo arriba dicho, este está en su vigor y fuerza, sin que se haya revocado; y es la razón porque aquella revocación no se extiende *ad concessionem pro partibus Indiarum*, en las cuales se conceden hoy muchas cosas contra el dicho Concilio Tridentino *pro conversione infidelium et manutentione conversorum*, según y como se van ofreciendo las cosas y casos en materias diversas.

Ni es de creer que Gregorio XIII quisiese derogar por su Breve y letras el indulto y Breve concedido á nuestro católico Rey sin comunicárselo primero, dándole parte de lo que hacía, como dice nuestro doctísimo Padre Fr. Juan Focher, guardando en esto la antiquísima costumbre de los Sacros Concilios y reglas de la Chancillería, donde con cuidado se advierte y dice *in derogationibus communibus privilegiorum, regia et imperatoria privilegia* non *derogentur nisi specifice et nominatim de eis fiat mentio;* y en el dicho Breve derogatorio no se hace mención deste de Pío V concedido á nuestro Rey Católico Filipo II: luego el Breve derogatorio no se entiende con él: luego síguese también que está en su vigor y fuerza como antes estaba, y así es falso decir agora que está derogado por el dicho Breve de Gregorio XIII.

En el pleito que ahora trata el Arzobispo de México con las Órdenes en razón de haber de examinar á los ministros de doctrina, dice en una petición que presentó en la Audiencia de alegaciones, que el dicho Breve está derogado por la Bula de S. S. de Gregorio XIII, y que como ya derogado y revocado no se debe hacer caso dél. Esto es no sólo falso, pero falsísimo, porque si no tuviera fuerza, pregunto: ¿con qué autoridad han administrado los ministros Regulares los Sacramentos en esta Indiana Iglesia? Cierto es que no con la de los Obispos, pues nunca para esto se la han pedido: tampoco por la propia, porque los Regulares no la tienen por sí mismos para este ministerio: luego ha de ser ésta autoridad apostólica. Esta es la que á los principios concedió Adriano VI á los dichos ministros; y porque después el Concilio Tridentino prohibía muchas cosas que se incluían en este dicho ministerio, impetró Philipo II la dicha Bula de Pío V para que como hasta entonces se había usado deste ministerio se prosiguiese adelante y se continuase, y así lo concede el Sumo Pontífice, y dél se ha usado hasta agora y se usa de presente. Pues cómo se puede decir con verdad que está revocado, porque si así fuera, se siguiera que era nulo todo lo que hasta aquí se ha administrado, de lo cual se siguieran muchos y muy graves inconvenientes, lo cual es falso: luego también lo es decir que está revocado.

Y dado caso que así fuera (lo cual se niega como cosa que no tiene fundamento), mientras está en pleito pendiente esta causa deben ser favorecidos y ayudados, y no privados de su posesión los que dél gozan *vel quasi, etiam si possessio sit contra jus,* como lo dice Nuestro [*sic*] Verb. exemptio, q. 6, y lo afirma Panormitano in c. 1 de lite pendente, quod non lex est in d. c. cum personæ, in § quod si tales, cum § sequenti; y esto tienen comunmente los doctores, donde dice Jo. mon., como lo nota Gem., *quod pendente lite non est turbandus in possessione sua, etiam si possideat contra jus commune, dummodo ex aliqua probatione (licet non sufficienti ad finale intentum) ipse justificet possessionem.* Esto parece decir también el dicho texto, y lo mismo siente Jo. an. in glosa ult. ibidem. De lo dicho se sigue (dice Silvestro en el lugar citado) *quantus favor privilegio debetur,* porque el privilegio *ex se* es favorable *sed præscriptio odiosa,* como se dice en Derecho, de decim. ex parte, et capite tua de regu. jur. odia. Y así no debe hacerse caso de la dicha alegación hecha por el dicho Arzobispo hasta la decisión de la dicha causa, la cual pende de la Majestad Real de Filipo IV y de su Real Consejo de las Indias.

Esto que hasta aquí hemos dicho del Breve revocatorio de Gregorio XIII es en gracia de la parte que quiere sentir ser cierta su revocación; y para que se vea la falsedad desta alegación y de todos los que la hicieren, así en juicio como fuera dél, hemos de advertir que hay dos maneras de privilegios ó Bulas, unas en favor del privilegiado, y esta *sola scientia privilegiati sufficit ad hoc, videlicet, ut omnem suum operetur effectum,* como lo tiene Silvestro, verb. privilegium, q. ib., y pone el ejemplo de uno que le tiene para no ser descomulgado, y dice que esta es razón de Geminiano y otros muchos que cita in cap. 1 de Concess. præben., lib. 6, donde dice que el privilegio comienza luego inmediatamente después de la bulación, esto es, que luego que uno ha impetrado (por sí ó por algún procurador suyo) algún indulto ó privilegio en favor suyo, tiene efecto inmediato y comienza á gozar dél, porque después que *concurrit voluntas concedentis et impetrantis etiam habet efficaciam, etiamsi aliqui habentes jus in eodem privilegio hoc ignorent,* porque pueden ser muchos los contenidos en él, y que estos lo sepan ó lo ignoren, tiene en ellos su efecto la dicha concesión. A este propósito hace lo que dice Bartolo en el l. Omnes populi ff. de Just. et Jure, es á saber, que el estatuto privilegiativo liga también á los ignorantes dél, y luego que es concedido obra todos sus efectos, lo cual se ha de entender en cuanto á aquellas cosas que se pidieron y impetraron por parte del que le pidió.

Otros privilegios hay que son como leyes derogativas de algunos privilegios particulares concedidos á alguna persona ó personas, y desta calidad es la Bula de Gregorio XIII citada, en la cual prohibe indultos y privilegios concedidos á las Órdenes Mendicantes, que parece que son contrarios á los decretos del dicho Concilio Tridentino; y esta, como derogatoria y como ley Pontifical, tiene diferente ejecución que la primera. Porque como ya vimos, la primera basta que concurran las dos voluntades, es á saber, la del que pide y la del que concede, para que luego se consiga su efecto. Pero en estotra segunda es necesario que se notifique, para que corra con efecto y ejecución lo que concede ó prohibe; y así decimos que aunque parece que el dicho Gregorio XIII revocó el dicho Breve de Pío V en favor de los Religiosos de los 38 gravámines que de los Señores Obispos los Religiosos recibían, y quiso S. S. todo lo en él contenido reducirlo al Derecho común, no debe concederse, porque esta revocación, aunque anda impresa en el libro de los *Proprios motus* y en el Manual de latín del Dr. Navarro, no es de valor ni deroga el privilegio susodicho, ni los demás, como luego veremos.

Lo primero, porque para la revocación de algún privilegio recebido es necesario (para que verdaderamente sea revocado) que la tal revocación sea notificada auténticamente, como lo dice Soto por estas palabras: *leges privilegiorum revocatoriæ vim non habent quousque promulgatæ sint, non solum in provincia, verum in diœcesi*, en el lib. 1 de Just. et Jure, q. 1, a. 4; y el muy docto Padre Fr. Bartolomé de Medina, in 1. 2ª, q. 90, a. 4, siente (y lo tiene por muy averiguado) que parece ser necesario que la ley Pontificia sea notificada y publicada *per universas diœceses, et si lex fuerit multum necessaria et irritans contractus qui in republica solent celebrari, major adhibenda est diligentia,* lo cual dice que con grandísimo acuerdo hicieron los Padres del Concilio Tridentino en la ley que irrita los matrimonios clandestinos, para que mandaron con particular cuidado, *quod hæc lex non solum per diœceses universas, sed etiam per parrochias universas proponeretur, et quod non valeat nisi post triginta dies a promulgatione;* y de aquí se siguen algunos documentos sumamente necesarios y dignos de ser guardados. Primeramente se sigue, *promulgationem legis sufficientem non fieri in instanti, aut in parvo tempore, sed in temporis spatio quo possit ad notitiam omnium devenire.* Lo segundo, se sigue que puede acontecer *quod lex sit sufficienter promulgata respectu quorundam et respectu aliorum non sit satis proposita.* Lo tercero, se sigue que puede también suceder *quod lex sit sufficienter promulgata, et quod aliquis ignoret eam, vel quia non adhibuit diligentiam, vel ex ignorantia inculpabili.* Y últimamente se sigue que aunque yo sepa *evidenter* las Premáticas y sanctiones regias *esse Matriti promulgatas,* no estoy obligado á ellas *donec fiat promulgatio per civitates et oppida, sicut habet consuetudo,* y ejemplifícalo este docto varón diciendo: si yo sé que en Madrid está promulgada ley y publicada Bula en razón que revoca el privilegio de que no se coman huevos *et de confessore eligendo,* y yo vivo en Salamanca *possum uti antiquis privilegiis, donec sit promulgata mihi per civitates aut oppida, etiam parva, sicut habet consuetudo. Hæc ille.* Las cuales palabras son muy de notar para nuestro intento.

Y aunque el Padre Fr. Manuel Rodríguez, en el primer tomo de sus *Quæstiones Regulares,* q. 1, a. 6, parece contravenir á esta razón, como veremos luego, donde pregunta si obliga la ley Pontifical revocatoria sólo con que se promulgue en Roma, luego adelante, en el mismo tomo, en la cuestión 21, a. 10, siente con el mismo Soto esta verdad, donde trata si los Religiosos por virtud de la Bula Cruzada pueden ser absueltos de los casos reservados, y lo uno ni lo otro no me hace aquí al caso, sino sólo probar con él, que con hombres tan doctos no vale la ley derogatoria no estando notificada y intimada *non solum in pro-*

vincia, verum etiam in diœcesi; y Cayetano lo dijo antes que los dos, en el comento de la cuestión 90, a. 4, in Prima Secundæ Divi Thomæ, por estas palabras: *propter quod si Romæ nova lex promulgatur, et nec Curia ipsa procurat ut promulgatio ad ecclesias catholicas deveniatur, nec Prælati qui ibi sunt insinuant suis ecclesiis, accusari nec apud Deum nec apud homines ignorantiæ possunt absentes nescii;* y aquesta palabra *nescii* se ha de entender *per notificationem,* porque de otra manera no hace fe ni vale; y las palabras de Manuel, en el lugar citado, son: *leges revocatoriæ privilegiorum et gratiarum nullam vim habent antequam promulgentur, non solum in provincia, sed etiam in diœcesi;* y esta Bula no sólo no ha sido notificada, pero luego suplicaron della á S. S. los Cardenales protectores de las Órdenes, rogando á S. S. que se suspendiese el dicho Breve y no se notificase, y S. S. vino en ello, no obstante que los agentes de los Arzobispados de Sevilla y del Obispado de Cuenca (que estaban en Roma) luego la despacharon á sus Iglesias, y no se publicó en las demás Catedrales; y los que á la sazón se hallaban en Sevilla (como es el Padre Mtro. Fr. Alonso de la Veracruz) dan testimonio que *penitus* no se hizo caso dello, por lo cual siempre se quedó en su fuerza lo proveído por Pío V. Esta verdad la refuerza más el Padre Enrico Henriquez, el cual en su muy docta Suma trata deste Breve de Pío V en diversas partes, donde le viene á cuento para las materias que va decidiendo en ella, una de las cuales es en el lib. 7, cap. 28, sobre aquellas palabras que pone debajo del n. 8 en la letra d, que dicen: *nec etiam in sua (scilicet Regularis) potest, Episcopo contradicente aut prædicari nolente,* que son del Concilio Tridentino, dice luego en la glosa, *sed id revocatum est a Pio V proprio motu pro Mendicantibus, anno 66, ubi confirmat Clementinam dudum, verb. ecclesiis de sepulturis, nec vero id revocatum per Gregorium XIII, quia non fuit promulgatum,* ut ait Navarro (27 fi. ultima editione anno 84). Y en el lib. 9, n. 9, debajo de la letra c y f dice en el cuerpo del capítulo c, tratando de la misa: *firmius juri parrochiæ derogatur per privilegium Religi. Mendicantium per proprium motum Pii V, cum noluit efficaciter derogare Gregorius XIII;*

y añade luego en la glosa: *Pius V in Bulla in gratiam Mendicantium anno 1567; Gregorii XIII anno 1573 proprius motus non fuit promulgatus nec usu receptus;* y si no fué promulgado ni en uso recibido, luego no tiene fuerza ni valor, pues para que le tenga debe ser promulgado, y no sólo en la Curia Romana (como algunos quieren) sino en cada provincia y diócesi donde quieren que valga y sea recibido, y el de Pío V no sólo fué publicado y guardado, sino que en estos reinos de la Nueva España fué denunciado con Cédula particular que para ello libró el Rey Philipo II, de gloriosa memoria, y así se hizo el año que á estos reinos se trujo. Cuyo tenor es este que se sigue:

El Rey.—Nuestros Visorreyes, Presidentes y Oidores de las nuestras Audiencias Reales de las nuestras Indias, Islas y Tierra Firme del Mar Océano, y nuestros Gobernadores y otros cualesquier Jueces y Justicias dellas á quien esta nuestra Cédula ó su traslado signado de Escribano público fuere mostrado, sabed: que por parte de los Religiosos de las Órdenes Mendicantes fué presentado ante Nos en el nuestro Consejo Real de las Indias un traslado de la Bula de la confirmación y nueva concesión de todos los privilegios de las dichas Órdenes *proprio motu* últimamente concedida por nuestro muy Sancto Padre Pío Papa V, su data en Roma á 15 de Mayo del año pasado de 1567, y 2 de su Pontificado, y se nos ha suplicado le diésemos licencia para que las pudiesen pasar á esas partes, y en ellas usar dellas, según que por S. S. estaba concedido. Y porque habiéndose visto por los del dicho nuestro Consejo, y la dicha Bula de que de suso se hace mención, lo habemos tenido como por la presente lo tenemos por bien, vos mandamos á todos ó á cada uno de vos, según dicho es, que en el uso y ejecución de LO EN la dicha Bula contenido no les pongais ni consintais que les sea puesto ningún impedimento, con tanto que no sea en perjuicio de nuestro Patronazgo, porque con esta condición les damos la dicha licencia: y los unos ni los otros non fagades ni fagan ende al. Fecha en Madrid á 27 de Henero de 1572 años.—YO EL REY.—Por mandado de S. M., ANTONIO DE ERASSO.

El Padre Fr. Manuel Rodríguez, en el tomo 1 de sus *Quæstiones Regulares*, q. 8, a. 1, dice que Gregorio XIII revocó algunas cosas de las contenidas en el proprio motu de Pío V, por el dicho Breve revocatorio ya dicho, concedido á las dichas Órdenes Mendicantes contra otros contenidos en el Concilio, por haber creído que este dicho Breve revocatorio hubiese sido publicado en Roma, como se colige de Navarro en su Enchiridión, c. 21, n. 6. Porque dice el mismo Navarro *quod tenor hujus Constitutionis ponetur in fine Enchiridionis, si publicetur.* Y como el dicho Navarro pone el dicho Breve cumpliendo con lo que antes había prometido, se colige claramente haber sido publicado, y por consiguiente manera (dice) que tiene fuerza de ley. Estas son las palabras de nuestro Emanuel.

Esta razón dice el muy docto Padre Fr. Juan Baptista (que juntamente con ser muy docto y santo, á quien debo lo que sé por haber sido mi lector, y debe tenerse en mucho por las letras y mucha Religión que en él concurrieron), que no vale, porque ipse Navarro in fine, c. 27, *antequam Gregorii XIII Constitutionem apponat ita dicit: "quoniam vero promisimus inserere hic tenorem cujusdam Bullæ felicis recordationis (si exiret interea) quæ quia non exivit, solum hanc subjicimus prout supra etiam promisimus."* Véase por estas palabras (dice el Padre Baptista) cómo cita la dicha Constitución, aunque no haya salido ni sido publicada. Esta es nota que también hace el Padre Enríquez en el lugar últimamente citado de su Suma, añadiendo que lo dice Navarro en la impresión que hizo año de 1584, *et in eandem sententiam allegat Felicianum et Passarellum, Generalem Minimorum, lib. de Privilegiis Minimorum fol. 133 et 169.* Y de la misma sentencia es el doctísimo y religiosísimo Padre Mtro. Fr. Alonso de la Vera Cruz, primer catedrático de està Universidad de México, donde trabajó mucho en aquellos primeros tiempos en cosas de letras, dando luz con ellas á este Nuevo Mundo, y afirma esta verdad in *Compendio Indico*, et multis aliis in locis.

La segunda razón de no tener fuerza la dicha revocación es porque el mismo Gregorio XIII en el año 3 de su Ponti-

ficado, á suplicación del General de los Menores, Fr. Cristóbal de Capitefontium, aprobó todos los Privilegios de las
Religiones, y los confirmó, dados por sus antecesores, así
concedidos por Breves, como *vivæ vocis oraculo*; y esto *ex
certa scientia et ex Apostolicæ potestatis plenitudine* (que es
la segunda Bula que el dicho Arzobispo alega), y dice que
sean válidos *quatenus sunt in usu et non contrariantur decretis Concilii Tridentini*. Este dicho privilegio de Pío V,
concedido á instancia de Philipo II, siempre ha estado en
uso en esta tierra entre los Religiosos que han administrado y administran los Sacramentos á estos naturales: luego
no está revocado.

Tampoco contradice al Concilio Tridentino, porque dado
caso que hay cosas en él prohibidas por el dicho Concilio,
están concedidas por el dicho Pontífice á instancia de Philipo, y autorizado con Cédula suya, su fecha año de 1585, y
esta tiene fuerza de Indulto Apostólico, pues es cosa cierta
y clara que por concesión de Paulo IV todas las Cédulas
Reales de los Reyes de Castilla tienen fuerza de Indultos
Apostólicos, y siendo esto así, y administrando los Religiosos con esta autoridad real, es fuerza conceder que administran con autoridad apostólica. Y en estas mismas Cédulas Reales se contiene la ejecución de todo lo concerniente
á esta llana y libre administración: luego no es contra el
Concilio Tridentino nada de lo que los Religiosos hacen,
que á serlo, no fuera válido habiendo ley contraria que lo
prohibía, mayormente que (como dejamos atrás probado)
no sólo este privilegio sino todos los demás de los Mendicantes están confirmados por el modo que dejamos probado y dicho.

Hemos dicho que estas Cédulas Reales tienen fuerza de
Indultos Apostólicos, por concesión de Paulo IV, Pontífice
Romano, y podríase dudar si se entiende la dicha autoridad
Pontificia de las concedidas por Emperadores y Reyes á las
Órdenes de Santo Domingo y S. Francisco (que de ambas
reza el dicho Breve expedido en dos años diferentes) hasta
la data del dicho Breve, y si para adelante á las que des-
pués por los dichos Príncipes se han de conceder, porque

las palabras formales del dicho Breve son: *tam per Nos et Sedem prædictam quam Imperatores, Reges et alios Principes sub quacumque forma et expressione verborum concessa,* donde esta palabra *concessa* parece que habla de las ya concedidas, y no de las que después se han de conceder.

Para esto hemos de notar que el doctísimo Padre Fr. Alonso de la Vera Cruz, en el *Compendio Indico,* verb. privilegium, notabile 2, exponiendo este dicho Breve de Paulo IV, dice que esta concesión hecha por Paulo IV á los dichos Mendicantes se ha de entender *juxta favorabiliorem illorum interpretationem,* porque *non solum extenditur ad privilegia tunc concessa, sed etiam ad concedenda.* Por un texto notable in c. quia circa de privilegiis, y la razón fuerte con que se prueba es porque *propositio indefinita æquipollet universali.* Vide glossam C. ut circa de elect. in 6, y da luego el ejemplo, diciendo: *quidam Archiepiscopus concessit monachis privilegium super decimis episcopalibus retinendis quas debebant possessiones monachorum dictorum ipsi Archiepiscopo.* Dudóse después por el sucesor deste dicho Arzobispo, si por ventura este dicho privilegio se extendía *ad possessiones quas postea acquisierunt dicti monachi,* ó si por ventura se debía entender de aquellas solas que ya tenían adquiridas. Y consultando al Papa sobre esta duda, responde: *quod de omnibus, quia ex quo indefinite remisit decimas episcopales dictis monachis, nil excipiendo (cum potuerit excipisse), intellexisse videtur de præteritis quæ tunc habebantur et de futuris quæ postea habitæ sunt,* porque *in beneficiis plenissima debetur interpretatio adhiberi, et una eadem res non debet diverso jure censeri.*

De aquí se prueba que esta concesión hecha por el dicho Paulo IV á los dichos Religiosos se debe extender á los indultos y privilegios futuros que han de ser concedidos por sus sucesores, y no sé si en todo el Cuerpo de Derecho se hallará otro texto semejante á este, del cual hace grandísimo aplauso Panormitano sobre este mismo n. 3, nota, que debe ser entendido *quod privilegium concessum contra jurisdictionem debet contra concedentem largissime interpretari.* Y al cap. 1 et 2, de filiis presbyterorum, in 6, donde se dice *quod privilegium contra jus est stricte interpretandum* (porque *omnis recessus a jure est odiosus*), responde que debe entenderse *nisi privilegium tantum præjudicet concedenti*, porque entonces *censetur principis beneficium quod debet largissime interpretari*, de verb. signif. C. olim, como también en este cap. quia circa, porque tan solamente *præjudicat concedenti*, de lo cual se prueba que esta dicha concesión de Paulo IV, en la cual concede *privilegia a suis prædecessoribus et ab ipso concessa fratribus Minoribus et Prædicatoribus juxta favorabiliorem illorum interpretationem, quod debet extendi ad privilegia futura concedenda post eum*. Porque estos privilegios tan solamente *præjudicant concedenti*, así como *remissio decimarum facta dictis monachis per dictum Archiepiscopum;* y porque el Papa pudo exceptar que sólo se entendiese hablar en la dicha Bula DE concesión *de concessis et non de concedendis*, y no lo hizo: luego se sigue que *concessit*, y de aquí se sigue también que esta dicha concesión se extiende *etiam ad privilegia concedenda.*

Pues esta razón que vale para los privilegios Apostólicos, milita también para los favores y Cédulas Reales, pues dice el dicho Pontífice *quam Imperatores et Reges et alios Principes, sub quacumque forma et expressione verborum concessa,* y siendo esta palabra indefinita debe equivaler por universal que se extiende al pasado y futuro, como dejamos probado.

Y particularizando más esta declaración, digo que tampoco contradice al dicho Concilio Tridentino, porque niugún decreto hay en él que haga inhábil al Religioso para administrar los Sacramentos y entender de la conversión de los infieles si lo hace con licencia del Ordinario; y como esto lo han hecho y hacen los Religiosos en esta administración, no intrusos, ni usurpado el oficio ajeno, sino con licencia del Supremo Ordinario (que es el Papa), á quien inmediatamente incumbe y pertenece la conversión de los infieles, queda claro en esta parte no ser contra el Concilio Tridentino; ni es contra el decreto del dicho Santo Concilio, donde hablando del matrimonio lo irrita y anula, si no fuere hecho delante del párroco proprio y de licencia del Ordinario; y como los Religiosos en este Nuevo Orbe (en los pueblos á ellos señalados) con licencia del Ordinario potísimo (que es el Papa) están declarados ejercer oficio de párrocos (como lo dice Pío V en su Breve), síguese que no contradicen en cosa á lo contenido en el dicho Santo Concilio.

Y el mismo Gregorio XIII en este mismo privilegio por el cual confirma los privilegios de los frailes Menores y monjas de Santa Clara, á instancia de nuestro General Fr. Cristóbal de Capitefontium, deroga á la Clementina religiosi, donde á los Religiosos les es prohibido el excomulgar, casar y olear, y deroga también las leyes de Chancillería donde se suelen también revocar los privilegios, y en las *non obstantias* del dicho privilegio deroga á todo lo que nos es contrario, y toda restricción hecha por él ó por cualquiera de sus antecesores. Y está declarado por los letrados de la Universidad de Salamanca no ser necesaria la especificación de lo que deroga, como le trae también Covarrubias en el Cap. Alma mater, de sententia excommunicationis, y en la segunda parte de la rúbrica de Testamentis n. 29, de manera que aunque hubiese habido alguna restricción puesta por el mismo Gregorio ó por alguno de sus antecesores, queda quitada, y el privilegio en su fuerza y vigor; y en este mismo Breve dice el mismo Pontífice *quatenus sunt in usu ;* y si este de Pío V le tenemos y hemos tenido en uso siempre, ¿cómo se puede decir que está revocado por este mismo Pontífice Gregorio?

Y este mismo Pontífice Gregorio XIII, en el mismo año (que es el 3 de su Pontificado) concedió de nuevo todos los privilegios de los Mendicantes (así directamente á ellos dados, como por vía de comunicación) á los Padres de la Compañía, y los hace Orden Mendicante. Y no sólo *in concessis* hace esta comunicación, pero también *in concedendis*, y como si emanasen de nuevo se les concede. Donde les da facultad de conmutar votos *etiam si sint jurata*, y otras muchas cosas. Y en las *non obstantias* del dicho privilegio pone otras muchas cláusulas; por donde se entiende claro todos los privilegios de los Religiosos se han nuevamente, no solo confirmados y aprobados, pero aun de nuevo concedidos.

CÓDICE DE TLATELOLCO.

En la ciudad de México desta Nueva España, á treinta días del mes de Diciembre, año del Nacimiento de Nuestro Señor Jesucristo de mill é quinientos é cincuenta é un años, ante el muy magnífico Señor Ángel de Villafañe, Alcalde ordinario en la dicha ciudad por S. M., ante mí Pedro de Salazar, escribano público, uno de los del número de la dicha ciudad por S. M., é de los testigos de yuso escritos, paresció presente el Illtre. Señor D. Francisco de Mendoza, hijo legítimo del Illmo. Señor D. Antonio de Mendoza, Visorrey de las Provincias é Nuevo Reino del Perú, é hizo presentación de una Cédula de merced firmada del dicho Illmo. Señor D. Antonio de Mendoza, Visorrey é Gobernador que fué desta Nueva España, é dijo: que por cuanto se teme que por algun caso fortuito se le podría perder la dicha Cédula, así porque al presente va con el dicho Illmo. Señor Visorrey su padre á las dichas provincias é Reino del Perú, como por otras causas, de que rescebiria notorio daño: por tanto que pedía é pidió á Su Mrd. le mande dar un traslado, dos ó más, en pública forma é de manera que hagan fe, de la dicha Cédula original, interponiendo á su validacion su abtoridad é decreto judicial para que las pueda tener para guarda de su derecho, é le mande volver la dicha Cédula original: sobre lo cual todo pidió cumplimiento de justicia.

E por el dicho Señor Alcalde visto el dicho pedimento é la dicha Cédula original, é como por ella constaba y parescia no estar rota ni chancelada ni en parte sospechosa, dijo que mandaba é mandó á mí el dicho escribano dé al dicho Señor D. Francisco de Mendoza un traslado, dos ó más, en pública forma é de manera que haga fe, de la dicha Cédula de merced para el efeto que los pide, é á su validacion é firmeza dijo que interponía su abtoridad é decreto judicial, tanto cuanto podía é de Derecho debía, é mandó á mí el dicho escribano vuelva al dicho Señor D. Francisco de Mendoza la dicha Cédula original, é lo firmó de su nombre, siendo presentes por testigos el secretario Antonio de Turcios é Juan Muñoz Rico, escribano de S. M., é Francisco Duarte, estantes en la dicha ciudad de México.—ÁNGEL DE VILLAFAÑE.

E yo el dicho escribano, en cumplimiento de lo proveído y mandado por el Señor Alcalde fice sacar bien é fielmente un traslado de la dicha Cédula de merced, en la forma siguiente:

Yo Don Antonio de Mendoza, Visorrey é Gobernador por S. M. en esta Nueva España, &c. Por cuanto por parte de D. Francisco de Mendoza me ha sido pedido que en nombre de S. M. le haga merced de tres sitios de estancias para ganados mayores junto al río de Apaçeo desde una estancia de Francisco de Villegas, el río abajo, ó por la parte de arriba tierras é cañadas del dicho Francisco de Villegas, porque en la parte sobredicha hay dispusición para ello sin daño ni perjuicio, como de ello tenía relación de muchas personas y me constaba: y por mí visto lo susodicho, atento á lo que me consta, por la presente, en nombre de S. M., hago merced al dicho D. Francisco de Mendoza de los dichos tres sitios de estancias para ganados mayores, en la parte é lugar susodicha junto al dicho río de Apaçeo, el río abajo, é por la parte de arriba las dichas cañadas y tierras del dicho Francisco de Villegas, con tanto que las dichas estancias no sean en perjuicio de S. M. ni de indios ni de otro tercero alguno, y en ellas pueda tener sus ganados, y guarde las ordenanzas que están hechas en la guarda de los ganados; y tomada por su parte la posesión dellas, sean suyas é de quien dél oviere título ó causa, y como de estancias suyas propias pueda disponer dellas á quien quisiere é por bien tuviere: y de la dicha posesión que tomare mando que de fecho no sea despojado sin que primero sea oído y por derecho vencido ante quien é como deba: la cual dicha merced le hago, como dicho es, conque no sea en perjuicio de S. M. ni de otro tercero alguno. Fecho en México á veinte é nueve días del mes de Abril de mill é quinientos é cincuenta años.—DON ANTONIO.—Por mandado de Su Señoría, ANTONIO DE TURCIOS.

Fecho é sacado fué este dicho treslado en la dicha ciudad de México á treinta días del dicho mes de Diciembre del dicho año. Testigos que fueron presentes á lo corregir con el original Cristóbal de Tapia é Diego de León, estantes en la dicha ciudad de México. E yo el dicho Pedro de Salazar, escribano público del número de la dicha ciudad de México por S. M., que fuí presente con los dichos testigos é lo fice escrebir, fice mi signo en testimonio de verdad.—ÁNGEL DE VILLAFAÑE.—PEDRO DE SALAZAR, Escribano público.

En la ciudad de México de la Nueva España, nueve días del mes de Enero de mill é quinientos é cincuenta é dos años: este dicho día, estando en el colegio de los indios desta dicha ciudad de México que se dice Santa Cruz, que es en la parte de Santiago, estando ayuntados en el dicho colegio en su ayuntamiento Pablo Nazareo, rector del dicho colegio, é Martin Exidio, consiliario, é Antonio Valeriano, letor del colegio de los indios é colegial del dicho colegio, é otros muchos colegiales que dijéron ser del dicho colegio, ante el muy magnífico Señor Licenciado Francisco de Herrera, Oidor por S. M. en el Audiencia Real desta Nueva España, y en presencia de mí Francisco Diaz, escribano de S. M. é de la dicha Real Audiencia, é de los testigos yuso escritos, pareció Juan de Medina, mayordomo del Illmo. Señor D. Antonio de Mendoza, Visorrey é Gobernador que fué en esta Nueva España, é presentó una petición é una escritura de donación, su tenor de lo cual, uno en pos de otro, es esto que se sigue.

Muy Magnífico Señor: Juan de Medina, en nombre del Illmo. Señor D. Antonio de Mendoza, mi Señor, Gobernador que es de las provincias del Perú, é fué desta Nueva España, digo: que el dicho Señor Visorrey, por una escritura pública que envió del puerto de Acaxutla, hizo donación al colegio de los indios de esta ciudad de México, que se llama Santa Cruz, en la parte de Santiago al Tatelulco, de dos sitios de estancias de ganados mayores, que son en esta Nueva España junto al río de Apaçeo, á los confines de estancias de Francisco de Villegas, é más dos mill ovejas mestizas é mil cabezas de vacas chicas é grandes é cient cabezas de yeguas chicas é grandes, según que todo consta por la dicha escritura: é porque yo en nombre del dicho Señor Visorrey quiero cumplir todo lo contenido en la dicha escritura, é hacer de todo real entrego é porque está presente el muy Reverendo Padre Fr. Diego de Grado, y el rector y consiliarios del dicho colegio,

Pido é suplico á V. Mrd. les mande declarar si quieren acetar esta dicha donación, é acetándola les mande dar poder, con licencia é autoridad de V. Mrd., para la persona que quisieren que en su nombre vaya á se entregar en las dichas estancias é ganados, porque yo estoy presto de ir luego ó enviar persona que haga entrego de las dichas estancias ó de los dichos ganados, según é como en la dicha escritura de donación se contiene: é la persona que fuere á rescebir los dichos ganados lleve poder bastante para que pueda hacer carta del rescibo dellos: é pido justicia y el oficio de V. Mrd. imploro.—EL LICENCIADO ORBANEJA.

En el Nombre de Dios. Amén.—Sepan cuantos esta carta vieren como yo D. Antonio de Mendoza, Visorrey y Gobernador por S. M. de los Reinos del Perú, otorgo é conozco, por esta presente carta, que hago gracia é donación, pura, perfecta é acabada, fecha entre vivos é no revocable agora é de aquí adelante para siempre, al colegio de los indios de la ciudad de México de la Nueva España, que se llama el Colegio de Santa Cruz, que está en la parte de Santiago del Tatelulco de la dicha ciudad, conviene á saber, dos sitios de estancias de ganados mayores, que son en la dicha Nueva España junto al río de Apaçeo, á los confines de estancias de Francisco de Villegas, el río abajo, las cuales dichas estancias de suso declaradas é sitios dellas las tengo é son mías porque D. Francisco de Mendoza, mi hijo, á quien se hizo merced dellas en nombre de S. M., me las tiene dadas con el título que dellas se le hizo, el traslado del cual entrego con esta escritura, y el original está en poder de Juan de Espinosa Salado, mercader estante en México, é según é de la manera que yo las he tenido é poseído é le fué hecha merced al dicho D. Francisco de Mendoza doy al dicho colegio, é más dos mill ovejas mestizas é mill cabezas de vacas, chicas é grandes, é cien cabezas de yeguas, chicas é grandes, por servicio de Dios Nuestro Señor: esto con tal cargo é condición que si en algún tiempo ó por alguna cabsa ó razón cualquiera que sea, el dicho colegio se deshiciere é no permaneciere, por manera que no haya en él colegiales, que los dichos sitios de estancias é ganados sean é queden para el hospital de los indios de la dicha cibdad de México, para el uso é aprovechamiento de los pobres dél; al cual dicho hospital hago esta dicha donación de los dichos dos sitios de estancias é ganados, ovejas é vacas é yeguas susodichas, en defecto de que como dicho es cese el dicho colegio de los dichos indios, é no de otra manera: é por cuanto según Derecho toda donación que es fecha ó se hace en más ó mayor número é contía de quinientos sueldos, en lo demás no vale ni debe valer, si no es ó fuere insignada ante alcalde ó juez competente é nombrado en el contrato; por ende, tantas cuantas veces pasa y ecede el valor de esta dicha donación de los dichos quinientos sueldos, tantas donación é donaciones hago é otorgo de todo ello al dicho colegio, y en defeto que cese, al dicho hospital, é las insigno y he por insignado, é renuncio el derecho de los quinientos sueldos y la insignación dellos, como en ellas se contiene; é desde hoy día de la fecha desta carta para en adelante otorgo que me desapodero é dejo é desisto é aparto é abro mano de las dichas estancias é ganados é sitios dellas, de suso declarado, é de todo cuanto poder é derecho é abción é señorío á ellas y en ellas y en los dichos ganados é yeguas he y tengo, y todo lo renuncio, cedo é traspaso al dicho colegio de los dichos indios, é le apodero y entrego en ellos, para que desde hoy día de la fecha desta carta en adelante sean del dicho colegio é colegiales dél, de la manera susodicha; é doy poder cumplido á la persona ó personas que tuvieren cargo del dicho colegio, ó mayordomos dél para que por él y en su nombre con abtoridad de justicia ó sin ella, como quisieren, puedan entrar é tomar la tenencia y posesión de las dichas estancias é ganados, de la guisa y manera que quisieren y por bien tuvieren; y entretanto que la toman me constituyo por tenedor é poseedor de las dichas estancias, é ganados por el dicho colegio y en su nombre, y prometo de haber por firme esta dicha donación agora y en todo tiempo, y de no la reclamar ni contradecir en ningún tiempo ni por alguna manera, causa ni razón que sea, aunque de Derecho sean bastantes é suficientes, é desístome para no me poder aprovechar dellas ni de ninguna dellas; é si la revocare ó contradijere ó contra ella fuere ó viniere, que no me valga ni aproveche á mí ni á otro por mí en juicio ni fuera dél, y sin embargo dello todavía valga é sea firme esta escritura de donación é se cumpla é quede según é de la manera que en ella se contiene: é para ello obligo mis bienes é rentas, é renuncio todas é cualquier leyes é derechos é privilegios ó libertades que sean ó ser puedan en mi favor ó ayuda, é la ley é regla del Derecho en que diz que general renunciación fecha de leyes non vala: y esto haya efeto como si fuese sentencia definitiva pasada en cosa juzgada. En testimonio de lo cual otorgué esta presente escritura ante el escribano é testigos yuso escritos, en cuyo registro firmé mi nombre: que es fecha la carta en el puerto de Acaxutla á veinte é dos días del mes de Hebrero de mill é quinientos é cincuenta é un años; é fueron testigos Gil Ramírez Dávalos é Juan de Vargas é Diego de Pavía, estantes en el dicho puerto.—DON ANTONIO DE MENDOZA.—E yo Juan Muñoz Rico, escribano de S. M. é de Cámara del Audiencia Real de la dicha Nueva España, á lo que dicho es que en mi presencia pasó, presente fuí en uno con los dichos testigos, é lo escrebí, y por ende fiz aquí este mío signo atal, en testimonio de verdad.—JUAN MUÑOZ RICO.

E así presentada la dicha petición y escritura de donación en la manera que dicha es, estando el dicho retor é consiliario ó letor ó colegiales del dicho colegio en su ayuntamiento á campana tañida, según que dijeron que lo habían de uso ó de costumbre de se ayuntar; y estando presente el Muy Reverendo Padre Fr. Diego de Grado, de la Orden de S. Francisco, presidente que dijeron ser del dicho colegio, el dicho Señor Oidor mandó al dicho retor ó consiliario ó letor digan ó declaren si quieren acetar la dicha donación que el dicho Señor D. Antonio de Mendoza, Visorrey ó Gobernador que fué de esta dicha Nueva España, ha fecho al dicho colegio ó colegiales dél, de las dichas dos estancias ó ganados, en la manera que dicha es, porque acetada conforme á lo que les es pedido, él hará en el caso lo que sea justicia: testigos Juan de Santa Cruz ó Manuel de Villegas ó Diego de Suazo, vecinos desta dicha ciudad.

E luego el dicho retor ó consiliario ó letor de suso declarados, presentes los demás colegiales del dicho colegio, y el dicho Padre Fr. Diego de Grado, presidente del dicho colegio, en lengua española, la cual parescían hablar ó entender muy bien, dijeron ante el dicho Señor Oidor y en presencia de mí el dicho escribano ó testigos susodichos, que ellos por sí y en nombre del dicho colegio ó de los demás colegiales dél, que el día de hoy son, ó serán de aquí adelante, que con consejo ó autoridad ó parescer del dicho Padre Fr. Diego de Grado, presidente del dicho colegio, acetaban ó acetaron la merced ó donación que el dicho Señor Visorrey D. Antonio de Mendoza hizo al dicho colegio ó colegiales dél, de las dichas estancias ó ganados de suso declarados, según ó de la misma forma ó manera que en la dicha escritura de donación, de suso encorporada, se contiene, ó con el aditamento ó condición en ella contenido: testigos los dichos.

E por el dicho Señor Oidor vista la dicha acebtación de la dicha donación que así los dichos retor ó consiliario ó letor han fecho de la dicha donación, dijo: que les daba ó dió poder ó licencia ó facultad para que los dichos retor, ó consiliario ó letor, en nombre del dicho colegio ó colegiales dél que son ó fueren de aquí adelante, puedan dar ó otorgar, ó den ó otorguen, poder cumplido á la persona ó personas que quisieren, para que puedan rescebir é haber é cobrar las dichas estancias é ganados, é tomar é aprehender la posesión de todo ello por el dicho colegio ó colegiales dél, ó dar de ello las cartas de rescibo que convengan, conforme á lo pedido por el dicho Juan de Medina en nombre del dicho Señor Visorrey D. Antonio de Mendoza, é firmólo de su nombre, testigos los dichos.—EL LICENCIADO HERRERA.

E luego los dichos retor é consiliario é letor, ante el dicho Señor Oidor, é presente el dicho Padre Fr. Diego de Grado, presidente del dicho colegio, estando en el dicho ayuntamiento é colegio los demás colegiales á campana tañida, según dicho es, dijeron que mediante la dicha licencia á ellos dada é concedida por Su Mrd. del dicho Señor Oidor, por sí y en nombre del dicho colegio é de los demas colegiales dél que el día de hoy son é serán más adelante, daban é otorgaban é dieron é otorgaron todo su poder cumplido, libre é lleno é bastante, según que lo han é tienen é de Derecho más puede é debe valer, á Juan Gómez de Almazán, corregidor del dicho Tlatilulco, que es en la parte de Santiago, que está presente, especialmente para que en su nombre é del dicho colegio é colegiales dél que el día de hoy son é serán de aquí adelante, é para el dicho colegio é colegiales dél pueda rescebir é haber é cobrar las dichas dos estancias é ganados contenidos en la dicha escritura de donación, é yeguas, é dello dar é otorgar todas é cualesquier carta ó cartas de rescibo que convengan: las cuales é cada una dellas valan é sean firmes é bastantes, como si ellos mismos las diesen é otorgasen é á ellas presentes fuesen, é para que pueda tomar é aprehender para el dicho colegio la tenencia é posesión de todo ello con las solemnidades é según que de derecho se requiere, ó como bien visto le fuere; é sobre la dicha razón pueda parescer é parezca ante todos é cualquier justicias, alcaldes é jueces eclesiásticos é seglares, de cualquier fuero é jurisdicción, é ante ellos é cualquier dellos hacer todas las demandas, pedimentos é requerimentos é protestaciones é abtos é diligencias, así judiciales como extrajudiciales que convengan é menester sean de se hacer, é que ellos harían ó hacer podrían presentes siendo, aunque aquí no se declaren, é aunque sean de calidad que según Derecho requieran presencia personal é otro su más especial poder: é para que en su lugar y en su nombre pueda sostituir é sostituya este dicho poder en una persona, ó dos ó más, é los revocar cada que bien visto le fuere, á los cuales ó á él relevaron según forma de Derecho: é cuan cumplido é bastante poder como ellos tienen para lo que dicho es, tal é tan cumplido dijeron que lo daban é otorgaban, é dieron é otorgaron al dicho Juan Gómez de Almazán é á los por él sostituidos, con todas sus incidencias é dependencias, anexidades é conexidades; é para lo haber por firme obligaron los bienes é rentas del dicho colegio, habidos é por haber, é firmáronlo de sus nombres en el registro, é asimismo lo firmó el dicho Padre Fr. Diego de Grado: testigos que fueron presentes á lo que dicho es, los dichos Juan de Santa Cruz é Manuel de Villegas é Diego de Zuazo, testigos, vecinos y estantes en esta dicha ciudad.—FR. DIEGO DE GRADO.—PABLO NAZAREO.—ANTONIO VALERIANO.—MARTÍN EXIDIO.—Pasó ante Francisco Díaz, Escribano de S. M.

A lo cual todo que dicho es, el dicho Señor Oidor dijo que interponía é interpuso su abtoridad é decreto judicial para que valga é sea firme en todo tiempo é lugar que paresciere, é firmólo de su nombre: testigos los dichos.—EL LICENCIADO HERRERA.—Pasó ante mí, FRANCISCO DÍAZ, Escribano de S. M.—E yo, Francisco Díaz, Escribano de S. M., presente fuí á todo lo que dicho es, é lo escrebí según que ante mí pasó, é por ende fice aquí mio signo atal, en testimonio de verdad.—FRANCISCO DÍAZ, Escribano de S. M.

En la ciudad de México, á diez é ocho días del mes de Junio de mill é quinientos é cincuenta é cinco años, visto por los Señores Presidente é Oidores de la Audiencia Real de la Nueva España estos autos é información rescebida á pedimento del Colegio de Santa Cruz desta ciudad, á la parte de Santiago, sobre que será útil é provechoso al dicho colegio que se vendan las estancias y ganado de que les hizo donación el Señor D. Antonio de Mendoza, Viso-

rrey ó Gobernador que fué desta Nueva España, atento lo
que por la dicha información consta, dijeron que daban ó
dieron licencia al dicho colegio para que en pública almo-
neda por los términos del Derecho se venda la dicha estancia con los ganados de ella, conque lo que procedieren se
depositen en las personas que esta Real Audiencia nom-
brare, para que se pueda emplear en censos ó otra cosa que
más útil y provechosa sea al dicho colegio, á vista é parecer de su Real Audiencia, para que se cumpla la voluntad
del donador. Y así lo mandaron asentar por auto. Este
dicho día, mes é año susodicho se pronunció el auto de suso
contenido.— ANTONIO DE TURCIOS.— Dióse testimonio
deste auto.

EXTRACTOS.

En 7 de Mayo de 1567, el Virrey Marqués de Falces dió
comisión á Pedro de Requena para tomar cuentas al mayordomo del Colegio de Tlatelolco.

En cumplimiento de ella se tomó la cuenta á Diego Ruiz,
mayordomo. Había en censos 13,621 ps. 3 tomines y 6 gra-
nos: oro común.

Entre los descargos hay lo siguiente:

30 ps. de oro común por un libro llamado Salterio que
se compró para el Colegio por mandado del guardián del
monesterio de Señor S. Francisco.

12 ps. por sayal para dos Religiosos que sirven en el colegio.

38 ps. al rector Martín Jacobita por salario de un año.

12 ps. por cuenta de salario á Antonio Valeriano, letor,
y 6 ps. 1 tomín de 7 hanegas de maíz al mismo.

149 ps. 5 toms. por 162 hanegas de maíz para el gasto del
colegio en el año de 66.

83 ps. 6 toms. y 6 gr. por 97 hanegas de maíz para el gasto del año de 67.

351 ps. 2 toms. 6 gr. en vaca, carnero y otras cosas.

304 ps. 6 toms. 6 gr. en cal, vigas, una cadena de hierro y
otros aderezos para una noria y para obras del colegio.

150 ps. de minas, que son 248 de tupezque, por su salario de año y medio.

Resultaron á cargo del mayordomo 805 ps. 1 tom. y 9 gr., que se mandaron poner á censo: 15 de Julio de 1567.

Seis meses después el rector, lector y consiliarios se quejaron de que Diego Ruiz no había impuesto el censo: decía que el colegio le debía, "y no lo provee como es razón, ni paga á los que en él sirven por sus tercios, antes de todo se aprovecha, y dice que no cobra los censos." Piden que se le tomen cuentas y se provea lo conveniente.—Firmado: —MARTÍN JACOBITA.—ANTONIO VALERIANO.—GREGORIO DE MEDINA.—ANTONIO RAMÍREZ DE FONSECA.

En 24 de Diciembre de 1567 proveyó el Marqués de Falces, que Pedro de Requena "prosiga el tomar las dichas cuentas" hasta fin del año.

Diego Ruiz presentó la cuenta el 11 de Febrero de 1568.

Descargos: 71 ps. á Antonio Valeriano, rector, en cuenta de salario.

30 ps. á Martín Jacobita, rector, por el año de 67.

14 ps. por un Flos Sanctorum de los nuevos.

20 ps. de un monacordio "para en que se enseñen los colegiales para tañer el órgano."

50 ps. á Gonzalo Hernández, organista, en cuenta de los órganos que está sentando en el monesterio de Santiago.

50 ps. 3 toms. en 10 hopas y 10 sobrepellices que se hicieron de paño colorado de la tierra, para diez colegiales que sirven en el monasterio en el culto divino.

580 ps. 1 tom. gastados en la noria, en una alberca, unos caños, un jacal y un dormitorio.

1 p. á un alguacil que tiene á cargo de recoger las indias para hacer el pan.

En 12 de Febrero de 1568 mandó el Virrey Marqués de Falces que el mayordomo Diego Ruiz entregase los 101 ps. 1 tom. en que salía alcanzado: "donde no, sea ejecutado por ellos."

————

En 12 de Julio de 1570 mandó el Virrey D. Martín Enríquez á Pedro de Requena que tomase las cuentas al mayordomo del "Colegio de Santiago que está *junto* al monesterio de S. Francisco del Tatelulco."

Era mayordomo Tomé López.—Dió cuenta desde 21 de Enero de 1568.

Tenía el colegio de censos 13,621 ps. 3 toms. 6 gr. á razón de catorce mil el millar.

Se le hizo cargo de 50 ps. que le dió Martín Jacobita, *rector* del dicho colegio, que se habían cobrado de cosas pertenecientes al colegio.

75 fanegas de maíz que le entregó el P. Juan de Mansilla para el colegio.

Se preguntó al rector Martín Jacobita y á los lectores Bernaldino Jerónimo y Joaquín, si sabían que Tomé López había recibido algo más de lo que tenía declarado. Contestaron que no, "y firmaron los que sabían."—No hay más firmas que las del juez, del escribano y de Martín Jacobita: luego los *lectores* no sabían firmar.

Descargo:

50 ps. á Agustín de Santiago y Gonzalo Hernández, maestros de hacer órganos "que se les debían de resto de los órganos que hicieron para la iglesia."

14 ps. y medio de tepuzque á Gregorio y Antonio Ramírez, lectores que fueron del dicho colegio, por mandado de Fr. Juan de Mansilla, Guardián que fué del dicho monasterio.

19 ps. 3 toms. por papel y colores y alcayatas para sentar los órganos.

66 ps. 4 toms. á Gaspar de Torres, maeso de enseñar á los niños del colegio.—Se le daban cien pesos cada año, y 12 hanegas de maíz.

31 ps. á Antonio Valeriano, lector *que fué* del dicho colegio, por salarios.

75 hanegas de maíz, que entregó á Martín Jacobita, rector, "para dar á indios que sirven de cocineros y hortelanos y porteros y *reloxeros* que sirven en el monesterio de Santiago, porque les dan cada día cien tortillas que coman, y más dos cuartillos que dan cada día al macho que trae la noria."

La leña valía á dos reales "carga de caballo."

Se gastaban cada mes 20 hanegas de maíz.—Cada semana se gastaban 2 carneros y medio que costaban 10 tomines, y si los carneros eran pequeños se daban 3.—De pescado, huevos, ají y frisoles y sal y candelas y fruta, 2 ps. 5 toms.—10 toms. á cuatro indias que hacen las tortillas y guisan de comer, y un indio que les trae agua, "y esto se gasta por la orden que dejó dada el Guardián Fr. Juan de Mansilla."

"Preguntado que para qué efeto estaba en el dicho colegio el anoria, pues tienen en él fuente y agua de la que se trajo de Ascapusalco y se lleva al monesterio, dijo que él halló hecha la noria y el macho que la trae, y que el agua ningún fruto ni servicio hace para el dicho colegio, sino para la huerta de los Religiosos que están en Santiago."

Se le preguntó si los indios que mantenía el colegio le servían de algo, y contestó que no, sino al monasterio.

———

En 18 de Julio de 1572, D. Martín Enríquez dió mandamiento á Pedro de Requena para que tomase cuenta al mayordomo Tomé López.

El colegio conservaba los mismos censos.

Cargo:

110 ps. que el Guardián del convento de S. Francisco de México, Fr. Juan de Mansilla, entregó "en restitución" al colegio.

El juez llamó para presenciar la rendición de cuentas á Josef de Castañeda, lector, y á Martín Jacobita, y á Diego Diaz alcalde, Martín de Santiago y Alonso Lucas y Pedro Daniel regidores.—Servía de intérprete Juan de Requena.

Descargo:

548 ps. 3 toms. de oro común en el gasto de 107 semanas.

6 ps. 2 toms. en cal para cocer el maíz.

7 ps. 2 toms. en tocino.

1 p. de aguacates.

3 ps. 1 tom. en jabón y lavanderas.

16 ps. de oro común que dijo haber costado dos libros Vo-

cabularios en romance y en la lengua mexicana, de los nuevamente impresos, los cuales se compraron para el dicho colegio por mandado del P. Guardián Fr. Alonso de Molina.

33 ps. 2 ts. á Gaspar de Torres maestro de leer y escribir.

76 ps. á Martín Jacobita, *retor* del dicho colegio, del salario por leer á los colegiales y vezarles á escribir.—Ganaba 30 ps. anuales.

118 ps. á Joseph de Castañeda, lector de gramática, á 100 ps. por año.

5 ps. á Gregorio de Medina, lector de gramática que fué, antes de Castañeda.

2 ps. á Matéo Sánchez, repetidor.

71 ps. 2 ts. de leña.

Se suspendió la diligencia, y fueron testigos, mas no firmaron, Fr. Alonso de Molina, Guardián de Santiago, y Fr. Bernaldino de Sahagún y Joseph de Castañeda.

Se prosiguió el 31 de Julio de 1572, y dió el mayordomo otros descargos de gastos en pleitos &c. No aparece el P. Sahagún.

El mayordomo declaró que había en el colegio 65 colegiales indios de los pueblos desta Nueva España que deprenden la latinidad, y el lector y rector y repetidor y otro repetidor: en todo 69 personas.

35 porcionistas, que son indios muchachos que deprenden á leer y escribir y latinidad, y á estos les dan sus padres de comer y se van á dormir á sus casas; y también hay indias que hacen tortillas, y tapixques que sirven en el dicho colegio y comen en él.

Para las personas y para el macho de la noria se daban cada tres días dos hanegas de maíz.

Se gastaban 2 toms. de carne cada día: el día de pescado los dos tomines se convierten en huevos y pescado: 1 tomín de leña: sal 2 toms. cada semana: fruta un tomín diario &c. Total 5 ps. 1 tom. por semana: "lo cual se hace por parecer y orden de los Religiosos del monesterio de Santiago que tienen á cargo el dicho colegio."

Dió además en descargo el mayordomo 2 rs. que costó una mano de papel. Firmó Fr. Alonso de Molina.

Se preguntó al mayordomo quién daba de vestir, tinta, papel, plumas y libros á los colegiales. Contestó que "ellos se lo buscan, pues no lo da el monesterio ni el dicho colegio."

En.seguida mandó el juez al mayordomo "que los libros, tinta, papel y plumas que necesariamente ovieren menester los dichos colegiales se lo dé moderadamente."

El mismo día 31 de Julio de 1572 mandó el juez que se inventariasen todos los bienes y cosas que hubiere en el colegio y se entregasen al mayordomo Tomé López.

El inventario es este:

Primeramente un macho prieto que anda en la noria.

Item, se hallaron ocho espadas con sus guarniciones sin ..... cortas y quebradas, que son con que los niños danzan en las fiestas.

Item, un Vocabulario Calepino grande, encuadernado en tablas.

Item, otros dos Vocabularios de Antonio de Librija.

Item, un Arte de Gramática de comento de Antonio de Librija.

Item, un libro de las Epístolas de S. Jerónimo, encuadernado en tablas.

Item, otro libro llamado Apiano de beliz.

Item, otro libro Vocabulario de Ambrosio Calepino.

Item, otro libro Filosofia Natural.

Otro libro grande encuadernado en tablas intitulado Gayo Plinus.

Item, otro libro intitulado de Santo Tomás de Aquino.

Item, otro libro de la Historia Imperial, en romance.

Item, otro libro Vocabulario que se dice Catolicón.

Item, dos vocabularios en lengua castellana y mexicana, hechos por el P. Fr. Alonso de Molina.

Otro libro de Quintiliano.

Otro llamado Plutarco.

Otro libro intitulado Repertorio General de la Teulugía de Grabiel Biel.

Otro libro intitulado Despauterio de latinidad.

Otro Vocabulario Eclesiástico.

Otro Vocabulario de Antonio de Librija.

Otro Arte de comento de Librija.
Otro libro de Gramática de Martiniano.
Otro libro de Lóxica del Maestro Siliceo.
Otro Arte de Antonio de Librija de comento.
Item, una Blibia en latín.
Otro libro de Catón.
Otro libro de Epístolas Opus Regali.
Otro libro de Marco Antonio.
Otro libro Rrechardos de mediavª.
Otro libro Dealética de Filosofía.
Otro libro Blibia.
Otro libro de las Epístolas de S. Pablo.
Otro libro que se intitula las Epístolas de Mantuano.
Otro libro del Nuevo Testamento.
Otro libro que se dice los Oficios de Cicerón.
Otro libro de Epístolas de Erasmo.
Otro libro de Bita Criste cartuxano.
Otro libro de Sante   Salustio.
Otro libro que se dice Aureli de latinidad.
Item, otra Blibia.
Item, otro libro Despauteri de latinidad.
Otro libro que se dice bita Cristi.
Item, otro libro de las oraciones de Tulio Cicerón.
Item, otro libro que se dice Salustii.
Unas Epístolas de S. Pablo.
Otras Epístolas de S. Pablo.
Otro libro de Bautista Mantuano.
Otro libro de Contentus mundi de jason.
Otro libro Manual Espiritual.
Otro Testamento Nuevo.
Otro libro de Salusti de latinidad.
Otro libro que se dice Proxinasmata de lógica.
Otro libro intitulado Bautista Mantuano.
Otro libro Despauterio pequeño.
Otro Arte de Antonio de Librija.
Otro libro de Arte canto llano.
Otro libro intitulado Cosmografia Camponi.
Item, otro libro de Saludio.

Item, otra Blibia escrita de mano en pergamino.

Item, un libro Silva de varia lección, en romance.

Item, otro libro de la destruición de Troya.

Item, otro libro encuadernado, lo más dél en blanco, donde ponen los asientos de los colegiales.

Item, dos sillas de cadera.

Item, un cajon como escritorio donde están los libros.

Item, un pasador con un candado.

Item, siete mesas con sus bancos de asiento en el refitorio.

Item, seis pares de manteles de presillas.

Item, tres camas de madera.

Item, una caja de madera con su cerradura.

Item, cuatro azadones de hierro.

Dos sartenes de hierro.

Item, una paila de azófar.

Item, una caldera de azófar.

Item, dos cucharas de hierro.

Item, dos cajas de madera, la una con dos llaves, y la otra con una.

Item, un almario con su llave, donde se ponen los papeles.

Item cinco mesas en el general para escribir, con su cátedra.

Item, un retablo en el general, cuando Cristo disputaba con los fariseos.

Item, un aposento todo á la redonda con sus tablas de madera y en alto, que es el dormitorio; porque las frazadas que había en él y cajas dijeron ser de los propios colegiales.

Item, un monacordio en que se vezan á tañer los colegiales.

Item, una lámpara vieja.

Item, dos candeleros de azófar.

Item, un candado con que se cierra el aposento del dormitorio.

Item, otras dos tablas de manteles.

El juez preguntó bajo juramento á Tomé López, mayordomo, José de Castañeda, lector, y Martín Jacobita, *rector*, si el colegio tenía otras cosas. Contestaron que no.

———

En 16 de Enero de 1573, el Virrey D. Martín Enríquez dió comisión á Pedro de Requena para que tomase las cuen- á Tomé López, mayordomo del colegio.

La cuenta se tomó en presencia de Fr. Alonso de Molina, Guardián del monesterio, y de Fr. Bernardino de Sahagún. Y firmaron.

Está reducida la cuenta á la presentación de las escri- turas de censos á favor del colegio, diligencia que se veri- ficó el 10 de Julio de 1574, sin que aparezca por qué se re- tardó tanto.

En 12 del mismo entregó Tomé López las escrituras al nue- vo mayordomo Gaspar de Bañares, "presente el P. Guar- dián Fr. Alonso de Molina y Fr. Bernardino de Sahagún, como persona que tiene á cargo la administración del dicho colegio."

Sigue el nombramiento de mayordomo dado por el Vi- rrey Enríquez á Gaspar de Bañares: 12 de Junio de 1574. En él se dice que los Religiosos á cuyo cargo está el cole- gio eran sus fundadores.

El mismo día se tomó la cuenta á Tomé López.

El cargo comienza por el alcance de la cuenta de Julio de 1572. Firma Fr. Bernardino de Sahagún.

En 13 de Julio de 1574 dió Tomé López su descargo:

465 ps. y 2 toms. para el gasto de la casa á razón de 5 ps. 1 tom. cada semana, "y más y menos por orden y cédu- las de Fr. Bernaldino de Sahagún, que tiene á cargo el di- cho colegio."

230 ps. y un tom. de salarios.

77 ps. en paño morado para hacer ropas á los muchachos del colegio (50 varas de paño á peso y medio), y 2 ps. de hilo, y mostró 18 ropas que se hicieron.

No se sabe por qué se suspendió la cuenta hasta el 23 de Septiembre en que por virtud de nuevo mandamiento del Virrey se prosiguió.—El mayordomo dió en descargo mu- chas partidas que debían los censatarios por réditos.

En 8 de Octubre dió Tomé López declaración acerca del estado de todas las escrituras de censo.

Al fin de esta cuenta falta una hoja.

En 10 de Noviembre de 1584, el Virrey Enríquez removió al mayordomo Bañares, por no haber dado fianzas y "por otras causas y por relación del M. R. P. Fr. Alonso de Molina, Guardián del dicho monesterio de Santiago, y del P. Fr. Bernaldino de Sahagún que tiene á cargo el dicho colegio." Nombró en su lugar á Diego Rufo.—Pero este había ya asistido como mayordomo á la rendición de cuentas de Tomé López, el 8 de Octubre anterior.

Diego Rufo dió por fiador á Francisco Bernal, y recibió las escrituras de censos.

En 13 de Diciembre mandó el Juez que se entregasen al nuevo mayordomo los bienes del colegio, en presencia de los Padres Molina y Sahagún, y se formó el siguiente inventario.

Unos títulos de un pedazo de tierras que están en términos del pueblo de Santiago, donde dicen San Salvador.

Y los indios que están en ellas dan de renta verdura para el colegio, y los títulos de la merced y recabdos están en lengua mexicana.

Los libros que se hallaron en el colegio:

Un libro Opera Divi Ambrosii.

Otro, Divi Agustini de Civitate Dei.

Otro, de Plutarchus de Viris Illustribus.

Titus Livius

Historia Imperial en romance.

Chronica Santo Antonii Florentini.

Divi Cipriani Opera.

Quintiliani Inst. Orat.

Divi Hieronimi Epistolarum Liber.

Marciani Capele Opus.

Tres Blibias (*Al margen* "*ojo* falta una.")

Libri Paralipomenon.

Opus Regali.

Postille totius anni.

Boecius de Consolacioni xhie cun comendis.

Logica Aristotiles.

Catolicon.

Diogenes de vitis.

Prudenti poeti opera.

Plutarchi Opuscula.

Plini Secundi ystoria naturalis.

Logica fratre Alfonsi a uera cruzi.

Dialectice titilmani.

Flavi Josephi de antiquitatibus.

Tres Calepini.

Duo liber Parthenices mariani cun.

Manual Espiritual del P. frai Xpoual Ruiz.

Tercia Pars beati Tome.

Ricardi super quartum Sent.

Filosophia naturalis cun paraphrasi francisi batalii.

Seis libros de Luis bibas.

Un libro de ysopete.

Dos libros hymnorum cun comendariis.

Dos Vocabularios del P. Fr. Alonso de Molina. *(Al margen:* "falta uno.")

Un Repertorio de Chaves en romance.

Tractatus de contentus mundi.

Logica de Siliceo.

Logica Sancii.

Catonculus muy viejo.

Contextus seu Epítome. *(Al margen:* "Hay más: Dialectica Aristoteles.—Doctrina:" *no se puede leer el resto.)*

Seduli duo.

Tres libros de Salustiani.

Sabelicus.

Baptista Mantuano bucolicorum . . . . .

Petri Criniti de diciplina.

Tartareti Logica.

Jubenal.

Otro libro de Gerson de oraciones.

Virgilio.

Erasmo de Conscribentis.

Un arte Despauterio.

Dos Vocabularios de Antº de Nibrija.

Cinco artes de Antº de Nibrija.

Vocabulario Eclesiástico.

Otro libro de los oficios de Cicerón.

(Al margen: "Otros bienes.")

Cinco pedazos de espadas viejas con que danzaban los niños.

Dos sillas de cadera.

Un cajón como escritorio donde se ponen los libros.

Un aparador con un candado y su llave.

Siete mesas con sus bancos que están en el refitorio.

Veinte y cuatro tablas de manteles viejos de presilla y angeo.

Una cama de madera vieja.

Una caja de madera con su cerradura.

Dos azadones viejos.

Una caldera de cobre.

Una olla de cobre.

Un asador grande.

Dos cucharas de hierro viejas.

Dos cajas de madera, la una con dos llaves.

Un almario con su llave.

Cinco bancos de madera que están en el general.

Un retablo que está en el general de cuando Cristo niño desputaba con los fariseos en el templo.

Dos candeleros de azófar viejos y quebrados.

Un candado con que se cierra el dormitorio.

Dos mesas viejas. *(Al margen:* "Hay más dos repisas.")

Cinco pares de grillos.

Diez y ocho ropas moradas traídas.

Otras diez y seis ropas moradas muy viejas.

Cincuenta ropas pardas viejas.

Un cofre pequeño con su llave.

Dos hachas de hierro viejas.

Un garabato de hierro.

Un retablo de lienzo que está en el refitorio.

Una campana pequeña que está en el campanario.

Una campanilla de la portería.

Otra campanilla chica de la mesa.

Cuatro piedras de moler, con sus manos.

Una olla de cobre.

Herramienta de libreros.

Una cuchilla grande.

Dos prensas de madera.

Un martillo de aplanar grande, de hierro.

Un cepillo de hierro.

Dos punzones de hierro.

Un punzón de golpe.

Una gubia.

Dos pares de tijeras pequeñas.

Tres cosedores.

Un compás.

Una caja de cuchillos carniceros.

Un cepillo de madera.

Unas tijeras de zapatero.

Un martillo de hierro pequeño.

Tres hierros para pintar la encuadernación.

Una sierra.

Una piedra de batir.

Firmaron este inventario de entrega á Diego Ruiz, los Padres Fr. Alonso de Molina y Fr. Bernardino de Sahagún.

El mismo día dijo el juez que faltaban varias cosas que expresó, y el P. Sahagún dijo que se vendieron por inútiles de orden del P. Guardián y suya, para sustentar los mochachos que deprenden y están en el dicho colegio, y fué en los precios siguientes:

Un macho prieto en veinte pesos . . . . 20.

Las tres medias espadillas en peso y medio . 1. 4

Un libro Apiano en peso y medio 1. 4

Y el reportorio en cinco pesos . . . . 5.

Y los dos libros del Nuevo Testamento en dos

pesos . . . . 2.

El Vita Cristi en tres pesos . . . . 3.

La Despauteria de latinidad en diez reales . . 1. 2

La Cosmografía en seis tomines 6

Un libro de varia lección en un peso . . . . 1.

Al frente . . . . 36.

Del frente.......... 36.

La destruición de Troya en seis reales 6

La cama de madera en diez reales......... 1. 2

Tres azadones viejos en cuatro reales 4

Dos sartenes en un peso.................. 1.

Una paila de azofar se trocó por una caldera
de cobre.............................

39. 4

Un monacordio en cinco pesos .... 5.

Despues de esto dijo el juez, que todavía faltaba un vocabulario de Antonio de Nebrija, un libro de gramática, otro de filosofía, las Epístolas de S. Pablo, Sante vite y Salustio, una Biblia, un libro de Vita Cristi, los dos cuerpos de las Epístolas de S. Pablo, un arte de canto llano, y una cama de madera. El P. Fr. Bernardino "se informó de los indios que están en el dicho colegio, que tienen á cargo las cosas de él, que qué se habian hecho, los cuales dijeron que se habian gastado por ser viejas y que otros se habian perdido." Y el juez lo mandó asentar por auto.

Por mandado de los Padres Molina y Sahagún se entregaron todos los bienes inventariados á Bernardino Velázquez, procurador del colegio.—Todos firmaron.

A 8 de Julio de 1575 dió comisión el Virrey Enríquez á Pedro de Requena para que tomase cuentas á Gaspar de Bañares, del tiempo que tuvo á cargo la mayordomía del colegio.

Se notificó á Bañares, quien dijo que él no habia recibido las escrituras, pues por no haber dado él fianzas, quedaron los papeles en poder de Fr. Bernardino: que fué mayordomo desde 12 de Junio de 74 hasta 12 de Setiembre del mismo: que cobró algunos réditos y dió lo necesario para los gastos del colegio.

El cargo montó á 162 ps., entre ellos 20, valor del macho vendido.

Descargo: como comprobantes de él se acompañan diez

recibos ó libramientos *originales* del Padre Sahagún, en esta forma:

1° 23 de Julio de 1574.—30 ps. para el gasto.

2° 14 de Julio. "Magnifico Señor: Por la presente ruego a Vᵃ mrd. que porque no hay que gastar en el colegio, al que la presente lleva mande dar los veinte pesos en que se vendió el macho hasta tanto que se recaden algunos dineros de los censos con que se remedien las necesidades de adelante. oy miércoles a catorce dias del mes de Julio de 1574 años. —fray bnardio de Sahagun.— Para el señor Gaspar de Bañares, en su casa."

3° 28 de Julio de 1574.—Recibió el colegio un tocino que costó dos pesos y medio.

4° 7 de Agosto de 74.— "V. m. mande dar y pagar a Alonso Vexarano, lector, peso y medio por los cuatro días de esta semana pasada que ha leído."

5° 7 de Agosto de 74.—A Bernabé Velázquez, procurador del colegio, seis pesos de oro común que se le deben del salario de su oficio.

6° 13 de Agosto de 1574.—Recibo de veinte hanegas de maíz, pagadas á peso en Xochimilco, y de porte cuatro tomines.

7° 3 de Setiembre de 1574.—Por veinte pesos de moneda común para el gasto ordinario, y para comprar algunos materiales, para los remiendos que se hacen en el colegio, como es cal y tezontlalli y leña.

8° 4 de Setiembre de 1574.—Cuatro pesos á Bonifacio Maximiliano, repetidor del colegio, por el tercio postrero de su salario.

9° 18 de Setiembre de 74.— "Ahí van los dos maestros de los niños de la Escuela: mande dar a cada uno cuatro pesos y dos tomines por su trabajo que han hecho cuatro meses."

10° 18 de Setiembre de 74.—Al portador un peso y cuatro tomines de las lecciones de la gramática que ha leído cuatro días.

(Además de estos documentos agregados existe en mi poder otro, original también, y perteneciente á la misma cuenta. Dice así: "Mag^{co} señor. Esta es para Rogar a V. m. d. de al portador desta quatro pesos y siete tomines de las lectiones de la gramatica que a leydo treze dias. Fecho a catorze dias del mes de Setiembre de setenta y quatro años.—fray bnardio de sahagun.—Para el señor Gaspar de Bañares, en su casa." Me le dió el Señor Chavero.—Por la cuenta se ve que el portador fué Vexarano.)

———

A 17 de Mayo de 1576 dió el Virrey Enríquez comisión á Pedro de Requena para tomar cuentas á Diego Rufo mayordomo del colegio.

Esta cuenta se hizo para que Diego Rufo entregase á Damián García, mayordomo nuevamente nombrado.

Comienza el cargo; pero queda incompleto por faltar en el códice las ff. 100 á 109.

En el principio de la 110 concluye una diligencia que parece ser de reconocimiento de comprobantes. La firman Fr. Francisco de las Navas, Guardián del convento y Fr. Bernardino de Sahagún.

En 30 de Junio dió sus descargos Diego Rufo. Falta mucha parte de ellos que estaban en las fojas anteriores.

———

En 19 de Junio de 1576 nombró el Virrey Enríquez por mayordomo del colegio á Damián García receptor de la Real Audiencia.

En 3 de Julio se le entregaron las escrituras de los censos.

Sigue la entrega que hizo Diego Rufo de los objetos pertenecientes al colegio.

———

En 23 de Febrero de 1577, el Virrey D. Martín Enríquez destituyó á Damián García Franco y nombró en su lugar á Pedro Cuadrado por mayordomo del colegio.

El mismo día comunicó el nombramiento á Pedro de Requena y le mandó que tomase cuentas á Damián García y le recogiese las escrituras de los censos, que entregaría á Pedro Cuadrado.

En cumplimiento de lo mandado, entregó Damián García las escrituras.

Pedro Cuadrado dió por fiador á Pedro Ocharte, quien firmó (fº 186 vto). Era Guardián del monesterio Fr. Antonio Roldán.

Importó el cargo 1765 ps. 5 ts. 9 gs. de oro común.

Descargo:

50 ps. á Martín Cortés para el gasto del colegio. Hay otras partidas semejantes, siempre por cédulas de Fr. Francisco de las Navas.

20 ps. á Antonio Valeriano, lector.

6 ps. al médico que curaba los enfermos del colegio.

20 ps. á los alarifes que vieron las casas que dejó la india para el colegio. Queda interrumpido el descargo, por faltar media hoja. El alcance fué de 31 ps. 3 ts. y 6 gs.

Presentó luego una cédula de pago á Antonio Valeriano por 31 ps., y el alcance se redujo á los 3 ts. 6 gs. que entregó á Pedro Cuadrado.

Luego dijo el juez á Pedro Cuadrado, que "Tomé López, mayordomo que fué del colegio, en un codicilio que hizo mandó restituir al colegio doscientos pesos de oro común." Que los cobre.

————

El códice salta aquí desde la fª 195 á la 238.

Parece que en lo que falta se contenían cuentas de Pedro Cuadrado, porque la fª 238 comienza por un descargo adicional de 24 ps. de oro común que en 24 de Octubre de 81 había pagado por cédula de Fr. Bernardino de Sahagún á Pedro Valli, librero: "los catorce pesos por un libro que se dice las concordancias de la blibia, y los diez por la blibia."

En los años de 80 y 81 montó el cargo á 4368 ps. 5 toms. 9 grs. y el descargo á 1538 ps. 1 t. y 10 gr., quedando de alcance en fin de Diciembre de 1581, 2830 ps. 3 ts. y 11 gr.

En 6 de Febrero de 1582, los padres Pedro Oroz, Guardián, y Fr. Bernardino de Sahagún reconocieron por suyas las firmas de las cédulas que presentó Pedro Cuadrado en su descargo, y firmaron ambos la diligencia.

En 3 de Febrero de 1582, el juez Pedro de Requena pidió cuenta á Pedro Cuadrado, de 1126 ps. 3 ts. que por orden del Virrey le entregó de la caja de la comunidad de Santiago, "para reparo, edificio y labor del caño del agua qne se trae desde la esquina de la calle y casa de Ortuño de Ibarra al monesterio de Santiago Tlatelulco." Dió descargo de 484 ps., y después otros de varias partidas.

En 28 de Febrero de 1582, el Virrey Conde de la Coruña nombró por mayordomo del colegio á Antonio Tamayo. Y en igual fecha comisionó á Pedro de Requena para que interviniese en la entrega, la cual se verificó el 8 de Marzo, comenzaudo por las escrituras. Las últimas partidas son estas:

"Dos escrituras en lengua mexica que están á las espaldas [*sic*] de las casas que dexó al colegio Francisca de Santa María en el barrio de Santa Ana, que costaron cincuenta y cuatro pesos.

"El testamento que otorgó María Lucía, india, mujer que fué de Hernando Ramírez, en que deja al colegio de Santa Cruz ciertas casas, con pensión que se digan nueve misas y una cantada por el ánima de Hernando Ramírez, indio; y por la de María Lucía, su mujer, seis misas rezadas y una cantada el día de Santo Tomás Apóstol: y ansimismo el testamento que otorgó el dicho Hernando Ramírez y sus albaceas: los cuales testamentos pasaron &c.

"Item, otro testamento que otorgó Francisca de Santa María, en que mandó á dicho colegio ciertas casas en el barrio de Sta. Ana, con cargo de veinte misas rezadas y una cantada el día de la Concepción......

"Veinte y cuatro ropas verdes con sus capirotes de paño; las ropas verdes y los capirotes morados, para los niños del dicho colegio para las fiestas, que son nuevas."

Un libro encuadernado en tablas, de Plinio.

Otro que se llama Catolicón.

Ricardus de m^a. villa.

Favij Quintilianus.

Diógenes de vitis.

Flavij Josephi.

Plutarchus.

Titus livius.

Rubrici Capitulorum.

De Consideracione dialetica.

Logia Magistri Sante carranza.

Hynos con comentos.

Opera Prudentium.

Fabulas de ysopo.

Postile maiores.

Doctrina christiana.

Otra Doctrina christiana.

Dos luis vibas.

Dos Calepinos.

Oficio de Nombre de Jesus.

Coronica Antoninij.

Sacrorum utrius testamenti librorum.

Un vocabulario de lengua castellana y mexicana.

Un vocabulario eclesiástico.

Gramatica dispauterio.

Loxica Aristotiles.

Opus marciali.

Paraprases.

Sumulas de fray Alonso de la Veracruz.

Expositio magistri Petri.

Logica vrebis.

Antonius Sabelicus.

Disticorum de moribus.

Sedulli paschali.

Un boetio y un platón y luis bivas, paralipomenon, baptista mantuani, Salustio, Juvenal, hynos con comento y orationes, verg? libri, ag? libro, mantuano, Erasmo contentus mundi, dos breviarios, juanes dispauterio, boezio, bap?. mantuano, tres blibias, 4 vocabularios y un arte de Ant? sin comento, unas concordancias.

Dijo Pedro Cuadrado, que no tenía más que entregar "porque todos los demás libros é ropas viejas están en el

dicho colegio en poder de Fray Bernaldino de Sahagún
que lo tiene á cargo; y si algún libro falta, es á cargo del
dicho religioso porque el mayordomo, no embargante que
lo recibe y se entrega dellos, se quedan en poder del dicho
religioso é indios, como al Sr. Juez le consta."

Las escrituras, libros y ropas se entregaron al nuevo mayordomo Antonio de Tamayo.

———

Cuenta del Mayordomo Antonio de Tamayo, de los años
de 1582 y 1583.

En 3 de Febrero de 1584 dió la Audiencia comisión á Pedro de Requena para que tomase la cuenta.—Esta aparece
tomada en 6 de *Enero*, y es sin duda error de pluma por
Febrero. Así se ve luego, pues la diligencia se continuó el
8 de Febrero.

Faltan hojas en el códice y queda interrumpida la cuenta.

Siguen las diligencias sobre redención de un censo de 900
ps. que hacían las Recogidas, y la nueva imposición de él
aumentado á 1000 ps.

———

En 30 de Marzo de 1585 dió comisión el Arzobispo Virrey
D. Pedro Moya de Contreras á Pedro de Requena para que
tomase á Tamayo las cuentas de 1584.

A pesar de este mandamiento, no se tomó la cuenta, y en
2 de Diciembre del mismo año de 85, el Virrey Marqués de
Villamanrique nombró á Hernán Pérez de Granada para
que tome la cuenta á los herederos de Tamayo, difunto.

A 4 de Diciembre certifica Hernán Pérez que fué al colegio para tomar la cuenta, y que no halló en él mayordomo
ni español con quien entenderse, sino que solo había indios
que no sabian hablar en español.

El mismo día se notificó al Br. Jerónimo Franco, mayordomo del colegio, que entregase los papeles y escrituras; el
cual respondió que todo lo tenía Pedro de Requena: añadiendo que Antonio Tamayo había dejado por heredera á

la Cofradía de Ntra. Sra. de Guadalupe, y por albacea á D. Juan Maldonado.

Se hicieron muchas citaciones, entre ellas, una á Alonso López "como mayordomo ó persona qne tiene poder del espital é Cofradía de Ntra. Sra. de Guadalupe."

El juez pidió varias prórrogas de su comisión por la dificultad de las cuentas.

El cargo ascendió á 4482 ps. 3 ts. 7 gs.

Descargos:

275 ps. 4 ts. que pagó por salarios á los maestros, repetidores, porteros y *guarda libros* del dicho colegio en 17 meses.

105 ps. á dos clérigos por las misas á que el colegio estaba obligado por las donaciones de las indias Francisca de Santa María, y Lucía y su marido.

Salió alcanzado en 904 ps. 7 ts. y 6 gs.

Sigue una escritura de 23 de Setiembre de 1585, por la cual consta la entrega de documentos que el albacea de Antonio Tamayo hizo á Jerónimo Franco de León, mayordomo del colegio.

———

En 7 de Enero de 1587 mandó el Virrey Marqués de Villamanrique á Tomás de Arbizu que tomase cuentas al mayordomo Diego de Céspedes, y examinase tambien cómo las había tomado Pedro de Requena, que por muchos años tuvo esa comisión. "Y las cuentas se tomen en el monasterio de Santiago, en presencia de Fr. Pedro de Oroz, y Fr. Bernardino de Sahagún y Fr. Bernardo de la Fuente, ó cualquiera de ellos, y se hallen presentes para solo advertir y dar razón de lo que supieren y entendieren que pertenece al dicho colegio."

Sigue una relación de los censos y tributos y otros bienes que tenía el colegio, y los que tenía el año de 65. Fecha 12 de Julio de 1587.

Tenía el año de 65, 13641 ps. 4 ts.

Y en 1587, 13891 ps. 4 ts.

Las cuentas se tomaron en 17 de Julio de 1587, presentes Fr. Pedro de Oroz y Fr. Bernardino deSahagún.

No termina el cargo de esta cuenta.

Estos documentos y extractos se sacaron de un tomo en folio perteneciente hoy al Museo Nacional. Es original y tiene añadido este título de letra del siglo XVIII:

"Imperial Colegio de Indios titulado Santa Cruz, fundado en el Convento de Santiago Tlaltelolco de Religiosos Franciscanos.

"Quar^{no} 6.

"Donación de D. Antonio de Mendoza, Virrey, de unos Sitios &^{a} como adentro se expresa."

A la foja siguiente, letra también del siglo pasado:

"Imperial Colexio de Santa Cruz, fundado por el Exmo Sor Virrey D. Antonio de Mendoza de orden del Sr. Emperador Carlos V, el año 535.

"Q. n° 6.

"Donación de D. Antonio de Mendoza Virrey, de unos sitios de estancia de Ganado Maior; Ovejas, Bacas y Yeguas Junto al Rio de Apaseo á los confines de Estancias de Francisco de Villegas Y otros Papeles.

"Visitados el año de 728 p^{r} el Sor D^{n} Juan Manuel de Olivan Rebolledo del Cons^{o} de S. M. su Oydor en esta R^{l} Aud^{a} Auditor Gral. de la Guerra de esta N^{a} Sp^{a} y Juez de Hospitales y Colegios R^{s} de esta Corte.

"S^{io} Paz, y por el Romero."

A estas dos portadas siguen dos hojas de papel de maguey. La primera contiene el título de la donación de Mendoza. En la mitad superior de la segunda se ven diversas operaciones aritméticas: en la inferior hay un escrito en latín, tachado todo é ilegible.

La donación de Mendoza y diligencias anexas se han copiado íntegras. Lo demás del Códice, al cual faltan varias hojas y el fin, se reduce á cuentas de los mayordomos de que se ha sacado lo que ha parecido conducente para ilustrar la historia del Colegio.

ANALES DE TECAMACHALCO.

1530. En Tepeaca se estableció Fr. Juan de Ribas.

1531. Guardián de Tepeaca Fr. Alonso Juárez.

1532. Id. Fr. Cristóbal Zamora.

1541. Martirizados en Juchipila Fr. Juan de la Esperanza ó Calero y Fr. Antonio de Coe.... [llar].

„ El 12 de Agosto se establecieron en Tecamachalco los padres: fué su primer guardián Fr. Diego de Estremera, y con él estaban Fr. Nicolás y Fr. Domingo.

1542. Fr. Cimplo[1] y Fr. Francisco de las Navas bautizaron en Tecamachalco á muchos popolocas.

1543. Se nombró guardián de dicho á Fr. Andrés de Olmos, y lo acompañaban Fr. Francisco Toral y Fr. Alonso de Talavera.

1544. Volvió de guardián el P. Estremera, y continuó hasta 1547.

1547. Murió Fr. Francisco Jiménez.

1548. Entró y estuvo de guardián de Tecamachalco Fr. Francisco Toral hasta 1550.

1551. Id. Fr. Juan de Béjar.

„ En este año estuvieron Fr. Francisco Toral, Fr. Miguel Navarro, Fr. Francisco de Moranza,[2] Fr. Francisco de las Navas y el Provincial Fr. Toribio Motolinia.

1 No se puede atinar con el verdadero nombre de ese *Fr. Cimplo.*

2 No encuentro fraile de este nombre. El que más se le asemeja es el de Fr. Francisco de Morante, de quien dice Torquemada (XX, 85), que fué conquistador con el Marqués del Valle, y dejó los pueblos de su encomienda para tomar el hábito en S. Francisco de México.

1552. Entró de guardián Fr. Francisco de las Navas. Se fueron á Castilla Fr. Francisco Toral y Fr. Juan, el día primero del año.

„ En las témporas de Setiembre el Sr. Obispo Hojacastro hizo Órdenes, y las recibieron nueve franciscanos y un clérigo. Hubo Capítulo en Xochimilco.

1553. Entró de guardián Fr. Sebastián de Constantino.

1554. Entró y estuvo de guardián Fr. Buenaventura Salinas hasta 1555.

„ Llegó el Arzobispo Montúfar con dos Oidores.

„ Se establecieron en Chalchicomula Fr. Francisco Salazar con los legos Fr. Lorenzo y Fr. Miguel.

1556. Entró de guardián Fr. Francisco Toral hasta el 6 de Enero de 1558.

1557. En 18 de Marzo estuvieron en Tecamachalco en un convite el Virrey Velasco, el Sr. Obispo Hojacastro y el P. Bustamante, Provincial de los franciscanos.

„ El 11 de Octubre presentaron quejas contra el gobernador de Tecamachalco al Virrey y al dicho Provincial Bustamante.

1558. El 5 de Enero se celebró Capítulo en Huexotzingo, y fué electo Provincial el P. Toral; guardián de Tecamachalco el P. Fr. Alonso de Molina, quien llegó allí el 29 de Enero, junto con el P. Comisario Fr. Francisco de Mena, que salió luego para Castilla.

„ En Abril comenzó el P. Bustamante á predicar.

1559. Guardián de Tecamachalco el P. Fr. Antonio Roldán. El 5 de Enero salió el P. Molina.

„ El 7 de Febrero estuvo el P. Provincial Toral en Tecamachalco, y volvió para la fiesta de Todos Santos.

„ En Junio se celebró Capítulo en Puebla.

„ En 6 de Agosto volvió á predicar el P. Bustamante.

1561. Salió de guardián el P. Roldán, y le sustituyó Fr. Domingo Areizaga. En este año fué nombrado Obispo de Yucatán el P. Toral.

„ Se celebró una junta delante del P. Bustamante para tratar del tributo.

„ El 6 de Setiembre fué electo en Capítulo el P. Fr. Luis

35 *

Rodríguez, por la promoción del P. Toral al epis-
copado.

1562. Guardián el P. Antonio Parero, en vez del P. Areizaga.

„ El 20 de Agosto pasó para Yucatán el P. Toral.

1563. Guardián Fr. Juan Barón.

„ El 12 de Marzo fué al Capítulo el P. Parero. Se eligió al P. Rodríguez.

„ El 19 de Mayo volvió el guardián Barón.

„ Era guardián de Tecali en este año el P. Fr. Pedro
de Torres.

1564. Volvió de guardián el P. Areizaga hasta 1567.

1565. El 19 de Junio vino el Sr. Obispo Toral, hizo la procesión del Corpus al día siguiente, y luego salió para México, volviendo á Yucatán en Noviembre.

1566. El 17 de Marzo salieron para Castilla el P. Provincial Rodríguez y los PP. Fr. Juan de Oviedo, Fr.
Hernando Pérez y Fr. Diego de Estremera.

1567. El 2 de Enero fué el P. Areizaga al Capítulo que se
celebraba en México, y el 17 salió electo Provincial
el P. Fr. Miguel Navarro, y guardián de Tecamachalco Fr. Juan Bastida, que llegó el 6 de Febrero.

1568. Era guardián de Tlaltelolco Fr. Juan de Mansilla, y
de México Fr. Diego Mendoza: de Quecholac Fr.
Domingo.

„ En Agosto se celebró Capítulo intermedio en Cholula: fué electo guardián de Tecamachalco Fr. Francisco Lenguarte hasta 1569.

„ En Setiembre estuvieron Fr. Rodrigo, guardián de
Tehuacán y Fr. Francisco Goiti.

1569. El 18 de Noviembre llegó á Tecamachalco, de vuelta
de Castilla, Fr. Diego de Olarte, que murió diez días
después en Puebla con el cargo de Comisario.

1570. El 27 de Enero se celebró Capítulo en México, y fué
electo Provincial Fr. Alonso de Escalona; guardián
de Tecamachalco Fr. Domingo Areizaga, que llegó
el 3 de Febrero, y estuvo hasta 1572.

„ En Junio estuvo el P. Navarro de paso para España: y el Obispo Toral.

1570. En 29 de Marzo vino el Provincial Escalona.

1571. Dijo su primera misa Fr. Cristóbal *Arobato*.[1]

„ El 25 de Enero llegó el P. Fr. Cristóbal Ramírez, para volver á España.

„ El 30 de Marzo murió en México el Obispo Toral. Se le hicieron honras en Tecamachalco los días 2 y 23 de Abril y 7 de Mayo.

„ El 6 de Mayo pasó para España Fr. Diego Paredes.

„ El 21 de Junio hubo Capítulo intermedio.

1572. El 21 de Marzo murió en Tecamachalco Fr. Buenaventura *Fuedabranca*.[2]

„ El 6 de Octubre llegó el Comisario Fr. Francisco de Rivera.

1573. El 3 de Enero hubo Capítulo en México: electo Provincial Fr. Antonio Roldán: guardián de Tecamachalco Fr. Juan de Oviedo. Uno de los definidores electos fué Fr. Domingo de las Navas.

„ El 29 de Marzo salió Fr. Francisco Goiti para ver al Provincial.

„ A fines de Setiembre vino de España el Comisario Fr. Miguel Navarro, con muchos padres.

1574. Comenzó á usarse el nuevo Breviario y Misal.[3]

„ El 21 de Mayo salió el guardián Oviedo para Puebla en busca de alivio, y allí murió el 22 de Junio. Fr. Clemente de la Cruz quedó de guardián.

„ El 18 de Octubre vino el P. Provincial Roldán.

1575. Se fué el P. Guardián á México y volvió el 12 de Abril; y Fr. Domingo también fué Comisario para Michoacán, Jalisco, Zacatlán, [*sic:* ¿Zacatecas?], dejando de ser guardián de Quecholac.

„ Murió en Guatemala Fr. Francisco Lenguarde, asistido por Fr. José de Estrada.

1 Este nombre está evidentemente corrompido, y no puedo rectificarle.

2 Será tal vez Fr. Buenaventura de Fuenlabrada, Comisario de la Custodia de Yucatán, que presidió el Capítulo celebrado en Mérida el 13 de Noviembre de 1556. Así lo dice Cogolludo en el Cap. I del lib. VI.

3 V. *supra* tom. I, pág. 188.

1575. Volvió Fr. José de Estrada de Parada.

,, El 1º de Septiembre salieron á recibir al Comisario Fr. Rodrigo de Esquera[1] que llegó el día 4 con treinta y tres padres.

,, El 6 de Septiembre vino Fr. Clemente de la Cruz de su expedición á Yucatán.

,, El 14 de Noviembre llegó Fr. Domingo para ir de Comisario á Guatemala.

1576. Guardián Fr. Hernando Oviedo, hasta 1577.

,, El 7 de Enero se tuvo Capítulo, y se eligió á Fr. Pedro Oruz, Provincial.

,, El 21 de Enero regresó de México el guardián Oviedo.

,, El 4 de Abril vino el Provincial Oruz.

1577. En Agosto vino el Provincial Oruz, y se fué el 18 de Noviembre.

1578. Guardián Fr. Miguel Navarro.

,, El 30 de Marzo, Pascua de Resurrección, murió Fr. Pedro de *Alboro*,[2] guardián de Quecholac.

,, El 23 de Junio vino el Comisario Fr. Rodrigo Rodríguez de Esquera.

,, El 14 de Agosto Capítulo en México. Se eligió Provincial á Fr. Domingo de Areizaga; definidor á Fr. Miguel Navarro, y guardián de Tecamachalco á Fr. Francisco de Goiti, quien llegó el 29 de Agosto, hasta 1581.

1579. El 18 de Julio murió Fr. Alonso Diaz en Tecamachalco.

1580. Capítulo en Puebla el 14 de Enero.

,, El 26 de Febrero vino el Comisario Esquera para irse á Castilla.

,, En Octubre estaban con el P. Guardián, Fr. Gaspar, Fr. Antonio, Fr. Cristóbal *Orrohuado*, Fr. Diego *Guadarcanarte*[3] y dos legos.

1581. El 6 de Noviembre vino de guardián el P. Oviedo, hasta 1583.

1 Es Fr. Rodrigo de *Sequera.*

2 Fr. Pedro de *Alburu* vino de la Provincia de Cantabria en 1542.

3 Este Fr. Diego de Guadarcanarte puede ser Fr. Diego de

1582. El 7 de Marzo murió en Tecamachalco el P. Navarro ex-Provincial.[1]

1584. Guardián el P. Goiti hasta 1585.

„ El 15 de Mayo murió Fr. Diego Miranda: ya era anciano.

1585. El 3 de Octubre llegó el Comisario Fr. Alonso Ponce. Vino de guardián de Tecamachalco en Julio Fr. Cristóbal de Barrio.

1587. Estaban con el guardián Barrio Fr. Francisco Goiti, Fr. Domingo, Fr. Bartolomé, legos.

1589. Guardián Fr. Pedro Meléndez, y con él estaban Fr. Jerónimo Salgado, Fr. Francisco Celi, Fr. Bartolomé, legos.

„ El 4 de Marzo vino el P. Comisario Ponce á Tecamachalco para ir á Yucatán, y el 16 el Provincial Areizaga.

1590. En Enero estuvieron los P. P. Comisario y Provincial. Vino de Guardián Fr. Juan Ramírez, que lo era de Tlaxcala y Fr. Antonio Castro. En Septiembre vino el P. Meléndez, que estaba en Tepeaca de guardián.

Estos son extractos de un manuscrito mexicano original que posee el Sr. D. J. M. de Ágreda y Sánchez, y que tradujo al castellano el Sr. Canónigo de la Colegiata D. Vicente de P. Andrade. De la traducción se sacaron, por el mismo Sr. Canónigo, estas noticias concernientes á varios Religiosos franciscanos.

Guadalcanal (MENDIETA, lib. V, pte. 2, cap. 58); pero éste era lego y el del texto parece que era sacerdote.—El *Orrohuado* es otro nombre corrompido.

1 Debe de haber error en el año, porque según Mendieta, Torquemada y Betancourt, el P. Navarro fué electo Provincial por segunda vez en 1581, y en 1583 renunció el cargo. Es muy extraño que no escribiera su vida el P. Mendieta, amigo y compañero suyo, ni tampoco Torquemada. Betancourt no le menciona en el *Menologio*.

ÍNDICE.

Lightning Source UK Ltd.
Milton Keynes UK
UKOW06f2308240914

239150UK00009B/347/P